高等教育研究論集　第4巻

科学技術社会と大学の倫理

羽田貴史

東信堂

高等教育研究論集の刊行について

　高等教育を取り巻く環境は、この20年間で当初想像もできなかったほど激変している。この間、政策も、そして大学人も揺れてきた。高等教育計画が廃止され、いわゆる高等教育の市場化という名の規制緩和が2000年代初めに進められたが、国立大学法人の財政圧迫、研究論文数の減少、地方からの大学の撤退と高等教育機会の縮小など負の側面が最近10年間に誰の眼にも明らかになってきた。ところが、市場化が成功したか失敗したかの議論もないまま、いつの間にか、政府による大学再編がセットされ、進められている。世界がどのように変動しようとも、観察者たる高等教育研究者だけは、揺れてはならない。観測点が現象に引きずられては、前進しているか後退しているか不明ではないか。

　そんな想いでいる時に、このたび、東信堂下田勝司氏のお勧めで、今まで論文・図書の形で執筆・出版したり、講演録としてのみ活字化されていたりしたものをまとめ、高等教育論集として出版する機会をいただいた。時論エッセイ的なものから実証的学術論文まで多様ではあるが、高等教育研究者として、大学史・大学組織・管理運営・教職員の能力開発・研究倫理をテーマに取り上げ、同時に大学運営の第一線でも少なからぬエネルギーを注入し、認識と実践のバランスを取ってきた人間としては、この際、自身の観測位置を示すとともに、研究者・実務家・政策関係者にも読んでいただき、議論のきっかけにしたく、あえて刊行する次第である。構成は、第1巻『大学の組織とガバナンス』、第2巻『高等教育政策と大学教育』、第3巻『大学教員の役割と能力開発』、第4巻『科学技術社会と大学の倫理』、第5巻『大学史と教育史研究』の全5巻である。読者の忌憚ない批判をお待ちしている。

羽田　貴史

はじめに

　本書は、2011 年から始めた研究倫理に関する研究成果をまとめたものである。簡単に本書の成り立ちを説明したい。

　筆者は、2007 年 4 月に東北大学高等教育開発推進センター（当時）に移動し、主として大学教員の能力開発に関する研究と、その研究成果を生かし文部科学省特別経費「国際連携を活用した世界水準の大学教員養成プログラム (PFFP) の開発」(2010 年度〜 2014 年度) と教育関係共同利用拠点経費「国際連携を活用した大学教育力開発の支援拠点」(2010 年度〜 2014 年度) 事業に取り組んだ。当時の高等教育開発推進センターの主要業務が、いわゆるファカルティ・ディベロップメントであったという事情もあるが、前任地の広島大学大学教育研究センター(当時)に 1994 年に移動した時期から、大学教員の資質・能力や養成が重要な課題であると痛感するようになったからである。広島大学在職時には、諸般の事情で大学教員研究には取り組めなかったものの、東北大学移動を契機に大学教員研究を始め、そのスピンーオフが、専門職としての大学教員の倫理性の問題である。

　大学教員の倫理は、研究倫理に止まるものでないが、2000 年代に生起してきた研究不正問題は、研究倫理の病理現象として重要であり、2011 年から 3 年間、科学研究費による共同研究として、「知識基盤社会におけるアカデミック・インテグリティ保証に関する国際比較研究」を実施した。その成果は、『高等教育ライブラリ 9　研究倫理の確立を目指して—国際動向と日本の課題—』(東北大学出版会、2015 年) として出版し、日本 (羽田、立石慎治)、アメリカ (宮田由紀夫、五島敦子)、ドイツ (藤井基貴)、イギリス (田中正弘)、オー

ストラリア (杉本和弘)、中国 (叶林) 各国の研究倫理に関する動向を明らかに
できた。第1部第2章及び第3章は、同書に執筆したものをもとにしており、
特に第3章は、調査実務を担った立石氏との共著であり、氏の貢献に深く負っ
ている。

　研究倫理については、臨床・治験研究や工学において長い蓄積があるが、
国家レベル・国際レベルの政策・制度についての研究は、山崎茂明氏による
アメリカ研究公正局 (ORI) 以外は乏しかった。筆者は、これら個別の研究倫
理を包括する一般的な原理や制度に焦点をあててきた。研究倫理を、教育関
係共同利用拠点プログラムに組み込むことで、多様な研究倫理アプローチを
導入することができ、同僚の菅谷奈津恵氏によって、吉村冨美子氏 (東北学
院大学・英語教育学) による英文ライティングでの盗用研究を知ることができ
たのも、知見の広がりを示すものであろう。

　2017年には、菅谷氏の責任編集によって、生命科学の倫理問題と言語教
育から見た盗用問題という新しい視点を盛り込んだ『高等教育ライブラリ11
責任ある研究のための発表倫理を考える』(東北大学出版会) が出版され、第1
部第4章は、同書に執筆したものをもとにしている。

　以上は、研究倫理問題といっても、コンプライアンス・アプローチによる
研究不正への対応が中心であり、科学技術の社会的責任という、より高次な
研究倫理については、研究する機会がなかった。幸いなことに、日本高等教
育学会研究紀要編集委員会が、「高等教育研究のニューフロンティア」を特
集し、その依頼論文として、「テクノサイエンス・リスク社会における研究
倫理の再定義」(『高等教育研究』第20集、2017年) を発表することができた。第
1部は、研究倫理に関する基礎研究ともいうべき4つの論文で構成した。

　研究倫理問題は、高等教育研究の課題というだけでなく、高等教育の実践
的課題でもあり、筆者は、東北大学において、2012年3月から、論文投稿
に関わる研究者倫理の検討委員会委員、東北大学における研究者の行動規範
グループ座長として、東北大学における研究者の行動規範、東北大学におけ
る 研究成果を適切に発表するための指針策定に関わり、文部科学大臣決定
「研究活動における不正行為への対応等に関するガイドライン」(2014年8月)

に対応する学内体制整備に、公正な研究活動推進委員会副委員長、同専門委員会委員長、総長特別補佐を務めることになった。

　また、日本学術振興会「科学者の行動規範」に基づく研修プログラムの作成協力者会議委員、公正研究推進協会（APRIN）の創設理事も務めることになった。結局、約6年間、研究倫理体制や規範整備、研究倫理教育の指針、教材開発、セミナー・ワークショップの開催・実施などの経験を積む中で痛感したのは、研究倫理マネジメントを支える知識や実践の全国的な乏しさであり、専門分野ごとに分散している研究倫理文化である。昨今の大学に対する業績を求める圧力のもとで、研究リーダーとして豊富な知識・経験・見識を持つ教授層は、研究倫理文化を醸成するための、若手研究者との対話や指導の時間が不足している。研究業績をあげることをアカウンタビリティとして浅薄に論ずる言説には事欠かないが、筆者は、査読論文の数が研究者のアカウンタビリティとは決して思わない。研究者の持つ責任は、もっと崇高なものであり、社会に対する責任を含む倫理的なものであるべきだ。

　しかし、現実に、大学・研究機関の研究倫理マネジメントは、教員による回り持ちの委員会や、移動官職の職員によって担われている。マネジメント全体を展望する体系的知識の構造化と提供も、研究者の使命である。この視点から、退職と同時に、『PDブックレット　研究倫理マネジメントの手引き』（東北大学高度教養教育・学生支援機構，2018年4月）を上梓することができた。本書第2部は、ブックレットに大幅な加筆修正を加えたものである。ブックレットは、まとまりのある著作として執筆したので、第1部と重複する記述もあるが、上記の成立過程からやむを得ないもので、ご海容いただければありがたい。

　今回、『高等教育研究論集　第4巻　科学技術社会と大学の倫理』を刊行するのは、研究倫理に関する政策・制度がある程度確定したことと、大学・研究機関にとって手探りの状況にあることから、包括的な著作が求められているとの判断で、もっとはやい出版を意図していたが、初出での筆者の誤りの訂正や、高く評価していた「研究誠実性のための欧州行動規範」（The European Code of Conduct for Research Integrity，2011年6月）が、2017年に改訂されて

いたことがわかり、その訳出等に時間を要したことで、想定より遅くなってしまった。本書が、我が国の高等教育研究において、研究倫理という新しいテーマに取り組む研究者への刺激となり、研究倫理マネジメントの実務に役立つことを祈念している。

目次／科学技術社会と大学の倫理

第3章　全国調査から見る日本の学問的誠実性…………… 66

科学技術社会と大学の倫理

第1部

研究倫理の現状と課題

第1章　テクノサイエンス・リスク社会における研究倫理の再定義[1]

1　「責任ある研究活動」という課題

(1) 科学研究における不正の問題

　科学と技術は、現代社会の不可欠の要素であり、その存在ぬきで社会は成り立たない。しかし、科学研究の根本である信頼性を損なう研究不正が続発し、世界的に大きな問題である。近代科学の確立期から不正行為は絶えることがなかったし、ガリレオは実際に実験をしたかどうか疑わしく、ニュートンの『プリンキピア』にはデータの偽造があり、メンデルの遺伝法則は統計的に怪しいと言われる (Broad & Wade 1982 ＝ 2006: 34-47)。科学の歴史は不正の歴史でもあり、科学の発展は科学的真実を守る文化と制度の歴史でもあった。1840年ごろ scientist という用語が成立すると言われるが (村上 1994: 38)、ほぼ同時期にデータのトリミング及びクッキング、捏造が不正行為として定義されている (Bird 2005=2012: 342)。

　研究不正は、科学者世界だけでなく政治・社会全体を揺るがす大問題となっており、1981年に米国連邦議会下院科学技術委員会が研究不正を取り上げたことに象徴的である (Broad & Wade 1982 ＝ 2006: 14-8)。それまでは、科学研究の真実性は、アカデミック・ジャーナルのピア・レビューが担保し、学界内部の問題であったが、その枠組みにはとどまりえなくなったのである。

(2) 研究不正の防止と研究倫理の課題

　以後、30年、研究不正を行わず、研究倫理[2]を構築するために各種の規範を制度化することは、国家的課題とともに、国境を越えた問題となり、政

府・学術団体・学会・研究機関・研究者集団が取り組んできた。アメリカ研究公正局 (ORI) の設置 (1992年) をはじめ、研究不正の調査、研究倫理教育の推進、国家システムの形成も進んでいる。研究倫理は、国際共同研究の拡大もあって、グローバルなイシューであり、2007年以降、6回の研究誠実性に関する世界会議 (World Conference on Research Integrity) が開かれた[3]。その成果として、第2回 (Mayer & Steneck 2012)、第3回 (Steneck et.al. 2015) が出版され、国際動向を把握することができ、ホームページが常設されている (https://wcrif.org)。

　研究倫理に関する日本の研究は、医学研究分野が圧倒的に多く、欧米圏における研究に比べて大きく立ち遅れている。科学研究全般に通底する研究倫理の動向は、山崎 (2002、2013、2015) の先駆的な業績がある。国家システムとして構築されている諸外国の事例は、上記世界会議の報告のほか、Hickling Arthurs Low (2009)、松澤 (2014a、2014b)、小林 (2014a、2014b) が多様なアプローチで検討し[4]、国境を越えて生成されている規範化については、ヨーロッパが先駆的である。欧州科学財団は、「研究誠実性のための欧州行動規範」(The European Code of Conduct for Research Integrity、2011年6月)[5]を制定し、各国レビューを行っている (European Science Foundation 2008、2010)。東北大学高度教養教育・学生支援機構 (2015) は、日本、イギリス、アメリカ、中国、ドイツのほか、世界研究評議会 (Global　Research Council) や OECD、国際的な雑誌編集委員会の動向まで視野に収めている。

　研究不正のメカニズムは十分に解明されているとはいいがたいが、科学技術・学術審議会研究活動の不正行為に関する特別委員会報告書 (2006)、総合科学技術・イノベーション会議 (2014) は、研究環境の問題、研究組織・研究者の問題を指摘している。研究倫理を守る取り組みは、①研究不正行為を政府の規則やガイドライン、学会や機関の規則で定義し、②定義に該当する行為の告発・調査体制を整備し、制裁を明確にすることで防止、③「研究不正」の防止だけでなく、「疑わしい研究活動」を行わず、「責任ある研究活動 (Responsible Conduct of Research: RCR)」を推進、④責任ある研究活動のための研究倫理教育の推進によって特徴づけられる。改めていうまでもなく、研究活

動が実際に営まれる場面は、実験室や研究室であり、研究者の主体的な意思と判断が決定的要因である。研究倫理教育を通じて研究者が倫理を内面化することが追求されているのである。

　研究不正は大学におけるリスクであり、リスクマネジメントには、マニュアルや法的規制による「コンプライアンス重視型アプローチ」と信頼やネットワークの醸成による「価値共有型アプローチ」とがある（上田 2014: 69）。「価値共有型アプローチ」の中核は、研究倫理教育である。全米大学院協会（Council of Graduate Schools: CGS）は米国科学財団（NSF）や米国国立衛生研究所（NIH）と連携し、モデル校による倫理教育プログラム開発に取り組んでいる（CGS 2006、2008、2012a、2012b）。

　大学・大学院は、公共的性格を持つものであり、人類の共有財産である知の真実性を保証する研究倫理構築に大きな責任を持っている。大学・大学院教育に研究倫理教育を制度化することは重要な課題であるが、日本の現実は大きく遅れており、高等教育研究においても、ほとんど未着手である。このことは、偶然ではなく、後述するように日本の高等教育の歴史的生成と高等教育研究の性格が反映していると考えられる。

(3) 研究倫理の2つのタイプとジレンマ

　ところで、現代社会の研究倫理は、責任ある研究活動を追求することであるが、Bird & Briggle（2005=2012: 675）は、研究倫理には、「研究活動」に関する倫理、すなわち「責任ある研究活動（RCR）もしくは優れた科学的実践」と、「研究成果の応用に関連した倫理問題」とがあると述べる。正村（2014: 2-4）も「認識規範としての倫理」と、技術への利用を通じて社会に大きな影響を与える科学・技術における「価値・実践的な倫理」とを区別している。この2つの倫理は異なる。「認識規範としての倫理」を守って優れた研究成果を生み出しても、軍事兵器に転用されるものであれば、「価値・実践的倫理」に沿うとは言えない。科学は、〈好奇心駆動型〉から〈使命達成型〉に変貌しているが（村上 1999: 40-52）、知識体系を更新する機能に止まらず、巨大化し商業化することで社会全体に大きな影響を与え、〈好奇心駆動型〉の研究成果も政

策決定に活用されることがありうる。

　この結果、伝統的な「認識規範としての倫理」の危機と同時に、伝統的な倫理だけでは、科学が社会に貢献する責任を果たしえない状況が生まれている。より本質的な問題は、「価値・実践的な倫理」は、「認識規範としての倫理」が前提とする近代科学の原理を見直す性格を持っているという点である。

2　近代科学の成立と価値

(1) 17–18 世紀における近代科学の成立

　近代科学は、17 世紀における科学革命 (Butterfield 1949=1978) によって生まれた。コペルニクス、ケプラー、ガリレオが天体の運動を明らかにし、ニュートンが体系化した近代力学は、アリストテレス・プトレマイオスの宇宙体系を変革し、地上と天上とが同一の法則で貫かれる世界像を提出した。

　近代科学による世界像の転換は、人間像の転換と社会科学の生成、近代社会の成立にも影響を与えた。Butterfield (1949=1978: 142-54) は、近代科学は進歩と進化の概念を定着させ、人間は理性を持つことによって世界を変えることが可能であり、人間は教育によって改善しうるという思想を広めたとする。Jacob (1976 = 1990) は、イギリス市民革命が、ニュートンの自然哲学を受容した人々に担われたと指摘する。J・ロックは、オクスフォード大学で天候と伝染病の研究に従事し (平野 1980)、『人間知性論』序文 (1689 年) はニュートンへの献辞がある。ホッブス、ロック、J・J・ルソーと続く一連の政治理論は、自由意思を持つ個人の契約による国家の成立を論じ、彼らは市民革命の理論的基礎を築いた。17 世紀から 18 世紀にかけて創出された社会科学は、自然認識のように対象世界の構造化には発展しなかったが、そこに通底するのは、認識の対象としての社会であり、社会を構成する人間観及び認識論の転換を通じ、主体的個人が社会を創出しうるとみなした。

　近代科学は、思考様式を変革した思想革命でもあった。F・ベーコンによる実験と帰納法、デカルトによる主体・客体二分論 (主観と客観の区別) は、対象分野を超えた近代科学のパラダイムとして現在に至る。

(2) 19世紀と科学の制度化——第二次科学革命

　近代科学の発展は、続く世紀にも広がり、ラヴォアジエによる質量保存則と元素の命名、ドルトンの原子論、マイヤーによるエネルギー保存則、マクスウェルによる電磁気学によって、19世紀後半には物質の基本構成から惑星・恒星の運動法則までを包摂する科学体系が構築された。19世紀は17世紀に始まる科学革命が、現在に連なる構造を形成した時期であり、佐々木 (1985: 247) は、第二次科学革命と呼ぶ。第二次科学革命では、学会の創設と発表媒体としての学術雑誌の成立、大学に科学が導入されるなど科学の組織化が進み、専門職業としての科学者が成立した (中山 1974: 109-245)。

　このプロセスを通じて、学問の分化が進行した。シェリング、ヘーゲルなどドイツ観念論哲学は、生成しつつある諸学問を哲学として統合する試みであったが、これらは失敗した (山脇 2009)。ルソーが、対立しあう個人が社会を構成しうる根拠としてピチエ (憐みの心) を措定し、A・スミスは、人間の意思から独立した「見えざる手」が市場秩序を生み出すとする一方、ルソーの影響を受け、人間社会を構成する道徳の基礎として「同感」を示したように、経済学は個人の行動倫理を含む道徳哲学でもあった。

　しかし、専門分化は、道徳・倫理と学問の分離を促進した。科学者が専門職業として成立した時期から、社会科学においてすらも、学問内部から主観は排除され、これと同時に価値すなわち倫理からも自由となった。その定式化は、M・ウェーバーの認識と規範の区分論である。「経験科学は、なんびとにも、何をなすべきかを教えることはできず、ただ、彼が何をなしうるか、また——事情によっては——何を意欲しているか、を教えられるに過ぎない」(Weber 1904 = 1998: 35)、「認識と価値判断とを区別する能力、事実の真理を直視する科学の義務と、自分自身の理想を擁護する実践的義務とを〔双方を区別し、緊張関係に置きながら、ともに〕果たすこと、これこそ、我々がいよいよ十分に習熟したいと欲することである」(ibid: 43)。

　かくて20世紀初頭にかけて成立した科学は、①主体 (主観) と客体 (客観) の分離、②科学 (認識) と技術 (実践) の分離、③これに照応した認識と価値の分離として把握でき、科学研究は社会的諸価値から独立した法則的認識こそ

が使命と位置付けられ、これが研究の倫理となったのである。

3　20世紀の科学とあらたな倫理的問題

　近代科学は20世紀に大きく変容した。両大戦を通じた軍事技術への結び
つき、国家体制としての科学の成立、公共財としての科学及び大学の変容、
そして高度化した科学・技術自体がもたらす社会と人間性の危機は、世紀初
頭に成立した研究倫理の再定義をもたらし、今もそのプロセスにある。

(1) 科学研究の価値自由への懐疑と新たな倫理の模索

　核兵器の出現は、科学・技術と社会進歩の調和的発展の幻想を打ち砕いた。
人類社会を壊滅させる技術に直面し、「ラッセル＝アインシュタイン宣言」
(1955年) は、核兵器の廃止と平和的手段による解決を宣言した。科学のある
べき姿として平和への寄与と軍事研究の否定は、価値自由であるべき科学研
究といえども無視できない価値があることを示す。日本学術会議「戦争を目
的とする科学の研究には絶対従わない決意の表明」(1950年)、「軍事目的のた
めの科学研究を行わない声明」(1967年) もこの系譜に属する。世界科学会議
(World Conference on Science)「科学と科学的知識の利用に関する世界宣言」(1999
年、通称ブダペスト宣言) は、軍事や核兵器という特定の課題ではなく、科学
そのものが社会に果たす役割の大きさと負の側面を持つことを明確にし、社
会のための科学を目指すことを謳った。科学の価値基準は真理か否かであり、
悪用することに問題があるとする科学倫理観が揺らぎ始めたのである。第1
回科学者京都会議声明(1962年) は、科学的成果の誤用・悪用の防止を謳うも
のの、科学それ自体に負の作用があるとはみなしていなかった。しかし、京
都会議の推進役を果たした朝永(1976) は、「物質科学にひそむ原罪」を指摘す
るようになる。吉川(1999: 18-9) は、科学的成果の適用における破綻は、成果
を活用する社会的装置の無力化に原因があるとし、「科学者自身が状況を感
受し、自らの研究を律することによって、社会に好ましい影響を与える知見
のみを創出していくという方向が求められることになろう」(吉川 1999: 19) と

科学者の倫理性を強調した。日本学術会議声明「科学者の行動規範」(2006 年)と両義性を含めた改訂 (2013 年) は、この文脈の上に成立した。

　しかし、社会において科学の果たすべき倫理は、科学者世界において規範として共有されていない。国境を越えた研究倫理規範である「研究誠実性のための欧州行動規範」も、「知識の増大過程としての科学は、より広い社会的・倫理的文脈に組み込まれており、科学者は、社会と人類の繁栄に対する自身の特別な責任を認識しなければならない」とするものの、「ただし欧州行動規範は研究を実施する際の誠実性の基準に限定されており、上記のより広い社会的・倫理的責任を考察するものではない」(2.1.1 前文) と限定している。

(2) 科学・技術政策体制の形成と国家科学化

　「価値・実践的倫理」が収斂しない理由は、科学技術体制の構築が加速し、科学研究が軍事研究を含める枠組みに包摂され、科学者もその一部になったからである。米国は、科学研究開発局長『ブッシュ報告』(1945 年)、大統領科学研究委員会『スティールマン報告』(1947 年) を起点に、国家のための科学と政府の総合科学政策の形成が進み、冷戦の開始に歩調を合わせ、全米科学財団の設置 (1950 年)、スプートニクショックに対応し、大統領科学顧問 (1957 年)、国務省国防高等研究計画局 (1958 年)、大統領直属の航空宇宙局 (NASA) が設置され、国防教育法制定 (1958 年)、連邦科学技術会議 (1959 年) と軍事＝安全保障と結びついた科学技術政策・行政体制が作られた (Dickson1984 ＝ 1988、北場 2015)。米国の科学技術政策は、核兵器開発と利用の技術的優位を最優先課題にしていたが、基礎研究と応用研究の区分が曖昧になり、基礎研究が軍事技術に結びつくようになると、研究成果の公表や研究会の開催も武器輸出規制法を根拠に国家安全保障局 (NSA) が規制するようになった (Dickson1984 ＝ 1988: 186-8)。知的成果を広く共有し社会に活用する科学研究の公共性と、軍事的安全保障において活用する国家政策との緊張が拡大してきたのである。

　日本では、日本学術会議と科学技術行政協議会の発足 (1949 年)、科学技術庁設置 (1951 年)、経済成長政策の一環として科学技術会議の設置 (1960 年)

によって体制的な整備を見た。その後、科学技術基本法制定（1995年）と科学技術基本計画、官邸機能を強化する行政改革として総合科学技術会議設置（2000年）によって、省庁の枠を超えた科学技術政策が策定・実施されてきた。2014年にはイノベーションに重点を置いて総合科学技術・イノベーション会議と改称し、第5期科学技術基本計画（2016年からの5年間）に「国家安全保障上の諸課題に対し、必要な技術の研究開発を推進する」ことが盛り込まれた。2015年度から防衛省が競争的研究資金を創設し、軍事技術へ応用可能な基礎研究の推進を始め、大学・研究機関が軍事技術開発へ協力することの倫理的問題がクローズアップされた。日本学術会議は、安全保障と学術に関する検討委員会を設置し、2017年4月には軍事研究への参加を禁止する声明を採択したが、議論の過程では、軍事技術への協力が科学者として求められるという意見も見られた。これは、政府に従って軍事研究に協力した戦前日本の科学者規範の再生である。アイゼンハワー退任演説（1961年1月）は、軍産複合体批判として知られるが、続けて、科学研究が研究者の知的好奇心ではなく、政府の契約によって行われることで科学者が支配されることに危惧を示した。科学と技術が軍事と結びつく中で、改めて科学の倫理が問われている。科学研究の倫理は、普遍的な人類社会への貢献として主張され、一方では国民国家への貢献として主張され、対立・抗争状態にある。

(3) 公共政策への関与とトランス・サイエンス概念

　20世紀の科学は、科学が技術に深く結びつき、区分が曖昧になる結果、技術的な課題と一体化し、技術としての倫理的課題に科学者も直面することになった。従って、課題は軍事領域に止まらない。1970年代の米国経済は、経済再生のために産学連携が強められた。1980年のバイ＝ドール法は象徴的なものであり、産学の技術移転を進めるために、アメリカでは特許範囲の拡大などプロパテント政策を進め、知的財産化を図った。日本も大学の研究の商業化が進められている。産学協同研究は、産業界からの資金により、委託研究や契約に基づく共同研究の形を取り、その成果公表に制約が課せられるなど、公共財としての研究が私的財として扱われるようになり、資金提供

者に有利な研究や、研究者が起業のために研究不正を行うなど、利益相反が発生するようになった (宮田 2013: 103-40)。利益相反のマネジメントは、利益相反関係の届出、開示、管理、禁止を含むが、開示で十分とする見方や規制に反対する意見もある (同：144-73)。

　研究者の公共政策への参加も利益相反を生み出す。アメリカの公共政策形成には、多くの学者が参加し、政治・行政と研究世界とは緊密な関係にある。公共政策への参加自体が、価値中立性からはみ出しているのである。

　日本においても、科学技術だけでなく、財政・金融、教育・福祉、医療など各種の公共政策形成に研究者が関わり、研究者及び研究者集団が関与している。研究と政策及び技術の接近は深刻な問題を孕んできた。技術は経済性を要件とするので、完全合理性を目指す科学とは背反し、不確実性を前提として実施されるという構造的問題がある。経済性を前提とするため、リスクコントロールを貫徹できないのである。周知のように、元原子力安全委員長斑目春樹は、浜岡原発差し止め訴訟において、絶対な安全を追求すると、「ものなんて絶対造れません。だからどっかではわり切るんです」と証言した。耐震設計審査指針の改訂時、敷地高さを超える津波の危険性が指摘されていたにもかかわらず、土木学会が不公正な手続きで策定した手法を保安院が採用し、今も終息しない原発事故を引き起こした (東京電力福島原子力発電所事故調査委員会 2012: 89-92)。不確実性に対するリスクの責任をどう果たすかが、技術と融合した科学の現代的倫理問題である (鬼頭 2015: 258-9)。

　また、政策は、決定する政治集団の価値観に基づいて諸集団の利害調整として具体化される。公共政策に関わる研究者は、政治的な価値判断によって決定される政策を、学者としてオーソライズすることで正当化される危険性に置かれている。さらに、先のアイゼンハワー演説は、政策が科学エリートによって支配されることへの危惧も示していた。研究者は自己の学説を現実化したいという欲望にかられやすい。また、日本の場合は、政策分野の専門的知見に乏しいにもかかわらず、研究者を政策形成に参加させ、お墨付きを得ることがよく知られ (村松 1981: 126-8)、今も変わりはない (大森　2006：148-9)。

　これらの問題を、科学社会学では、トランス・サイエンスとして捉える見方がある。科学と政策決定の関係において、Weinberg（1972: 209）は、「科学によって問うことはできるが、まだ科学によって答えられない」問題があるとし、これらをトランス・サイエンスと名付けた。小林（2007: 121-40）は、この主張に沿いつつ、決定を専門家にのみ委ねず、コンセンス会議など市民関与を模索している。科学・技術政策に対する市民的統制は重要だが、反面、科学によって決定できない領域が不可避的だと捉えられると、科学的根拠のない決定を政治に委ね、科学の責任を放棄してしまうことにもなりかねない。Weinberg も例示している低線量被曝リスクは、現に福島原発事故によって論争の最中にある。この概念は、科学的な根拠がないにもかかわらず政策にお墨付きを与える研究者への戒めとしては有益だが、行動基準の解を与えるものではない。また、Weinberg は、「まだ（yet）」答えられないと述べ、科学の進展によって変わることを示唆していた。原（2015: 177-9）は、Weinberg（1985）は、確率論的リスク・アセスメントの整備によって、科学的意思決定への社会からの介入を不要とみなすようになったと指摘する。科学は価値判断を含む政治的決定における万能薬ではないのは自明のことだが、政治も万能薬ではない。

（4）人権概念を基礎にした研究倫理の生成

　科学の変容の中で、20 世紀に発展してきた「価値・実践的な倫理」は、ヒトを対象とする臨床研究である。医療は生命と健康を維持する営みであり、価値実現行為にほかならず、ヒポクラテスの誓いにまで遡る倫理規範がある。ナチス・ドイツや日本における人体実験など戦争犯罪を裁く中で生成されてきたのが、医学研究の倫理である。ニューンベルグ綱領（1947 年）、世界医師会「人体実験に関する決議　研究と実験関係者のための諸原理」（1954 年）、「ヘルシンキ宣言」（1964 年）、世界保健機構（WHO）と国際医学研究機関協議会（CIOMS）「人間の被験者を用いた生物医学研究の国際的ガイドライン」（1982 年）が制定されるなど、被験者の人権保護、インフォームド・コンセントを軸に医学研究の倫理が形成されてきた。

4　研究・教育を含めた大学の倫理

　以上の科学倫理の問題場面は、科学が外部社会との関わりにおいて発生してくる問題であった。しかし、科学研究の高度化は、それ自体がシビア・アクシデントや倫理的問題を孕むようになり、研究を研究者個人や集団・研究機関の自由に委ねるのではなく、社会的に規制することが必要になった。朝永のいう「科学の原罪性」に対する規制である。典型は、生命科学研究であり、遺伝子研究は、バイオハザードの危険性、クローン技術による生命操作、ヒトゲノム解読による生体個人特性の暴露など多くの倫理的問題を内包するためである。再生医療をめざすヒトES細胞は、受精卵を破壊して作成するものであり、カトリック圏では禁止された。

　生命科学研究に限らず、科学と技術的応用が進み、社会に大きな影響を与え、それ自体がリスク要因になった社会を、松本 (2009: 10-4) は、「テクノサイエンス・リスク社会」と呼ぶ。現代社会は「知識基盤社会」や「高度情報化社会」とされることが多いが、科学と技術の発展が社会と人類に幸福のみをもたらすという成長神話の幻想に過ぎない。このような変動のもとで研究倫理は、個々人の内面理性によって行動を規制するだけでなく、法規範の形を取り、規制・調査・監督機関の設置と制度化が進められてきた。さらに、従来、与件とされてきた研究倫理の枠組みも再定義されつつある。

(1)「認識規範としての倫理」と「価値・実践的な倫理」との葛藤
　研究者間では、研究倫理は分野によって多様性があることが暗黙の合意である。東北大学の部局調査でも研究不正概念の多様性は確認できる (羽田 2017a: 4-5)。しかし、研究倫理については、分野間の議論が成熟しているものではなく、海外における研究倫理の状況が正しく伝わっているわけでもない。対話不足による思い込みも大きい。一方、認知科学と心理学の接近など研究方法は分野を超えて伝播するので、「認識規範としての倫理」は、部分的ではあれ、長期的には共通化の方向をとると思われる (羽田 2017b: 12)。

　重要なことは、「価値・実践的な倫理」と「認識規範としての倫理」とには

葛藤があることである。人文・社会科学分野の研究倫理をめぐる山口一男、田代志門、長谷川公一らの論争は、このことを示す (山口 2003: 553-64、田代 2014: 5-28、長谷川 2014: 93-101、羽田 2017b: 9-12)。

　議論は、日本の社会調査研究者が、調査対象者に対する相互信頼感を重視することに対し、山口は調査対象者に個人的利益を得るかのような幻想を与え、研究倫理に反すると指摘したことに始まる。田代 (2014: 15-8) は、結論として田代は「社会科学特殊説」を批判し、山口を支持しているものの、山口の主張が、1970 年代にアメリカで確立した「研究と実践の区別」及び「リスク・ベネフィット評価」という古典的な研究倫理の枠組みに依拠しており、NIH8 原則 (Emanuel et.al 2008) が「協同的なパートナーシップ」を挙げているように、1990 年代には研究者には対象者との協働関係を構築し、終了後には適正なケアを提供する義務があることが認識されるようになってきたと指摘する。高等教育での調査においても、調査結果が対象者 (機関) への利益になることを明記することがあるが、古典的な研究倫理の枠組みでは、調査結果にバイアスをもたらす可能性があり、排除されなければならない。

　しかし、結果はもとより調査そのものが対象者に影響を与えるとき、対象者を研究対象としてのみ扱うべきかという長谷川 (2014: 98-100) の問いも重く、NIH8 原則はそのことを示している。

　このことは、「主体 (主観) と客体 (客観) の分離)」と「科学 (認識) と技術 (実践) の分離)」の揺らぎがあり、「認識規範としての倫理」と「価値・実践的な倫理」との葛藤があることを示唆している。

(2) 大学の自治と学問の自由の再定義

　研究における中核的価値であった学問の自由は、こうした状況で新たな意味を帯びてくる。研究者が真実性を追求するためには、学問の自由が不可欠で、守られるべき絶対的価値であり、日本やドイツをはじめとする欧州諸国では、日本国憲法で明文化されている[6]。しかし、現代は、遺伝子研究に対する統制など、憲法上保障される研究者の自由と、市民の健康・安全・社会的倫理に反する研究の抑制を、どのような要件で調整しうるかが課題となっ

ている。学問の自由は、人権を始めとする人類的価値を守るために限界づけられる。同時に、学問の自由を制限づける主体は、その主体である研究者集団であり、そうした秩序化の主体として学問の自由の主体でもある。保木(1994: 122) は、専門家集団による自己統制を主張し、ドイツ憲法における自由の限界を論じたヴュルテンベルガー (2005: 273-5) も、自由の限界づけを専門家倫理委員会に求めている。

　自由に対する自己統制という学問の自由観の転換は、日本学術会議学術と社会常置委員会報告『現代社会における学問の自由』(2005 年) がすでに行っている。すなわち、技術革新、民主主義の発展、巨大科学の登場、先端研究・先端医療における知の限界、産学連携による利潤原理と真理の探究との緊張関係のもとで、学問の自由は、社会から付託を受けたものであり、社会的責任を果たすための科学者コミュニティの自己規律・自己統治能力の確立を提起している。しかし、付託された自由としての学問の自由論は、それを本来守備範囲とすべき憲法学では発展しておらず、クローン技術規制など法体系の整備を後追いで説明するに止まっている。

(3) 学習の倫理と研究倫理教育

　研究倫理は、それを普及・定着させる教育が体系化されなければ、研究倫理の専門家の議論に止まる。日本の研究倫理教育を観察すると、研究の訓練を行う大学院教育から始まり、学士課程教育では、研究が位置付けられていながら、医学教育と技術者教育を除いては、学習倫理教育・研究倫理教育は欠落し、大きな落差が存在する。

　一方、米国の大学教育の歴史は、研究倫理教育の基盤となる大学教育における倫理性の追求、主に学生の学問的誠実性 (Academic integrity) が装備されてきた歴史でもある。Gallant (2008) は、1960 年代に、ある調査で入学者の75％が学習上のごまかしをしていることが明らかになり、以降、アメリカの大学におけるごまかし文化 (Cheating Culture) の克服が始まったことを活写している。同書は、それを支える基盤として、カレッジには、南北戦争前から教師に対する反抗、嘘、ごまかしなどの行為を禁止する行動規範 (honor code)

を制定することが、共通文化であったとする。これらの規範は、規則の遵守ではなく、社会の一員として自分自身の価値と評価を守ることを目的としていた。研究が大学の機能に加わったことで、特に第 2 次大戦後、研究誠実性（Research integrity）のためのプログラムが始まるが、マス化と同時に勃興したタームペーパー産業、ミスコンダクトへの対応が、組織的に広がり、学士課程教育の質保証としてインテグリティ戦略が進められていった（Gallant 2008: 21-39）。学生の学問的誠実性の取り組みは、「内面」「組織」「機関」「社会」の次元に構造化され、「内面」の次元では年齢、認知能力の低さなどが不正につながるので、その改善プログラムが重要なこと、「組織」の次元では、キャンパスの文化、学生仲間の規範が重要であり、ごまかしが米国の学生生活に沁みついていることをどう克服するかを課題にしている（ibid: 52）。

　Gallant（2008）は、情報技術の問題まで視野に入れて研究と現実課題のレビューを行っており、特に「学生を倫理的な市民として成長させること」（ibid: 80）を中核に置いた上で、教育・学習戦略において「学生個人のインテグリティではなく大学全体の環境が誠実であること」（ibid: 88）を必須の課題としている。米国も日本も、19 世紀におけるベルリン大学の普及の一形態といえるが、そのエトスを象徴するフンボルトモデルは研究と教育の統一といった機能が本質ではなく、学生の人格形成が大学の課題であった（フォルマー 2003: 150-8）。米国のカレッジは人間育成の教育機関として成立し、1960 年代から学生の学習不正に対する研究と実践、文化を積み上げてきた。大学院教育における研究倫理教育はその基盤なのである[7]。

（4）後発的近代化日本の大学教育

　日本の大学教育は、同じくマス化を経ながら、研究の対象としてコピペや剽窃レポートの問題を取り上げ、学生が誠実に学習することを追求してこなかった。これは、マス化に始まったことではなく、日本は近代大学モデルの導入を専門エリートの育成を目的にし、道徳的主体としての人間育成を目指さなかったことに遠因がある[8]。

　明治維新後、専門学校を規定した学制二編追加（1873 年 4 月 28 日、文部省布

達第 57 号）第 189 章は、「外国教師ヲ雇ヒ専門諸学校ヲ開クモノハ専ラ彼ノ長技ヲ取ルニアリ、其ノ取ルヘキ学術技芸ハ法律学、医学、星学、数学、物理学、化学、工学等ナリ、其ノ他神教、修身等ノ学科ハ今之ヲ取ラス」と述べ、人文学を日本に必要な専門とみなさなかった。学制制定時に文部卿大木喬任は、日本が摂取すべきは、「百般の工芸技術及天文窮理医療法律経済」等の実事であり、「智識」以上の「道理」までも学ぶ必要はないと素直に述べていたことに知られるように（寺崎 1978: 4-5）、19 世紀後半に欧米列強のアジア進出の圧力によって開国し、遅れた近代化＝西欧化を推進した明治日本にとって、学問は富国強兵の手段であり、実用主義が第一義であった。

　もちろん、現実は政府の意図を常に超える。「道理」を求めた明治青年は、私立学校に集まり、自由民権運動の担い手となる。創設まもない東京大学に入学した山崎為徳は、同郷の友人斉藤実宛書簡（1877 年 9 月 2 日付）で、「方今東京大学校にて教ゆる化学と云ひ、法学と云ひ…… 皆多くは究理の学なり。…… 東京大学には、教師を数千里より雇ひ、莫大価の器械を求め、数百の生徒を日本中より集め、壮麗なる学舎を建立し、数多の学科を置き、数万の書籍を求め、誠に日本第一の学校にして、人々は日本第一とすれども、其の内情を見れば、事が斉わず、生徒の学業は甚だ高きに非ず。而して生徒の品行は甚だ悪し。其根本を求むるに、此の学校にては、智を本にし徳を末にし、智を尊め徳を賤しめはなり。何そ此の大学校のみならんや、日本他の学校も此の風あり」と失望を書き綴り、同志社に転校して卒業後、　その教師となる（杉井 1976）。

　青年の反乱への対応として高等教育をいかに構築するかという政府内部の教育議論争において、開明派として分類される伊藤博文は、道徳教育の強化を主張する元田永孚に対し、「科学ハ実ニ政談ト消長ヲ相為ス者ナリ」と反論する（寺崎 1979: 35-8）。実用主義による青年・大学生の志向を非政治化する戦略は、帝国大学に講座制を導入し、大学令（1918 年 12 月、勅令第 388 号）による学問分野を反映した学部組織の法制化（第 2 条）として展開した。そこで教授する学問は、「国家ノ須要ニ応スル学術技芸」（帝国大学令第 1 条、1886 年 3 月勅令第 3 号）と性格づけられ、道徳的主体を育成することは目的でなく、

建前上は、学問・科学は人間形成と切り離され、国家目的に従属した。大学令第 1 条は「人格ノ陶治」を初めて大学教育の目的に組み入れたが、それは、社会主義国家ソビエトの出現と第一次世界大戦後の世界体制再構築に対応するために、「人格ノ陶治、国家思想ノ涵養ニ一層ノ意ヲ致ス」(臨時教育会議答申、希望事項一) ものにほかならない。筒井 (1995) が明らかにしたように、帝国大学での専門教育の予備教育機関であった旧制高等学校は、生徒文化としての教養はあっても、努力や習得による人格形成としての「修養主義」であり、大衆文化のエトスと違いはない。

　科学・学問が人間形成と切り離される理由には、国体神話によって基礎づけられた天皇制国家の原理が強く反映していた。明治知識人の一人森鴎外が、1911 年 1 月『中央公論』に発表した「かのように」は、歴史学を専攻して東京帝国大学文科大学を卒業し、3 年間ドイツに留学して帰国した主人公が、歴史的事実と国体神話との矛盾に葛藤し、ファイヒンゲルの「かのようにの哲学 (Die Philosophie des Als Ob)」[9] を信条にすると告白する話である。研究の世界においては、事実に従うということが誠実であることの第一要件だが、人文・社会の認識においては、欺瞞か迫害かの選択に置かれていたことをよく示す一文である。

5　結び──科学の倫理的責任の研究をする責任

　小論が、高等教育学会創設 20 年目を迎えた紀要のためのものであることを踏まえると、高等教育研究が、研究と教育を中核的な価値創造におく高等教育を対象にしながら、現代社会における科学と技術のあり方に迫る研究を、ほとんど取り上げてこなかったことも省察の対象とせざるを得ない。

　高等教育研究に限らず、日本の研究倫理に関する研究の脆弱さは冒頭述べたところだが、その前提となる科学動員体制下の負の遺産の研究は、医学での人体実験に関する常石 (1994、2005) の業績などごく一部に過ぎない。

　これに対して、同じ負の遺産を持つドイツでは、ナチズムと科学の関係について、日本語訳だけでも、Schwarberg (1991=1991)、Olff-Nathan (1993=1996)、

Schöttler（1997＝2001）、Cornwell（2003＝2015）、Ingrao（2010＝2012）、Sherratt（2013＝2015）など分野を問わず、精力的に産出されている。大学における科学史・科学論・科学社会学ポストの不十分さなど、制度的側面も彼我の研究業績の違いに反映しているだろうが、高等教育学会においては、歴史研究や社会学研究のような実証的基礎研究よりも、高等教育政策への志向が強く、幅の広い視野と展望に立つ研究メンタリティが衰弱してきたことにも大きな理由があると思われる。

　公共財としての高等教育研究は、高等教育政策の批判的検討にも責任を負い、知的創造の一部を担うもので、実用性を追い求めるものでも政策の僕でもない。高等教育研究（者）の倫理について、各論としてさらに深められなければならない。

注

1　本章は、「テクノサイエンス・リスク社会における研究倫理の再定義」『高等教育研究』第 20 集（日本高等教育学会、2017 年）に、文献情報など若干加筆したものである。

2　倫理とは、ある集団・社会において守るべきとされる規範の総体を指す（大澤ほか 2012: 1328-9）。近代社会において制裁を伴う規範は、法規範として国家権力に一元化されるが、専門職集団など個別の集団は、その専門性を保持するための倫理規範を持つ。倫理は価値観として個人に内在化するため、倫理も価値自由として捉えられることがあるが、誤りである。ただし、社会集団において倫理規範は常に一元化しているわけではなく、存在する倫理規範が競合し葛藤する場合がある。不正を告発する倫理的義務と組織の維持存続のために求められる倫理的義務とは悩ましい関係にある。「あるべき倫理」と「現にある倫理」とは必ずしも一致しない。

3　第 1 回（2007 年 9 月、リスボン）、第 2 回（2010 年 7 月、シンガポール）、第 3 回（2013 年 5 月、モントリオール）、第 4 回（2015 年 5 月、リオデネジャイロ）、第 5 回（2017 年 5 月、アムステルダム）、第 6 回（2019 年 7 月、香港）である。

4　このほか、文部科学省などの委託研究で、『平成 26 年度文部科学省における基本的な政策の立案・評価に関する調査研究　研究不正に対応する諸外国の体制等に関する調査研究報告書』（未来工学研究所、2014 年 10 月）、『平成 30 年度 文部科学省 委託事業　諸外国の研究公正の推進に関する調査・分析業務成果報告書』（PwC コンサルティング合同会社、2019 年 3 月）がある。

5　「研究誠実性のための欧州行動規範」の原文は、欧州科学財団の HP 参照（http://archives.esf.org/coordinating-research/mo-fora/ research-integrity. html）。概要の訳は羽田（2015：25-30）、全訳は東北大学公正な研究活動推進室監修『資料集　東北大学における責任ある研究活動の推進のために　Version No.1』（平成 28 年 11 月、部内資料）に所収。なお、2017 年に全面改訂された。改訂の訳は本書 pp.53-58。

6　ヨーロッパ諸国における学問の自由の状況と課題については、Terence Karran & Lucy Mallinson, 2017, *Report for the University and College Union; Academic Freedom in the U.K.: Legal and Normative Protection in a Comparative Context*, Revised 7th.

7　この点は、第 2 部第 8 章 3 参照。

8　教育史研究が明らかにした事実が、高等教育研究の視角を構成する事実になっていないことは残念である。以下、自由民権運動については、片桐芳雄『自由民権期教育史研究－近代公教育と民衆－』（東京大学出版会、1990 年）、「教育議論争」については、久木幸男・鈴木英一・今野喜清『日本教育論争史録　第 1 巻近代編（上）』（第一法規、1980 年）。

9　ハンス・ファイヒンガー（Hans Vaihinger）は、新カント派の哲学者で、科学の概念は客観的実在ではなく、生活のために作られた虚構・擬制であり、客観的真理は存在せず、実用性から判定されるという主張を行った（森宏一編『哲学辞典　増補版』青木書店、1973 年）。

参考文献

Bird, J. Stephanie & Adam Briggle,2005, Misconduct in Research, in Mitcham,Carl (edit.), *Encyclopedia of Science, Technology and Ethics*. Gale, Cengage Learning.（＝ 2012、科学・技術・倫理百科事典翻訳編集委員会監訳『科学・技術・倫理百科事典』全 5 巻、丸善出版、342-352）。

Bird, J. Stephanie,2005, Research Ethics: Overview, in *ibid*, 675-682.

Broad, William & Wade, Nicholas,1982, *Betrayers of the Truth Fraud and Deceit in the Hall of Science, Simon and Schuster*.（＝ 2006、牧野賢治訳『背信の科学者たち　論文捏造、データ改ざんはなぜ繰り返されるのか』講談社ブルーバックス）。

Butterfield, Herbelt, 1949, *The Origins of Modern Science 1300-1800*, G.Bell and Sons LTD.（=1978、渡辺正雄訳『近代科学の誕生』上・下、講談社学術文庫）。

Cornwell, John, 2003, *Hitler's scientists : science, war and the devil's pact*, Listen & Live Audio.（＝ 2015、松宮克昌訳『ヒトラーの科学者たち』作品社）。

Council of Graduate Schools, 2006, *Graduate Education for the Responsible Conduct of Research*.

―――, 2008, *Best Practices in Graduate Education for the Responsible Conduct of Research*.

―――, 2012a, *Modeling Effective Research Ethics Education in Graduate International Collaborations*.

―――, 2012b, Scholarly and Research Integrity in Graduate Education : A Comprehensive

Approach.

Dickson, David,1984, *The New Politics of Science*, Pantheon.（＝ 1988、里深文彦監訳『戦後アメリカと科学政策　科学超大国の政治構造』同文館）。

Emanuel, E. J., et.al., 2008, "An Ethical Framework of Biomedical Research", in Emanuel, E. J. et.al. (edit.), *The Oxford Textbook of Clinical Research Ethics*, Oxford University Press,123-135.

European Science Foundation, 2008, *Survey Report Stewards of Integrity Institutional Approaches to Promote and Safeguard Good Research in Europe.*

——, 2010, *Fostering Research Integrity in Europe: A Report by the ESF Member Organization Forum on Research Integrity.*

フォルマー クラウス、2003、「人間全体を視野に入れる―フンボルト教養概念の全体性についての諸相」『大学の倫理』蓮實重彦／アンドレアス・ヘルドリヒ／広渡清吾編、東京大学出版会、143-158。

Gallant, Tricia Bertram, 2008, *Academic Integrity in the 21 Century: A teaching Learning Imperative: ASHE Higher Education Report*, Volume 33, Number 5, Jossey-Bass.

長谷川公一、2014、「研究倫理のローカル性と普遍性」『社会学研究』93、93-101。

原塑、2015、「トランス・サイエンス概念と科学技術的意思決定への市民参加」『自然観の変遷と人間の運命』座小田豊編、東北大学出版会、171-188。

羽田貴史、2015、「研究倫理に関する世界の動向と日本の課題」『高等教育ライブラリ 9　研究倫理の確立を目指して―国際動向と日本の課題―』東北大学高度教養教育・学生支援機構編、東北大学出版会、1-37。

——、2017a、「研究倫理推進の制度化の課題」『高等教育ライブラリ 11　責任ある研究のための発表倫理を考える』東北大学高度教養教育・学生支援機構編、東北大学出版会、3-22。

——、2017b、「人文・社会科学分野における研究倫理の課題」（前掲書、65-81）。

平野耿、1980、「科学革命とロック」『ジョン・ロック研究』田中正司・平野耿編、御茶の水書房、27-54。

Hickling Arthurs Low, 2009, *The State of Research Integrity and Misconduct Policies in Canada*.

Ingrao, Christian, 2010, Croire et détruire: les intellectuels dans la machine de guerre SS, Fayard.(=2012、吉田春美訳『ナチスの知識人部隊』河出書房新社)。

Jacob, C. Margaret, 1976, *The Newtonians and The English Revolution 1689-1720*, Cornell University Press.(=1990、中島秀人訳『科学史研究叢書第 2 巻　ニュートン主義者とイギリス革命　1689-1720』学術書房)。

科学技術・学術審議会研究活動の不正行為に関する特別委員会、2006、「研究活動の不正行為への対応のガイドラインについて」。

北場林、2015、『米国の科学技術情勢』国立研究開発法人科学技術振興機構研究開発戦略センター海外動向ユニット。

鬼頭秀一、2015、「科学技術の不確実性とその倫理・社会問題」『科学・技術倫理と社会倫理』山脇直司編、東京大学出版会、257-297。

小林傳司、2007、『トランス・サイエンスの時代　科学技術と社会をつなぐ』NTT 出版。

小林信一、2014a、「我々は研究不正を適切に扱っているのだろうか（上）―研究不正規律の反省的検証―」『レファレンス No.764』（2014 年 9 月号）、国立国会図書館調査及び立法考査局。

――、2014b、「我々は研究不正を適切に扱っているのだろうか（下）―研究不正規律の反省的検証―」『レファレンス No.765』（2014 年 10 月号）、国立国会図書館調査及び立法考査局。

Lerner, Daniel & Harold Dwight Lasswell, 1951, *The Policy Sciences: Recent Developments in Scope and Method*, Stanford University Press.

正村俊之、2014、「巻頭言　古くて新しいテーマ」『社会学研究』93、1-4。

松本三和夫、2009、『テクノサイエンス・リスクと社会学―科学社会学のあらたな展開』東京大学出版会。

松澤孝明、2014a、「諸外国における国家研究公正システム（1）」『情報管理』Vol.56-no.10、697-711。

――、2014b、「諸外国における国家研究公正システム（2）」『情報管理』Vol.56-no.11、766-781。

Mayer, Tony & Nicholas,Steneck, 2012, *Promoting Research Integrity in a Global Environment*, World Scientific.

宮田由紀夫、2013、『アメリカの産学連携と学問的誠実性』玉川大学出版部。

村上陽一郎、1994、『科学者とは何か』新潮社。

――、1999、「科学研究の様態の変化」『岩波講座　科学 / 技術と人間 3　現代社会のなかの科学技術』岩波書店、34-57。

村松岐夫、1981、『戦後日本の官僚制』東洋経済新報社。

中山茂、1974、『歴史としての学問』中央公論社。

大澤真幸ほか、2012、『現代社会学事典』弘文堂。

Olff-Nathan, Josiane, 1993, La science sous le Troisième Reich : victime ou alliée du nazisme?,Seuil.（=1996、宇京頼三訳『叢書・ウニベルシタス 508　第三帝国下の科学』法政大学出版局）。

大森彌、2006、『行政学叢書 4　官のシステム』東京大学出版会。

佐々木力、1985、『科学革命の歴史構造』上、岩波書店。

Schöttler, Peter, 1997, Geschichtsschreibung als Legitimationswissenshaft 1918-1945, Suhrkamp Verlag Frankfurt am Main.（=2001、木谷勤・小野清美・芝健介訳『ナチズムと歴史家たち』名古屋大学出版会）。

Schwarberg, Guenther, 1991, Der SS-Arzt und die Kinder vom Bullenhuser Damm, Steidl Gerhard Verlag.（= 1991、石井正人訳『子どもたちは泣いたか―ナチズムと医

学』大月書店）。

Sherratt, Yvonne, 2013, *Hitler's Philosophers*, Yale University Press.（＝2015、三ッ木道夫・大久保友博訳『ヒトラーと哲学者　哲学はナチズムとどう関わったか』白水社）。

Steneck, Nicholas et. al., 2015, *Integrity in the Global Research Arena*, World & Scientific.

総合科学技術・イノベーション会議、2014、「研究不正行為への実効性ある対応に向けて」。

杉井六郎、1976、「山﨑為徳」『同志社歳時記』生島吉造・松井全編。

田代志門、2014、「社会調査の『利益』とは何か―山口一男の問題提起をめぐって―」『社会学研究』93、5-28。

寺﨑昌男、1978、「東京大学創立前後」『東京大学史紀要』第1号、3-16。

　　――、1979、『日本における大学自治制度の成立』評論社。

東北大学高度教養教育・学生支援機構、2015、『高等教育ライブラリ9　研究倫理の確立を目指して―国際動向と日本の課題―』東北大学出版会。

東京電力福島原子力発電所事故調査委員会、2012、『国会事故調報告書』。

朝永振一郎、1976、「物質科学にひそむ原罪」『朝永振一郎著作集4　科学と人間』みすず書房、1982年、103-119。

常石敬一、1994、『医学者たちの組織犯罪関東軍第七三一部隊』朝日新聞社。

　　――、2005、『戦場の疫学』海鳴社。

筒井清忠、1995、『日本型「教養」の運命　歴史社会学的考察』岩波書店。

上田和勇、2014、『企業倫理リスクのマネジメント―ソフト・コントロールによる倫理力と持続力の向上―』同文館出版。

ヴュルテンベルガー、2005、「学問の自由の限界―憲法上の？それとも倫理上の？」『先端科学技術と人権』ドイツ憲法判例研究会、信山社。

Weber, Max, 1904, *Archiv für Sozialwissenschaft und Sozialpolitik*, J. C. B. Mohr.（＝1998、富永祐治・立野保男訳『社会科学と社会政策にかかわる認識の「客観性」』岩波書店）。

Weinberg, M.Alvin, 1972, "Science and Trans-Science". *Minerva*, 10-1,209-222.

　　――, 1985, "Science and its Limits: The Regulator's Dilemma", in *Issues in Science and Technology*, Vol. 2, No. 1 (FALL 1985), 59-72.

山口一男、2003、「米国より見た社会調査の困難」『社会学評論』53-4、552-565。

山脇直司、2009、「トランスディシプリンとしての哲学の復権―分断化された社会科学の架橋のために―」『思想』No.1022、7-28。

山﨑茂明、2002、『科学者の不正行為―捏造・偽造・盗用』丸善株式会社。

　　――、2013、『科学者の発表倫理』丸善出版。

　　――、2015、『科学論文のミスコンダクト』丸善出版。

保木安一郎、1994、『遺伝子操作と法』日本評論社。

吉川弘之、1999、「総論―外部社会と科学／技術」『岩波講座　科学／技術と人間3　現代社会のなかの科学技術』岩波書店、1-32。

第2章　研究倫理に関する世界の動向と日本の課題[1]

1　問題の所在と課題

　現代の科学において、もっとも重要な課題は、研究不正を防止し、人類社会の福祉と知の創造に寄与する責任ある研究活動を行うことである。このことは、単に研究不正をしないことを意味するものではない。科学技術は、現代社会において、産業・生活・健康に巨大な影響を及ぼし、人間社会のどの領域も、科学研究の存在なくして維持できない。同時に、ベック（Beck 1986=1998）が先駆的に論じ、松本三和夫が「構造災」と名付けたように、科学技術そのものが、人類社会はもちろん、地球環境や生態系に深刻ない影響をもたらし、危機の源泉となっている。このことは、東日本大震災を契機とした科学者の責任がクローズアップされる中で、日本学術会議が「科学者の行動規範」を改訂し（2013年1月）、科学研究の両義性、社会の中の科学のあり方、科学者の責任を強調したことにも表れている。しかし、科学者は、自立し自律的に研究活動を行う専門家と理念的には措定されるが、現実には大学や研究機関その他に雇用され、資金提供者を含めた外部への応答責任が求められる存在である。責任ある研究の推進は、研究者個人の職能的責任、雇用した機関の責任、そして科学技術行政と政治の責任として構造化されなければならない。

　構造化されるべき責任の中で、現在急がれるべきは、責任ある研究遂行のために研究不正行為（Misconduct of research）の防止と対応、学生の学習と教育における剽窃・盗用などの不正行為防止と対応などを通じ、大学の生み出す知的価値を守ることである。本書第3章が示すように、日本においては有力研究大学において研究不正が相次ぐにもかかわらず、世界的に取り組まれ

ている研究における誠実性 (Integrity of research)[2] 確立の取り組みが、大きく立ち遅れているからである。本章では、研究不正防止の問題を中心とし、各国の動向、日本の現状と課題を明らかにする[3]。

なお、「研究における誠実性 (Integrity of research)」の用語と概念は、注 2 に述べたようにさらに検討すべき課題であるが、『科学・技術・倫理百科事典』の定義を参照基準として以下に紹介しておく。

> Integrity (ラテン語の integritas に由来し、全体や完全を意味している) とは、倫理においては、規範や常に高い行動基準を堅持することを指している。それゆえ、リサーチ・インテグリティとは何らかの不適切な影響のもとで逸脱が生じることなく、活動についての正しい情報を与えて導くための基準に合うように、研究を行うことを指している。この意味でのインテグリティは、正当性や説明責任と密接なつながりをもっている。リサーチ・インテグリティは、研究の不正行為の裏表として考えられることも多い。研究における不正行為の話題が、研究を進める中で科学者によってなされた悪い行為の定義や識別、判断、因果関係に集中している一方で、リサーチ・インテグリティは、……研究についての「責任ある行動を促す環境を創造する」ことに集中している。(Mitcham et. al. 2005=2012)

2　研究不正行為と各国で対応の概略

科学における不正行為は、その歴史と同様に古いが、研究不正行為を初めて定義したのは、Charles Babbage (Babbage1830) であり、データのトリミング及びクッキング、捏造を不正行為として定義したといわれる (Mitcham 2006：342)。職業集団としての科学者が登場し、Scientist という言葉が使われるようになったのも同時期であり、職業的科学者の出現と同時に、研究不正の定義も行われたといえる。

(1) 米　国
研究不正が広く米国で社会的問題になったのは、1980 年代であり、若き

アルバート・ゴア・ジュニアが調査小委員会議長を務める米国下院科学技術委員会の活動は、科学者の自律性では解決できないことを明らかにした (Broad &Wade 1982: 19-33)。議会が、研究資金配分機関に不正行為への対応策を求めたことで、米国国立衛生研究所 (NIH) や米国科学財団 (NSF) が、不正告発のルール化を行った。NIH (1986) は、データや結果の捏造 (Fabrication)、データや結果を変造もしくは削除したり、研究資料、手順、実験機器を偽って報告したりする偽造 (Falsification)、引用せずに他人のアイデア、手順、成果や文章を使う盗用 (Plagiarism) を研究不正と定義し (いわゆる FFP)、今日でも米国の研究不正概念の中核に据えられている (Code of Federal Regulations, Part 689-Research Misconduct　**資料 1**)。

その後、保健衛生省の下部機関である公衆衛生庁 (PHS) が科学公正局と科学公正審査局を設置し (1989)、両機関は 1992 年に統合されて、研究公正局 (ORI) となり、不正行為調査や告発への対応体制が整備された。

ただし、このプロセスで、研究不正の概念をめぐる論争があった。1989 年、保健衛生省は、「申請、研究発表、研究活動において、科学界において共通に受け入れられていることからの深刻な逸脱行為」もミスコンダクトと定義し、1991 年に全米科学財団 (NSF) は FFP に加え、逸脱行為もミスコンダクト加えた。一方、全米科学アカデミー (National Academy of Sciences: NAS) は、1992 年に、『責任ある科学』第 1 巻 (研究手順の公平性の確保) を公表し、不正行為として、FFP に限定した定義を行い、「その他の逸脱行為」を研究不正の定義から外すことを主張した (中村 2011：31-46)。この結果、2002 年に NSF、2005 年に公衆衛生局は研究不正を FFP に限定する修正を行った。しかし、後述するように、国際的にはこの定義自体が大きく見直されつつある。研究不正行為の背景には、競争的環境の拡大と研究業績に対するプレッシャー、産学連携の強化と特許競争がもたらす先取り競争などが挙げられる (日本学術会議学術と社会常置委員会 2005、宮田 2013)。その典型は、20 世紀最大の研究スキャンダルである常温核融合事件 (Taubes1993=1993) である。置かれている環境は、各国も同様であり、90 年代から 2000 年代にかけ、研究不正の防止策と研究倫理確立の取り組みが進んだ[4]。

(2) ドイツ

ドイツ研究協会(DFG) による 1998 年 1 月提言を受け、ドイツ大学協会 (HRK)が研究不正告発のガイドラインを制定し、機関単位での規程整備が促進された。また、ドイツにおいては、2011 年に国防大臣グッテンベルクが 2007 年の博士論文盗用で、2013 年に教育大臣シャヴァーンが 1980 年の博士論文盗用で、それぞれ職を辞した[5]。こうした状況に対応して DFG は 2013 年に 98 年提言を部分改訂した「補遺」を発表している[6]。

(3) フランス

国立保健医学研究所(INSERM)が 1999 年 1 月に研究誠実性の検討組織(SID) を設置、ガイドラインを制定。また、国立科学研究センター（CNRS）が 2006 年 4 月に研究倫理委員会(COMETS)を設置し、CNRS の研究不正処理手続を明確化した[7]。

(4) 中　国

中国科学院が 1997 年 10 月に科学倫理建設委員会設置、2001 年に科学倫理準則を制定し、2003 年には科学技術部・教育省・中国科学院・中国工程院・国家自然科学基金委員会共同による「科学技術の評価業務の改善に関する決定」が行われるなど、制度整備が進行している[8]。

このほか、オーストラリアについては、フェルマン(2015)、杉本(2015)、諸外国については、未来工学研究所(2014)、PwC コンサルティング合同会社 (2019) がある。

3　グローバルな研究倫理構築の取り組み

(1) 学術雑誌編集団体の取り組み

科学研究が国境をまたぐ以上、研究倫理の問題も一国のシステムに止まらない。一国レベルを超えた試みで先行したのは、国際学術雑誌の編集団

体である。国際医学雑誌編集者委員会 (International Committee of Medical Journal Editors, ICMJE) は、1979 年以来投稿統一規程を定め、改訂を加えてきた。当初は、Uniform Requirements for manuscripts submitted to biomedical journals（統一投稿規程）と題していたが、2013 年には、Recommendations for the Conduct, Reporting, Editing, and Publication of Scholarly Work in Medical Journals（勧告ないし推奨）へ名称を変更して現在に至っている[9]。

同規程は、著者の定義として、次の 4 つを基準としている。

①研究の構想またはデザイン、あるいは研究データの取得、解析、または解釈に実質的に貢献したこと。

②論文を起草したか、または重要な知的内容について批評的な推敲を行ったこと。

③出版原稿の最終承認を行うこと。さらに、

④研究のあらゆる部分について、その正確性または公正性に関する疑義が適切に調査され、解決されることを保証し、研究のすべての側面に対して説明責任を負うことに同意すること。

これに加えて、著者は、各自が担当した部分に対する説明責任を負うだけでなく、論文の他の部分についてもどの共著者が責任を負っているかを識別できなければならない。さらに著者には、共著者の担当部分の公正性についても確信していることが求められる。

同勧告は、不適切なオーサーシップを排除し、査読の倫理、多重出版・投稿についても問題を開設するなど、発表・出版に関する国際的なルールである[10]。日本の医学系を中心とする投稿規程にも大きな影響を与えている。

世界医学雑誌編集者協会 (World Association of Medical Editors: WAME) は、1955 年に創設された医学雑誌の編集者による非営利団体であり、92 か国 980 誌以上の編集者が参加し[11]、編集者・査読者の責務や倫理を検討し、共有している。

1959 年の The Council of Biology Editors を起源とし、2000 年に改組した科学編集者協議会 (Council of Science Editors, CSE) も同様な規程を定めている[12]。

出版倫理委員会 (Committee on Publication Ethics, COPE) は、1997 年にイギリス

で創設された医学雑誌の編集者によるグループとして出発し、2014 年現在、80 カ国から 9000 人が加盟し、多くの分野をカバーしたコード (準則) や声明を公表している[13]。日本畜産学会の投稿ガイドラインは、COPE を参照しているなど影響もある。

　日本では、2008 年 8 月に、日本医学会 112 分科会の機関紙編集委員会から構成される日本医学雑誌編集者会議 (JAMJE) が設置された。同会議は、①医学雑誌と編集者の自由と権利の擁護、②医学雑誌の質の向上への寄与、③著者と医学雑誌・編集者の倫理規範の策定、④海外の編集者会議との連携等を目的に掲げ、医学雑誌編集のための共通ガイドラインを検討し、「日本医学会医学雑誌編集ガイドライン」(2015 年 3 月) が作成されている[14]。

(2) 研究誠実性に関する世界会議 (World Conference on Research Integrity)

　研究倫理に関する取り組みは、国際共同研究の拡大などが契機となり、世界会議による共同化が推進されてきた。その過程では、日本が大きな役割を果たした。OECD のグローバル科学フォーラム (Global Science Forum, GSF)[15] は、2005 年末から 2006 年 1 月にかけて、韓国・黄禹錫ソウル大学教授の ES 細胞研究捏造事件を契機に、研究倫理を重視し、2007 年 2 月 22 日〜 23 日に東京で OECD と文部科学省の共催による行政官・専門家の最初の会議「科学の誠実性確保と不正行為防止のための専門家会合」が開催された[16]。同会議には、23 ヶ国、3 国際機関から約 70 名の行政官、専門家が出席、各国における不正の定義でいわゆる FFP として共通する部分と、不正行為の周辺にも、様々な「疑わしい研究行為」(QRP: Questionable Research Practice) の存在など、重要な議論を行った。また、この会議に提出された *Best Practices for Ensuring Scientific Integrity and Preventing Misconduct* は、各国のミスコンダクトの定義の違いなど重要な論点を提示した (中村 2011、31-46)。

　この会議の成果を受け、2007 年 9 月 16 − 19 日、リスボンで、欧州科学財団 (European Science Foundation: ESF)[17] とアメリカ・研究公正局 (Office of Research Integrity: ORI) とが主催した「第 1 回研究誠実性に関する世界会議」(ESF-ORI First World Conference on Research Integrity: Fostering Responsible Research)が開催された。

　第 1 回の世界会議は、欧州、アメリカ、アジア、アフリカなど 45 国・地域が参加した。その成果物は、*Final Report to ESF and ORI First World Conference on Research Integrity : Fostering Responsible Research*（Lisbon, Portugal, 16-19 September 2007）にまとめられた。同報告書は、次の 3 つの勧告を行い、持続的な活動を提起した。

勧告 1　ESF と ORI は、あらゆる国で研究におけるミスコンダクトへの対応手続と最善の取り組みのためのガイドラインを発展させる積極的な研究計画を支援することを促進という共通の目的を達成するために、GSF および他の組織との協同作業を継続すべきである。

勧告 2　ESF と ORI は、先導的な情報資源を提供し援助することで、研究誠実性のためのグローバルな情報センターを発展させ、現在の会議のサイトをより一般的、自立的かつ継続的なサイトに転換するために時間をかけ、コミュニティ・ベース（ウィキペディアのように）で情報入力されて維持できるように、指導力を発揮するべきである。このサイトは、基本的な情報として、次のものを含む。
・各国の研究行為／ミスコンダクト政策
・各国の研究者育成プログラムの責任ある行為
・全国及び地域会議と他の関連する行動
・全国及び組織的な研究誠実性のコンタクト

勧告 3　ESF と ORI は立ち上げのレポートでの一般勧告に基づき、2009 年の後半もしくは 2010 年の初めに、第 2 回の世界会議の資金集めと計画策定に必要な約 25,000 ユーロを集め、指導力を発揮すべきである。

　以降、第 2 回（シンガポール、2010 年 7 月）[18]、第 3 回（モントリオール、2013 年 5 月 5-8 日）と世界会議が開催され、各国・国際機関の議論を集約するために開かれてきた。現在、第 6 回（2019 年 7 月、香港）に至っている。第 2 回では、シンガポール声明（Singapore Statement on Research Integrity,　**資料 2**）が採択され、第 3 回ではモントリオール声明（Montreal Statement on Research Integrity in Cross-Boundary Research Collaborations,　**資料 3**）が採択されるなど、各国の多様性を認めつつ、国際的共通性を探る動きも明確になっている。

(3) OECD における国際共同研究への対応

　また、OECD は、国際共同研究の対応が特に難しいため、国際共同研究における不正調査のための調整委員会（The OECD Coordinating Committee for Facilitating International Research Misconduct Investigation）を設置し、第 1 回（ワシントン、2007 年 12 月 3-4 日）、第 2 回（パリ、2008 年 4 月 21-22 日）、第 3 回（ヴィーン、2008 年 9 月 11-12 日）を開催し、国際的な協力体制の構築のために基本的な検討を行い、その成果を最終報告と実践的指針を、2009 年 4 月のグロー

バル科学フォーラムで公表している。*Practical Guide on Investigating Misconduct Allegations in International Research* は、OECD の活動紹介冊子 (*Global Science Forum Brochure*, 2012) でも研究倫理の項目で紹介されており、国際共同研究におけるミスコンダクト調査の枠組みの参照基準としての性格を与えられていると言える。

(4) 国際的な取り組み――世界研究評議会 (Global Research Council)

OECD の枠組みとは別な世界レベルの動きは、世界研究評議会 (GRC) である。GRC は 2012 年 5 月、NSF がホストとなり、ワシントンで業績評価についての世界サミットを開催し、同時に発足した。運営委員会議長がドイツ DFG 会長のほか、副議長が中国科学院院長、カナダ科学技術審議会副会長、安西学術振興会理事長など 8 人で構成され、研究資金機関の国際団体としての性格を持つ。

同評議会は、発展途上国を含めた共同研究を推進するもので、恒久的でバーチャルな組織である。その目的は、①資金団体間の協力と対話の改善、②高度な連携のベスト・プラクティスとデータの共有、③研究審議会代表者の定期的会合の推進、④教育と研究の支援に関する共通する関心時の検討、⑤世界的な研究の展望の構築に向けての情報、⑥世界的な研究コミュニティの研究組織の支援メカニズムの開発である。

GRC は、アフリカ、アメリカ、アジアー太平洋、欧州、中東／北アフリカの 5 地域を置いている。2011 年 9 月、ヨーロッパの研究資金機関と研究評価機関の協会として、Science Europe, DFG (the German Research Foundation), ESRC (Economic and Social Research Council〔UK〕), ETAG (Estonian Research Council), FWO (Research Foundation Flanders〔ベルギー西部・オランダ南西部・フランス北部を含む北海沿岸地域〕), ARRS (the Slovenian Research), SNSF (the Swiss National Science Foundation) の 7 機関が創設メンバーとして発足した。2019 年 5 月には、サンパウロで第 8 回の年次会合を開き、45 カ国から 49 機関の代表が集まった[19]。

アジア・太平洋地域では、2012 年 12 月 5-7 日に仙台で開催された。

2013 年 5 月 27-29 日、ベルリンで 70 の組織代表が集まり、DFG 及びブラ

ジル科学技術開発審議会の共催で GRC の 2013 会合が開かれ、オープンアクセスと誠実性インテグリティについての議論と声明採択を行った。その声明 (Statement of Principles for Research Integrity, **資料4**) は、ミスコンダクトの定義を FFP に限定せず、また、研究資金機関の責任として、研究における誠実性を組み込むことを明確にした。

(5) ヨーロッパにおける取り組み——欧州科学財団 (European Science Foundation)

　ヨーロッパは、国を超えた共通の誠実性確保の取り組みがもっとも進んでいる地域であり、その中心は、欧州科学財団 (ESF) である[20]。2000 年 12 月に欧州科学財団は、Science Policy Briefing を公表し、各国の研究不正対応策をレビューし、世界的な最上の実践に基づく責任ある行為を期待するとした。

　第 1 回研究誠実性に関する世界会議後、財団は、2008 年 4 月に *Survey Report Stewards of Integrity Institutional Approaches to Promote and Safeguard Good Research Practice in Europe* を公表し、「研究誠実性に関する欧州科学財団によるフォーラム」 (ESF Member Organization Forum on Research Integrity) を設置して、研究の誠実性のガイドラインと行動規範をいかに実施し、良い事例を明確にするケーススタディを提示すること、研究誠実性を促進する上での、国際連携を促進するための取り組みを紹介すること、ヨーロッパにおける研究誠実性を調整する枠組みと必要な活動と資源について議論するために取り組みを始めた。

　研究誠実性に関するワークショップは、第 1 回 (2008 年 11 月 17-18 日、マドリード)、第 2 回 (2009 年 10 月 27 日、ストラスバーグ)、第 3 回 (2010 年 3 月 22 日、スプリト)、第 4 回 (2011 年 11 月 11 日、ローマ) と開催され、ガイドラインと行動規範の実施などの議論などを重ねた。その成果は、*Fostering Research Integrity in Europe* として公刊された。特に、これらの活動の成果である「研究誠実性のための欧州行動規範」 (The European Code of Conduct for Research Integrity, 2011 年 6 月, **資料5**) は、22 カ国の 31 研究資金機関とヨーロッパ全体の科学機関 53 が参加して作成され、包括的であり、声明よりも具体的で、国境を越えた規範として重要である[21]。

(6) 国際的共同取り組みからの知見

　以上のように、多様な組織・団体が入りまじって研究誠実性に関する制度が形成されつつあり、規範も新たに形成されている状況といえる。

　第 1 に、このプロセスを通じて、各国や専門分野における研究不正の概念の多様性が浮かび上がってきた。いわゆる FFP が各国の定義の中核にあることは共通だが、それに止まらず不正行為が定義されている。　第 2 回の世界会議に提出された Fanelli (2012) のレポートが示すように (**表 1-2-1**)、各国の研究不正の定義は多様である[22]。

　第 2 に、各国の多様性を前提にしながらも、不正の概念やあるべき研究の姿は、次第に一致する方向に向かっている。「科学の誠実性確保と不正行為防止のための専門家会合」においては、各国によって不正の定義や各国の研究文化、不正の取扱いには大きな相違があり、「ハーモナイゼーション」を探ることの重要性と、一つのルールに統一していく (equalization) という意味ではないことが議論されていた。しかし、同じ年に開かれた第 1 回世界会議の最終報告書は、「相応しくない行動の報告の手続と最善の実践のための基準が明らかにされ、調製され、公表されなければならない、法は、国によって変わるもので自然法は、国によって変わるものではない〔圏点筆者〕、科学に導入されてきた共通する測定の組織とその他の基準は国際的協力を拡大させてきた。研究行為における責任ある行動の基本的基準は、その上にグローバルであり、知識の発展に本質的である信頼と共有を成長させるものでなければならない」(ESF-ORI Conference on Research Integrity: Fostering Responsible Research 2007: 7) と述べていた。

　さらに、第 2 回世界会議でのシンガポール声明は、国や専門分野における相違はありつつも、「実施される場所にかかわらず、研究の誠実性の基盤となる原則及び専門的責任がある」と述べ、14 項目を共通する責任と述べている。次いで、第 3 回世界会議でのモントリオール声明は、機関や国、分野を超えた共同研究全般の在り方を宣言している。これらは、グローバルな研究行動規範の現時点における到達点として重要であり、2013 年の世界研究評議会の声明等、国際的な共通規範を形成する動きが強まっている。

表1-2-1　各国の研究不正定義

	オーストラリア	中国	クロアチア	デンマーク	フィンランド	フランス	インド	オランダ	ノルウェイ	スウェーデン	スイス	イギリス	アメリカ
	2007	2007	2007	2009	2002	1999	2006	2001	2007	2004	2003	2009	2005
	A。R.C.National Health and Medical Research Council	中国科学院	Croatian Committee for Ethics in Science and Higher Education	Danish Agency for Science, Technology and Innovation	Finnish National Advisory Board on Research Ethics	French national Medical and Health-Research Institute	Indian Council of Medical Research	ALL European Academies	Ministry of Education	Swedish Research Council	Swiss Academies of Art and Science	UK Research Integrity Office	Public Health Service, Federal Register
捏造・偽造・盗用	○	○	○	○	○	○	○	○	○	○	○	○	○
広い定義	○		○	○	○			○	○	○	○	○	
都合のよい発表			○	○	○					○	○		○
幽霊オーサーシップ	○	○	○			○		○	○			○	
統計の誤用				○	○					○	○		
他人の研究の歪曲		○	○							○			
他人の研究の無視				○						○			
結果を歪めた解釈			○	○	○					○			
利益相反	○		○			○	○						
二重出版		○	○		○		○						
認められた手順の逸脱	○									○		○	
不適切なデータ管理					○	○					○		
専門資格のごまかし										○			
不正調査の妨害	○										○		
同僚評価の悪用							○				○		
情報や成果有体物の秘匿		○									○		
財政の不正	○									○			
人格侵害										○			
悪いメンターシップ						○							
人間や動物の虐待	○												
学生や部下の虐待													
その他			○	○	○	○	○	○	○		○	○	

出典：Daniele Fanelli, 2012, "The Black, The White and The Grey Areas: Towards an International and Inter disciplinary Definition of Scientific Misconduct.", in *Promoting Research Integrity in a Global Environment*, World Scientific.

　この点で、ESF/All European Academies（AAEA）が作成した「誠実な研究のためのヨーロッパ行動規範」（The European Code of Conduct for Research Integrity, March 2011）は、声明より具体的な規範として策定され、国境を超えた研究倫理規範として重要である。

　第 3 に、科学研究の社会的役割が拡大するにつれ、FFP に限定されていた研究不正の定義を拡大し、さらには防止・摘発から責任ある研究活動重視への大きな転換が起きている。「科学の誠実性確保と不正行為防止のための専門家会合」でも、狭義の FFP のみを問題にするのではなく、責任ある研究活動への逸脱を不正行為とする整理が行われている。中村（2011）による整理を**表 1-2-2** に紹介する。不正行為はあるべき研究の姿からの背理・逸脱であり、

表 1-2-2　不正行為の概念整理

○中核的"研究不正行為" 　データの捏造 　データの改ざん 　盗用 　　捏造・改ざん・盗用には通常、以下のものが含まれる： 　　・分析時のデータの選択的排除 　　・期待通りの結果を得るための誤ったデータ解釈（統計手法の不適切な利用を含む） 　　・論文出版時の不正な修正 　　・資金提供者からの圧力で、間違ったデータや結果を産出	○研究遂行時の不正行為 　不適切な研究手法の利用（例：有害や危険な） 　粗末な研究計画 　実験・分析・コンピュータ処理の誤り 　被験者保護規定の違反 　実験動物の虐待
○データ関連の不正行為 　生データを保持しない 　ずさんなデータ管理・保存 　科学コミュニティに対するデータ提供の留保 　注：研究資料についても適用	○出版関連の不正行為 　不当なオーサーシップの要求 　貢献した人を著者から除外 　科学コミュニティに対するデータ提供の留保 　出版点数の見かけ上の増加（"サラミ-スライス出版"を含む） 　出版業績の修正の不履行
○人格に関する不正行為 　人間として不適切な行動、ハラスメント 　不十分なリーダー・シップ、メンタリング、学生への助言 　社会的・文化的規範への鈍感さ	○財政その他の不正行為 　ピア・レビューの悪用（例：利益相反の不開示、ライバルの論文出版の不公平な停滞） 　資格・研究業績の虚偽表示 　許可されていない物品の購入、私的利得のための研究資金の誤った使用 　根拠のない、あるいは悪意ある研究不正申立て

科学研究の社会的役割や利用の両義性[23] が拡大することに伴って、再定義が行われているのである。

第4に、第1回世界会議の最終報告書が述べているように、重点は、制裁から啓蒙と教育へ移行していることである。大学院教育への位置づけや研究者向け啓蒙パンフレットの作成・出版が重要である。代表的なものとして、アメリカ科学アカデミー（Committee on Science, Engineering, and Public Policy, National Academy of Sciences, National Academy of Engineering, and Institute of Medicine）による *On Being a Scientist: A Guide to Responsible Conduct in Research*（2009）は、すでに第3版となり、日本でも池内了訳『科学者をめざす君たちへ：研究者の責任ある行動とは』（化学同人、2010年）として翻訳されている。

第5に、研究倫理教育は、研究費申請の条件になるなど急速に制度化されているが、研究力強化のための国家的政策の重要なアジェンダとなりつつある。アメリカで2007年8月に成立した「アメリカ競争力法」（通称 The America COMPETES Act）は、国立研究機関の強化、基礎研究の推進、重点的研究プログラムの強化、科学技術教育の拡大などを包括的に定め、全米科学財団に申請する機関は、研究倫理に関する訓練と教育を義務付けた（セクション7009）。全米科学財団は、2010年1月から、大学は、研究費助成に際し、責任ある研究活動のトレーニングコースを策定することを求めている。全米科学財団は、2007年から全米ポスドク協会（National Postdoctoral association）を支援し、2008年、同協会は「学術的誠実性プロジェクト」を開始した。また、全米科学財団は、STEM（Science, Technology, Mathematics and Engineering）の倫理に関するオンラインセンターの開発支援、分野・機関・国をまたがる全研究分野における倫理教育の向上を目指した研究・教育を支援も行っている。また、2010年、NIH が申請に当たって RCR に関する倫理学習を4年ごとに8時間以上義務付けている。

中国における研究倫理の強化の理由には、中国科学技術部、教育省、科学院などによる「科学技術の評価業務の改善に関する決定」（2003年）が、業績評価の推進と合わせて、不正行為の防止を推進している[24]。

4　日本の動向と課題

(1) 2000 年代の日本

日本における研究倫理への取り組みは、旧石器捏造事件(2000 年 11 月)や理化学研究所所員告訴事件(2001 年 5 月)が相次ぎ、第 18 期日本学術会議の学術と社会常置委員会が『科学における不正行為とその防止について』(2003 年 6 月 24 日)報告を公表してから本格的に始まった。続く第 19 期において、委員会は、学協会の倫理綱領制定状況調査(2004 年 6 月)を実施し、その結果も踏まえた『科学におけるミスコンダクトの現状と対策　科学者コミュニティの自律に向けて』(2005 年 7 月 21 日)を公表した。同調査では、倫理綱領を制定済み・制定中の学協会が 110(回答学会 838 中 13.1％、学協会 1,481 中 7.4％)に止まり、ミスコンダクト対処手続を定めている学協会は 148 という実態が明らかになった(日本学術会議の学術と社会常置委員会 2005)。

その後、日本学術会議は、学協会および研究機関に対する「科学者の倫理綱領・行動規範の設置状況等に関するアンケート調査」を実施し(2006 年 5 月、その結果は、大学で制定済み・制定中は計 17.9％であること、回答数の 12.4％で不正行為があったとされる。

2006 年 2 月 28 日、総合科学技術会議は、「研究上の不正に関する適切な対応について」を公表し、日本学術会議など科学者コミュニティ、関係府省、大学及び研究機関等が倫理指針や研究上の不正に関する規定を策定することを求めた。文部科学省はじめ各省庁は、所掌している研究費による研究において不正行為の定義と対応指針を定めた。文部科学省は、科学技術・学術審議会研究活動の不正行為に関する特別委員会(2006 年 4 月)を設置し、その報告書『研究活動の不正行為への対応のガイドラインについて―研究活動の不正行為に関する特別委員会報告書―』(2006 年 8 月 8 日、以下「不正行為への対応ガイドライン」)[25] と、日本学術会議声明「科学者の行動規範」(2006 年 10 月 3 日、2013 年 1 月 25 日改訂)が、各大学・研究機関における行動規範の制定や不正行為対応ガイドラインの参照基準となってきた。

「不正行為への対応ガイドライン」制定後 6 年余を経て、2013 年 1 月、文

部科学省科学技術・学術政策局基盤政策課長名による機関調査が行われている。それによると、規程整備済みの大学は87.6％（＝633/723）、告発窓口を設置した大学は、92.7％（＝670/723、うち83％は告発なし）、教員対象の倫理教育の取り組み大学は、77.2％（＝558/723）、学生対象の倫理教育の取り組み大学は、21.6％（＝156/723）となっており、規程の整備が行われたとはいえる。2014年8月26日、文部科学大臣決定による「研究活動における不正行為への対応等に関するガイドライン」が定められ、機関の管理責任を明確にするなどの対応を各大学・機関に求めている。今後、各大学・機関が制度構築を行うためにも、これらガイドラインを含めた日本の課題を次に検討する。

(2) 日本における研究誠実性問題

　第1に、研究不正の定義の問題である。研究倫理に関する全国レベルの規範類で影響力の大きいのは、「不正行為への対応ガイドライン」である。

　「不正行為への対応ガイドライン」は、2部に分かれ、第1部で、「不正行為とは、研究者倫理に背馳し、上記1〔注：研究活動の本質〕、2〔研究成果の発表〕において、その本質ないし本来の趣旨を歪め、研究者コミュニティの正常な科学的コミュニケーションを妨げる行為に他ならない、具体的には、得られたデータや結果の捏造、改ざん、及び他者の研究成果等の盗用に加え、同じ研究成果の重複発表、論文著作者が適正に公表されない不適切なオーサーシップなどが不正行為の代表例〔圏点筆者〕と考えることができる」(p.5)と述べ、不正をFFPに限定していない。しかし、「第2部　競争的資金に係る研究活動における不正行為対応ガイドライン」では、「本ガイドラインの対象とする不正行為は、発表された研究成果の中に示されたデータや調査結果等の捏造と改ざん、及び盗用である」(p.12)とFFPに限定している。同じ報告書の中で研究不正の定義に違いがあり、その説明はない[26]。

　これに対し、2014年8月26日文部科学大臣決定ガイドラインは、「具体的には、得られたデータや結果の捏造、改ざん、及び他者の研究成果等の盗用が、不正行為に該当する。このほか、他の学術誌等に既発表又は投稿中の論文と本質的に同じ論文を投稿する二重投稿、論文著作者が適正に公表さ

れない不適切なオーサーシップなどが不正行為の代表例と考えることができる」(p.4)と旧ガイドラインの研究不正定義を再確認した上で、二重投稿を例に挙げ、どのような行為が研究者倫理に反する行為に当たるかは、「科学コミュニティにおいて、各研究分野において不正行為が疑われた事例や国際的な動向等を踏まえて、学協会の倫理規程や行動規範、学術誌の投稿規程等で明確にし、当該行為が発覚した場合の対応方針を示していくことが強く望まれる」と述べている。

　また、第 3 節は、捏造、改ざん及び盗用を「特定不正行為」と定義するものの、「研究機関における研究活動の不正行為への対応に関するルールづくりは、……〔文部科学省関係の資金による研究活動での捏造、改ざん、盗用〕に限定するものではない」(p.10)と述べている。研究不正の定義を FFP に限定するだけでは、学術的価値を維持することはできず、大学・研究機関の責任においての対応を求めている[27]。事実、2014 年ガイドライン後の各大学の研究不正概念は、FFP を超えて拡大している。しかし、研究は機関を超えて行われるものなので、機関間での違いは混乱の原因にもなりかねない。大学・研究機関におけるルールは、政府ガイドラインにすべて従属するものではなく、ヨーロッパのように、学協会及び大学団体の議論とコンセンサスの質を高めていく必要がある[28]。

　第 2 に、科学技術政策や高等教育政策において、責任ある研究行為を推進する施策が盛り込まれていないことである。第 4 期科学技術基本計画(2011年 8 月 19 日)、「国の研究開発評価に関する大綱的指針」(2012 年 12 月 26 日改訂)、文部科学大臣決定「文部科学省における研究及び開発に関する評価指針」(2009 年 2 月 17 日)など一連の科学技術政策は、研究促進だけで、その信頼性確保の方策は盛り込まれていない[29]。認証評価における教員の研究業績公表は、厳格なオーサーシップを定義し、研究業績の過大な表示を防止し、文化として定着する機会である[30]。中国科学技術部、教育省、科学院などによる「科学技術の評価業務の改善に関する決定」(2003 年)が、業績評価の推進と合わせて、不正行為の防止を推進していることを参照すべきであろう。

　第 3 に、全国的なガイドラインを策定し、様々なグッド・プラクティスを

共有するスキームが明確ではない。アメリカ・中国のように政府主導で行うのか、あるいはヨーロッパに見られるように、アカデミーや各種の財団・学会の連合組織がイニシャチブを発揮するか、いずれも不分明である。機関や学会を超えた全国的な議論が行われないと、分野間の差を克服した共同の規範は形成されない。機関レベルの議論は、置かれた環境に制約されて規範の共有は立ち遅れる。高等教育政策の多面的な場面での推進と、全国レベルでの情報交流と普及の枠組みが必要である[31]。

　第4に、研究倫理の確立のための啓蒙と教育を進めるためには、学士課程教育と、特に大学院教育における制度化が不可欠である。このためには、大学教員の専門性を明確にし、大学院や入職後の専門性開発活動に位置づけていく必要がある。日本では、大学教員の資格や専門性に関する諸規定が、専門職としての倫理性を明確に定めず、極めて不十分であることを視野に入れなければならない。Austin & McDaniels（2006）が整理したアメリカ大学教員の専門性には、「専門職としての態度」の項目に、「倫理と誠実性」が明確に位置づいている。イギリスの場合は、研究審議会や高等教育資金団体の支援を受けた Vitae による研究職能開発の枠組みが 2010 年に作成され、「研究のガバナンスと組織化」で倫理が規定されている（加藤 2011）。国際的な文書も同様であり、ユネスコ「高等教育の教育職員の地位に関する勧告」（1997 年 11 月 11 日第 29 回総会採択）は、第 7 章「義務と責任」で誠実な研究の遂行を定めている（Ⅶ -34）。

　ところが、日本の場合、教授は「専攻分野における教育上、研究上又は実務上の特に優れた知識、能力及び実績を有する者であって、学生を教授し、その研究を指導し、又は研究に従事する」（学校教育法第 92 条）とされ、大学設置基準の教員の資格も専攻分野の研究業績と教育能力を資格としているのみで（第 14~17 条）倫理的側面が軽視されているのである。

　研究不正行為の防止・摘発から責任ある研究行為の追求への転換は、研究者自身の専門性倫理について、機関・学会レベルで共有していく必要があることを示唆している。特に、「科学者の行動規範―改訂版―」が示すように、研究者は、成果の社会的応用についても想像力を働かせ、責任ある行動を取

ることが必要になっている。このことは、分野を超えて共通し、人文・社会科学分野でも、政府の政策への寄与、企業との提携など、現実社会へのコミットが期待され、現にそうした役割も果たしている。しかし、医学・工学等の分野が実践を積み重ねてきたものの、研究倫理に関する文化はまだ途上にある。利益相反関係も視野に入れた integrity の実態を明らかにし、そのあり方は大きな課題である。

【資料1】

NSF's Regulation on Research Misconduct (45 CFR § 689): National Science Foundation (US.)

§ 689.1　定義　次の定義を本部分に適用する.

(a) 研究ミスコンダクトは、NSF による研究資金への申し込みや研究実施、申請計画の評価、NSF の資金による研究結果の報告における「捏造」(Fabrication)、「改ざん」(Falsification)、「盗用」(Plagiarism) を意味する。

　(1)「捏造」は、データや結果を作り上げ、記録したり発表したりすることを意味する。

　(2)「改ざん」は、調査対象、設備、プロセスを操作したり、研究記録に実際にはないようにデータや結果を除外したり、変えたりすることを意味する。

　(3)「盗用」は、他人のアイデア、プロセス、結果や言葉を、適切な了承なしに流用することを意味する。

　(4) 本章 (a) の目的に照らし、研究とは、科学、工学、数学、教育学のすべての分野で NSF に計画書を提出することやこうした提案書からの結果も含む。

(b) 研究ミスコンダクトは、単なる誤りや意見の相違を含まない。

【資料2】

シンガポール声明 (Singapore Statement on Research Integrity,　2010 年 7 月)

序文

　研究の価値および利益は研究公正に大きく左右される。研究を組織・実施する方法には国家的相違および学問的相違が存在する、あるいは存在しうるが、同時に、実施される場所にかかわらず研究公正の基盤となる原則および職業的責任が存在する。

原則

　研究のすべての側面における誠実性

研究実施における説明責任

他者との協働における専門家としての礼儀および公平性

他者の代表としての研究の適切な管理

責任

1. 誠実性：研究者は研究の信頼性に対する責任を負わなければならない。

2. 規則の順守：研究者は研究に関連する規則および方針を認識かつ順守しなければならない。

3. 研究方法：研究者は適切な研究方法を採用し、エビデンスの批判的解析に基づき結論を導き、研究結果および解釈を完全かつ客観的に報告しなければならない。

4. 研究記録：研究者は、すべての研究の明確かつ正確な記録を、他者がその研究を検証および再現できる方法で保持しなければならない。

5. 研究結果：研究者は、優先権および所有権を確立する機会を得ると同時に、データおよび結果を公然かつ迅速に共有しなければならない。

6. オーサーシップ：研究者は、すべての出版物への寄稿、資金申請、報告書、研究に関するその他の表現物に対して責任を持たなければならない。著者一覧には、すべての著者および該当するオーサーシップ基準を満たす著者のみを含めなければならない。

7. 出版物における謝辞：研究者は、執筆者、資金提供者、スポンサーおよびその他をはじめとして、研究に多大な貢献を示したが、オーサーシップ基準を満たさない者の氏名および役割に対し、出版物上に謝意を表明しなければならない。

8. ピア・レビュー：研究者は、他者の研究をレビューする場合、公平、迅速、厳格な評価を実施し、守秘義務を順守しなければならない。

9. 利害の対立：研究者は、研究の提案、出版物、パブリック・コミュニケーション、およびすべてのレビュー活動における成果の信頼性を損なう可能性のある利害の金銭的対立およびその他の対立を開示しなければならない。

10. パブリック・コミュニケーション：研究者は、研究結果の有用性および重要性について公開議論を行う場合、専門的コメントは当該研究者の認識された専門分野に限るものとし、専門的コメントと個人的な見解に基づく意見とを明確に区別しなければならない。

11. 無責任な研究行為の報告：研究者は、捏造、改ざん、または盗用をはじめとした不正行為が疑われるすべての研究、および、不注意、不適切な著者一覧、矛盾するデータの報告を怠る、または誤解を招く分析法の使用など、研究の信頼性を損なうその他の無責任な研究行為を、関係機関に報告しなければならない。

12. 無責任な研究行為への対応：研究施設、出版誌、専門組織および研究に関

与する機関は、不正行為およびその他の無責任な研究行為の申し立てに応じ、善意で当該行動を報告する者を保護する手段を持たなければならない。不正行為およびその他の無責任な研究行為が確認された場合、研究記録の修正を含め、迅速に適切な措置をとらなければならない。

13. 研究環境：研究施設は、教育、明確な方針、および昇進の妥当な基準を通して公正性を促す環境を構築・維持し、研究公正を支援する研究環境を助長しなければならなない。

14. 社会的課題：研究者および研究施設は、その研究に特有のリスクを社会的利益と比較検討する倫理的義務があることを認識しなければならない。

　研究公正に関するシンガポール宣言は、責任ある研究の実施の世界的指針として、2010 年 7 月 21 〜 24 日にシンガポールで開催された第 2 回研究公正に関する世界会議 (World Conference on Research Integrity) の一環として作成された。これは規制文書ではなく、本会議に参加および / または資金提供した国および機関の公式の方針を表すものではない。研究公正に関連する公式の方針、ガイダンス、および規則については、適切な国家当局および組織に助言を求めるべきである。

（早稲田大学研究倫理オフィス HP の訳を一部修正 http://www.waseda.jp/rps/ore/jpn/links/.2014 年 6 月 5 日）

【資料 3】

モントリオール声明（Montreal Statement on Research Integrity in Cross-Boundary Research Collaborations，2013 年 5 月 5-8 日）

序文

　国、機関、分野とセクターの境界を超えた研究連携は知識を世界的に推進するうえで重要である。しかし、このような連携は責任ある研究行為にとって特別な課題を提起している。なぜなら、規制や法制度、組織や資金の構造、研究文化、訓練の方法において、実質的な相違が存在するからである。それゆえに研究者は、越境する研究連携において生起する誠実性に関する論点と同様に、こうした差異をよく知悉し、取り組めることが際立って重要なのである。研究連携の誠実性の生長は、すべての個人と機関の相手方の責任である。研究者は、シンガポール宣言で述べられた専門的責任を固守すべきである。加えるに、次の責任は連携研究の誠実性にとって基本的であり、個人と機関のレベルにおいて、連携の相手方と特に関連する。

<u>基本的な連携責任</u>〔全体としての連携責任〕
1. 誠実性：連携パートナーは、<u>自分たちの関わり</u>〔連携研究〕の信頼性のために、<u>集団的に</u>責任を負うべきである。

2. 信頼：連携パートナーそれぞれの〔全ての〕行動は、すべての他のパートナーの信頼に値するものであるべきである。信頼の水準を打ち立て、維持する責任はすべての連携パートナーに存する。

3. 目的：連携研究の目的は、人類の利益となる知識を推進する目的のために行われ、主導されるべきである。

4. 目標：連携パートナーは、研究の目標の発端から合意すべきである。目標における転換はすべてのパートナーによって交渉し、合意されるべきである。

連携を〔創設し〕運営する上での責任

5. 連携パートナーは、相互に研究についての理解を十分に深めるために、互いに頻繁かつオープンに情報交換すべきである。

6. 協定：連携研究を管理する協定はすべての連携パートナーによって理解され、承認されるべきである。不当もしく不必要なデータ、発見もしくは他の研究成果を広げることを制限する協定を避けるべきである。

7. 法律、方針と規則のコンプライアンス：全体として連携は、従うべき法律、方針と規則を守るべきである。連携パートナーは、研究適用する法律、方針もしくは規則の葛藤を扱う方法を速やかに決定すべきである。

8. 費用と報奨：連携研究の費用と報奨は公平に連携パートナーのあいだで分配されるべきである。

9. 透明性：連携研究は、協定に基づいて可能な限りオープンに行われ、その結果は、隠し事なく純粋に普及されるべきである。財源は完全に公表されるべきである。

10. 資源のマネジメント：連携パートナーは、人間、動物、資金その他の資源を適切に使用すべきである。

11. モニタリング：連携パートナーは誠実性を伸長させ、期限内での完了と成果の普及が行われるよう、研究プロジェクトの進捗を観察すべきである。

連携における責任

12. 役割と責任：連携パートナーは研究計画の策定、実行、普及におけるその役割と責任について、相互に理解すべきである。こうした理解は役割や責任が変われば再度取り決めるべきである。

13. 慣習的な実践と前提：連携パートナーは、慣習的なやり方と研究に関する前提について、包み隠さず議論すべきである。視点、熟練、方法の多様性と慣習的なやり方の違い、研究の誠実性を曖昧にする基準と前提は、オープンに討議されるべきである。

14. 葛藤：連携パートナーは、〔必要に応じて〕個人と機関のレベルにおける葛藤、不合意、誤解を早期に解決を目指すべきである。

15. 代表者の責任：連携パートナーは連携を代表して誰が述べる権限を持つか、合意しておくべきである。〔すべてのパートナーの承認：連携研究のすべて

のパートナー、特に若い研究者の寄与は、十分かつ適切に評価されるべきである〕

<u>研究成果の責任</u>〔連携研究の成果の責任〕

16. データ、知的財産と研究の記録：連携パートナーは、最初と必要に応じて後に、データ、知的財産、研究の記録の使用、管理、共同と所有についての合意を作っておくべきである。

17. 発表：連携パートナーは、最初と、必要に応じて後に、論文と発表についての決定をどう行うかについて、合意を作っておくべきである。

18. オーサーシップと謝辞：連携パートナーは、最初と、必要に応じて後に、共同した研究成果のオーサーシップと謝辞の基準について、合意を作っておくべきである。論文と他の成果は、すべての関係者の寄与を記述すべきである。

19. <u>責任のない研究実践への対応：全体として連携は、メンバーによるミスコンダクトや他の無責任な行為への訴えへ対応する手続を含むべきである。連携パートナーは、パートナーによるミスコンダクトや他の無責任な行為の疑いが生じたり確認されたりした時には、速やかに適切な行動を取るべきである。</u>

20：アカウンタビリティ：連携パートナーは、研究の進捗状況に関し、互いに、資金提供者と他の利害関係者に対し、説明責任を持つべきである。

＊草案は第 3 回世界会議 HP（http://wcri2013.org/Montreal_Statement_e.shtml）からダウンロードできる。成案は（http://www.cehd.umn.edu/olpd/MontrealStatement.pdf）である。原案に対して加筆された部分はアンダーライン、削除は〔　〕で示した。

【資料4】

グローバル研究評議会（Global Research Council）

誠実な研究のための原則に関する声明（Statement of Principles for Research Integrity）

序文

責任ある研究行為は，科学事業体における核心的なもので，社会からの信頼にとって本質的である。責任ある研究行為の枠組みにおいて，誠実な研究の基本的原則—すなわち，正直さ，責任，公平さと説明責任は，研究者と科学コミュニティの責任についても述べている基本的文書[1]に明記されている。

研究者と研究機関それ自体は，誠実に研究を実行する究極的な責任を有するものだが，研究資金機関は，可能な限り高度な基準に従って，自分たちが支援する研究が実施されることを保証する義務がある。結論として，第 2 回グローバル研究評議

会年度大会において参加者は，研究の誠実性があらゆる活動の中核となる国際的環境を作り出すうえで，研究資金機関の責任を表す次の原則を承認する。

原則

リーダーシップ

　研究資金機関は，研究計画の責任ある運営において，模範として主導しなければならない。

奨励

　研究資金機関は，研究機関が研究事業体のあらゆる面において誠実さを促進する政策とシステムを発展させ実行することを奨励すべきである。

教育

　研究資金機関は，研究誠実性に関する継続的な訓練を奨励し，研究における誠実さの重要性について，すべての研究者と学生を教育する先駆的取り組みを発展させるべきである。

透明なプロセス

　研究資金機関は，付託された範囲内で，研究誠実性を促進し，研究不正の申し立てについての政策と手続きを公表すべきである。

研究不正の申し立てへの対応

　研究不正[*2]の調査の間，研究資金機関は，説明責任，スケジュール，公平性を大事にするようプロセスを支援すべきである。

研究支援の条件

　研究資金機関は，研究者と研究機関が資金を得て運営する条件として，研究における誠実性を組み込むべきである。研究資金機関は，説明責任，スケジュール，公平性を大事にするようプロセスを支援すべきである。

国際協力

　研究資金機関は，世界規模で研究誠実性を促進し，支援する仲間として協力して活動する。

　　＊1　たとえば，シンガポール声明，アカデミー審議会 IAP 報告書，誠実な研
　　　　究のための欧州行動準則。

　　＊2　研究の誠実性を侵害することは，剽窃，捏造，偽造を含むがそれに限る
　　　　ものではない。

（https://www.globalresearchcouncil.org/fileadmin/documents/GRC_Publications/grc_
statement_principles_research_integrity_FINAL.pdf. 2019.12.19 アクセス）

【資料5】

「研究誠実性のための欧州行動規範」（The European Code of Conduct for Research
Integrity, European Science Foundation, All European Academies, March 2011.）

1. 概要 (Executive Summary)

1.1 規範 (The Code)

　研究者、公立及び私立機関、大学と資金配分機関は、科学的及び学術的 (scholarly) 研究において、誠実性の原則を見守り、促進しなければならない。その原則は、次のものを含む。

- ・発表 (communication) における正直さ
- ・研究を遂行する上での信頼性
- ・客観性
- ・公平性と自立性
- ・公開性と接近可能性
- ・配慮義務
- ・引用やクレジットを与える上での公正さと
- ・将来の科学者・研究者への責任

　大学、研究所、その他研究者を雇用する機関は、資金配分機関・団体と同様に、広く行き渡っている研究誠実性の文化を保証する義務を有する。これは、明確な方針と手続、研究者の訓練とメンタリング、早く身体化すると共に、高い水準の応用と意識を保証し、どこでも逸脱を防止することが可能な強力なマネジメントを含む。

　捏造、偽造と故意に歓迎せざるデータを削除すること (deliberate omission of unwelcome data) は、すべて研究の精神に対する深刻な冒涜である。盗用は、他の研究者に対する責任ある行動原則の冒涜の一つであり、その上に間接的に科学を害するものである。こうした犯罪を適切に裁くことに失敗する機関は、これまた罪がある。信頼しうる弁明は常に調査されるべきである。少数の誤った行動を取るものは、常に譴責され、正されるべきである。

　弁明の調査は、全国的な法律と自然的正義とに一致すべきである。公正かつ迅速で、適切な結果と制裁がもたらされるべきである。秘密保持は可能な限り守られ、必要に応じた措置が取られるべきである。検査は、申し立て者が不履行で機関を離れても、最後まで実行されるべきである。

　国際連携のパートナーである個人及び機関双方は、関係者の国々の主権と法律を尊重すると共に誠実な研究からの逸脱からの疑惑を調査することへの協力に、あらかじめ同意しておくべきである。国家を越え、横断的学際融合的な科学が広がっている世界においては、「研究ミスコンダク防止と科学の誠実性を保証する最上の取り組み」(Best Practices for Ensuring　Scientific Integrity and Preventing Misconduct) に関する OECD 世界科学フォーラムは、この点に配慮した有益なガイダンスを提供しうる。

1.2 研究の誠実性の原則 (The Principles of Research Integrity)

　目的と意図の提示、方法と手続の報告、解釈の伝達においては、正直さ

(honesty) が求められる。研究は、信頼性 (reliable) があり、その発表は公正で十分なものであるべきである。客観性 (objectivity) は、十分な根拠があり、データを扱う際には透明性があることが求められる。研究者は、自立し (independent)、公平で (impartial)、他の研究者や公衆との対話は、公開 (open) で正直でなければならない。すべての研究者は人間、動物、環境や研究する対象に配慮する義務 (duty of care) を有する。彼らは、引用や他人の仕事を評価する際には公平さ (fairness) でなければならない。また、若い研究者や学者の指導にあたって、将来の世代への責任を示さなければならない。

1.3　ミスコンダクト (Misconduct)

　研究ミスコンダクト (research misconduct) は知識にとって有害である。それは、他の研究者を誤った方向に導き—たとえば、安全でない薬品や出来の良くない法律につながるなら—個人と社会を脅かしかねない。また、公衆の信頼 (trust) を破壊することで、研究の軽視や好ましくない規制をもたらすことに導きかねない。

　研究不正は多くの形で現れる。

- ・捏造 (Fabrication) は、あたかもそれが事実であるかのように、結果と記録を作り上げることを意味する。
- ・偽造 (Falsification) は、研究手続をごまかしたり、変更したり、データを除外することを意味する。
- ・盗用 (Plagiarism) は、ふさわしい credit なしに他人の成果を流用することを意味する。
- ・ミスコンダクトのほかの形態は、利益の不実な説明 (misrepresentation of interests)、守秘義務違反、同意の欠落、研究被験者の虐待や材料の乱用のような明確な倫理的かつ法的必要条件からの逸脱 (failure to meet clear ethical and legal requirements) を意味する。

　　不正は、不正の隠ぺいの試みや、告発者に対する報復のような、ふさわしくない行為 (improper dealing) も含む。

- ・軽微な不品行 (minor misdemeanors) は公式な調査には至らないが、しばしば起こりうるとダメージになるので、教師とメンターは正すべきである。

　　対応はミスコンダクトの深刻さに応じなければならない。原則として、故意に若しくは (intentionally、knowingly) 結果を顧みずに (recklessly) 不正が行われたことが証明されなければならない。証明は明確な証拠に基づかなければならない。研究ミスコンダクトは、意見の相違や単なる間違いを含むべきではない。学生の脅かしや資金の誤用や、一般的な法律と社会的制裁を受けるような問題行動も同じように容認できないが、それ自体は研究業績の誠実性に影響しないので「研究ミスコンダクト」ではない。

1.4　よい研究実践 (Good Research Practices)

　誤った手続、欠陥あるデータの扱いなど、科学における公衆の信頼に影響を与えかねない事例がある。これらもまた研究コミュニティによって真剣に取り組まれるべきである。したがって、データの扱い (data practices) に際しては、オリジナルデータを保存し、研究仲間が利用できるようにすべきである。研究手続 (research procedures) からの逸脱は、対象としての人間、動物もしくは文化、への配慮が不十分なこと、規約違反、同意を得ることの欠落、秘密保持違反などを含む。不当なオーサーシップを求めたり、聞き入れたりすること、適切なオーサーシップを否定することも容認できない。他の出版に関する過失 (publication-related lapses) は、重複出版、サラミ出版や後援者や貢献者が不十分にしか書かれていないものも含む。査読者と編集者は、自分たちの独立性を堅持し、利益の相反を明確にし、個人的な偏向や対抗意識に細心の注意を払うべきである。筋の通らないオーサーシップの要求と幽霊オーサーシップは、偽造の一形態なのである。アイデアを盗み取る編集者と査読者は、剽窃に関与するものである。研究に参加する人々に苦痛とストレスを引き起こすとか、同意なく危険にさらすことは、倫理的に容認できない。

　誠実さの原則やそこからの逸脱は普遍的な性格を持つけれど、良い実践のあり方というものは文化的に異なるし、全国及び機関の一連のガイドラインの中に位置づけられるべきで、簡単に一般的な行動規範に入れ込むことはできない。しかし、良い実践のための全国的なガイドラインは、次のことを考慮すべきである。

　(1) データ

　　すべての1次データ、2次データは、実質的な期間、文書化され集積されて、安全かつ利用できる形態で保管され、研究仲間が扱えるように置かれるべきである。他者と協業し、討論する研究者の自由は保証されるべきである。

　(2) 手続

　　すべての研究は、過失、性急さ、不注意と怠慢を回避する方法で計画され、実施されるべきである。研究者は、研究費に申請した時にした約束を満たすように努めるべきである。研究者は、環境への影響を最小限に止め、資源を効率的に使うべきである。顧客やスポンサーは、研究者の法的及び倫理的義務と出版の重要さを知らされるべきである。合法的に求められる場合には、研究者はデータの秘密保持を尊重すべきである。研究者は、受け取った補助金や資金の会計報告を適切に行うべきである。

　(3) 責任

　　すべての研究対象―人間、動物もしくは非生命―は、尊重し配慮を持って扱われるべきである。コミュニティや協働する人々の健康、安全と福祉は、曖昧にされるべきではない。研究者は研究対象に対して気を配るべきである。人間対象の研究を行う規準を逸脱してはならない。動物は、他の手

段が証明に不適切であるときにのみ、研究において利用されるべきである。これらの研究から期待される利益は、動物に苦痛や危害を与えても、それに勝るものでなければならない。

(4) 公表

　結果は、知的財産の考慮が遅延しない限り、可能な限り早い段階で、広く、透明性があり正確なやり方で公表されるべきである。他のやり方が定められていない限り、すべての執筆者は、出版物の内容に十分な責任を持つ者であるべきである。招かれたオーサーシップと幽霊オーサーシップは容認されない。執筆者の順序を定める規準は、理想的にはプロジェクトの開始時に、全員が同意したものでなければならない。協力者や助手の貢献は、その人たちの同意を得て、承認されるべきである。すべての執筆者は、どんな利益相反も明らかにしておくべきである。その他のひとびとの知的な貢献は承認され、正しく引用されるべきである。正直さと正確さは、公衆と大衆向きのメディアでの対話においても維持さるべきである。研究に対する財政などの支援は、知らされるべきである。

(5) 編集者の責任

　利益相反の可能性を持つ編集者や査読者は、論文への関与を断るか、読者としての対立関係を明らかにすべきである。査読者は、正確、客観的で本質的、かつ反論に対して説明できる評価を行い、信頼性を保つべきである。査読者は、許可なしに投稿された原稿の材料を利用すべきではない。研究資金獲得、個人の採用・昇進その他の評価のための申請を考慮している査読者は、同じようなガイドラインを守るべきである。

　研究ミスコンダクトを扱う最も重要な責任は、研究者を雇用している人々の手にある。こうした機関は、ミスコンダクトの申し立てを扱う常設もしくは臨時の委員会を設置すべきである。学会その他の学術団体は、ミスコンダクトの申し立て事例を扱うことを含めた行動規範を定め、会員にそれを遵守することを求めるべきである。国際共同研究に参加する研究者は、この文書で展開されたような研究誠実性の基準に同意し、正式な連携協定を最初から採用するか、OECD 科学フォーラムによって起草された文書を利用すべきである。

＊同規範は、全 16 ページからなり、概要、コード及び付属文書、参加した欧州科学評議会メンバー、科学と倫理に関する全欧州アカデミー（ALLEA）委員会から構成されている。このうち、概要のみ訳出した。欧州科学評議会の HP からダウンロードできる。（http://www.esf.org/fileadmin/Public_documents/Publications/Code_Conduct_ResearchIntegrity.pdf）　　　　　　　　　　（訳：羽田貴史）

【資料6】

研究誠実性に関する欧州行動規範（改訂版）The European Code of Conduct for Research Integrity Revised Edition, 27　March 2017

序文

　研究は、体系的な研究と思考、観察、実験によって得られた知識の探求である。分野によってアプローチは違うかもしれないが、彼らはそれぞれ、われわれ自身とわれわれが住んでいる世界について理解を深める動機を共有している。

　したがって、「研究誠実性のための欧州行動規範」は、すべての科学および学術分野の研究に適用される。研究は、学術、産業その他の環境で行われる共通する事業である。これは、多くの場合、社会的、政治的、文化的な境界を越えて、直接的または間接的な協力を含む。

　研究課題を決め、理論を発展させ、実験的証拠を収集し、適切な方法を採用する自由に支えられている。したがって、研究は、研究者コミュニティの仕事を生かし、理想的には、委託当事者やイデオロギー、経済または政治的利益からの圧力とは独立して発展する。

　研究者コミュニティの基本的な責任は、研究の原則を策定し、適切な研究行動の基準を定義し、研究の質と堅実さを最大化し、研究の誠実性への脅威や侵害に対して適切に対応することである。

　この行動規範の主な目的は、この責任を認識し、自主規制の枠組みとして研究者コミュニティに奉仕することである。それは、専門的、法的、倫理的責任について説明し、研究が組織的に行われる機関での取り組みの重要性を承認している。したがって、機関の行動規範は、実行では法的な規制を認めているものの、公的に資金提供された研究及び民間研究に対応し、適用できる。

　研究を規制する価値観や原則の解釈は、社会的、政治的、技術的な発展や研究環境の変化の影響を受けうる。したがって、研究者コミュニティの効果的な行動規範は、定期的に更新され、その事項において、ローカルないし国の違いを認める生きた文書である。

　研究者、アカデミー、学協会、資金提供機関、公的および民間の研究組織、出版社、その他の関連団体は、それぞれ、これらの実践とそれらを支える原則を見守り、促進する特別な責任を有する。

　1.　原則

　優れた研究実践は、誠実な研究の基本原則に基づいている。それは、研究者の仕事を指導し、研究に内在する実用的、倫理的、知的な課題に関与している。

　これらの原則は次のとおりである。

　・研究の設計、方法論、分析、および資源の使用に現れた研究の質を保証する

　　上での信頼性
・透明、公正、完全かつ偏りのない方法で研究を発展させ、開始し、レビューし、報告し、分かちあう上での正直さ
・同僚、研究参加者、社会、生態系、文化遺産、環境の尊重
・アイデアから出版、その管理と組織、トレーニング、監督とメンタリング、およびより広範な影響に関する研究の説明責任

2. 良い研究実践
次の状況での良い研究実践について述べる。
・研究環境
・トレーニング、指導とメンタリング
・研究手順
・安全措置
・データの扱いとマネジメント
・共同作業
・出版と普及
・レビュー、評価と編集

2.1 研究環境
・研究機関と組織は、意識を高め研究の誠実さに関する一般的な文化を保証する。
・研究機関および組織は、良い研究実践と違反に対する透明かつ適切な取り扱いに関する明確な方針と手順を提供する上でリーダーシップを発揮する。
・研究機関や組織は、再現性、追跡可能性、および説明責任に必要な能力に必要な、あらゆる形態のデータおよび研究資料の管理と保護のための適切な基盤を支援する（定性的および定量的なデータ、研究計画（protocol）、プロセス、その他の研究産物、関連する基本データ）。
・研究機関や組織は、研究者の雇用と昇進においては、開かれて再現可能な実践に報いる。

2.2 研究環境、スーパーバイズ及びメンタリング
・研究機関と組織は、研究者が研究計画、方法と分析をする上で厳格な訓練を受けることを保証する
・研究機関および組織は、倫理と誠実な研究に関する適切かつ十分な訓練を開発し、対応する規範と規則について関係者すべてが周知されていることを保証する。
・ジュニアからシニアレベルまで、キャリアパス全部において、研究者は倫理と誠実な研究の訓練を受ける。
・シニア研究者、研究リーダー、スーパーバイザーは、チームのメンバーにメ

ンタリングし、研究活動を適切に開発、設計、構造化し、研究の誠実性の文
化を育成するための具体的な手引きと訓練を提供する。

2.3 研究手順

・研究者は、研究アイデアを開発する際には、最先端の水準を考慮に入れる。
・研究者は、慎重かつ十分に考慮した方法で研究を設計、実施、分析、文書化する。
・研究者は、研究資金を適切かつ良心的に利用する。
・研究者は、開かれて、正直に、透明性があり正確な方法で研究の結果と解釈
　を発表し、法的に求められる場合には、データや発見の機密性を尊重する。
・研究者は、分野の基準と互換性があり、該当する場合は、検証し、再現する
　ことができる方法で結果を報告する。

2.4 安全措置

・研究者は、その分野での規範および規則を遵守する。
・研究者は、人間、動物、文化、生物学的、環境的または身体的な研究対象に
　ついて、尊重と注意を払い、法的および倫理的な規定に従う。
・研究者は、地域社会の健康、安全、福祉と、研究に関連する人々に配慮すべ
　きである。
・研究計画は、年齢、性、文化、宗教、民族的起源、社会階級の関連性の違い
　を考慮し、敏感である。
・研究者は、研究に関連する潜在的な害やリスクを認識し、マネジメントする。

2.5 データの実践とマネジメント

・研究者、研究機関、組織は、未発表のものを含むすべてのデータおよび研究
　資料について、合理的な期間、安全に保存し、適切な収集と管理を保証する。
・研究者、研究機関、組織は、データへのアクセスが可能な限り公開され、必
　要に応じて非公開となり、データ管理の FAIR 原則 (検索可能 Findable、アク
　セス可能 Accessible, 相互運用可能と再利用可能 , Interoperable and Re-usable) に
　沿って適切であることを保証する。
・研究者、研究機関、組織は、データや研究資料にアクセスしたり、利用した
　りする方法について関連情報を正確に誰にでも提供する。
・研究者、研究機関、組織は、データを合法的かつ例証可能な研究の産出物と
　して認める。
・研究者、研究機関、組織は、研究成果に関する契約または協定に、知的財産
　権に基づくその使用、所有権、および / または保護に関する公平かつ公正な
　規定が含まれていることを保証する。

2.6 共同作業

・共同研究におけるすべてのパートナーは、研究の誠実性に責任を負う。
・共同研究のすべてのパートナーは、研究の目標と、プロセスにおいて研究を
　可能な限り透明で開かれて伝えることを、最初に合意する。

・すべてのパートナーは、研究の開始時に、研究の誠実性に関する期待と基準、適用される法令と規則、協力者の知的財産の保護、および対立を処理する手続き、起こりうる不正行為に関して正式に合意する。
・共同研究のすべてのパートナーは、研究成果の発表を提案する上で、適切に情報を伝えられる。

2.7 出版と普及

・特に指定がない限り、すべての著者は出版物の内容に対して全責任を負う。
・すべての著者は、オーサーシップ自体が研究のデザイン、関連するデータ収集、または結果の分析または解釈に重要な貢献があることに基づくことを認め、著者の順序に同意する。
・著者は、特に合意しない限り、研究仲間が時宜を得てオープンで透明で正確な方法で仕事を利用でき、一般公衆や伝統的なソーシャルメディアでのコミュニケーションで正直であることを保証する。
・著者は、報告された研究に適切な形で影響を与えた協力者、助手、資金提供者を含む他者の重要な仕事と知的貢献を認め、関連する作業を正しく引用する。
・すべての著者は、研究や成果発表に関し、利益相反や財政的またはその他の種類の支援を開示する。
・著者と出版社は、修正版を出すか、必要なら発表を撤回する。そのプロセスが明確であり、理由が記載され、出版後に迅速な修正を発行することで信用が認められる。
・著者と出版社は、否定的な結果は、出版と普及のための肯定的な結果と同様に価値があるとみなす。
・研究者は、予稿集、オープンアクセスジャーナル、またはその他の出版物に発表するかどうか、上記の説明と同じ基準を遵守する。

2.8 レビュー、評価と編集

・研究者は、審査、査読、評価に参加することで、研究コミュニティに真剣に献身する。
・研究者は、出版、資金調達、任命、昇進、報酬の提案を透明かつ正当な方法でレビューおよび評価する。
・利益相反のあるレビュー担当者または編集者は、出版、資金調達、任命、昇進、報酬に関する決定への関与を辞退する。
・レビュー担当者は、情報公開について事前の承認がない限り、守秘義務を守る。
・レビュー担当者および編集者は、著者および応募者の権利を尊重し、提示されたアイデア、データ、判断を利用する許可を求める。

3. 研究誠実性の侵害

　研究者がその分野に関連する知識、方法論、倫理的実践を習得することは非

常に重要である。良い研究慣行に従わないと、専門的な責任に違反する。研究プロセスに損害を与え、研究者間の関係を低下させ、研究の信頼と信頼性を損ない、資源を浪費し、研究対象、利用者、社会、環境を不必要な害にさらす可能性がある。

3.1 研究不正行為と不適切な実践 (unacceptable practices)

研究の不正行為は、伝統的に、研究の提案、実行、レビュー、または研究結果の報告における、捏造、改ざん、または盗用 (いわゆる FFP 分類) と定義されている。

- ・捏造は結果を作り上げ、まるで本物であるかのように記録する。
- ・改ざんは、正当性なく、研究資料、機器、プロセス、またはデータや結果の変更をごまかす。
- ・盗作は、元の情報源に適切なクレジットを与えることなく、他人の仕事やアイデアを使用し、そのことで、もとの著者の知的な成果の権利を侵害している。

これらの3つの形態の違反は、研究記録を歪めるので、特に深刻と考えられている。良い研究実践に違反し、研究プロセスや研究者の誠実性を損なうさらなる違反がある。本行動規範に定められた良い研究実践の直接的な違反に加えて、例えば不適切な実践が含まれるが、以下に限定されない。

- ・オーサーシップを操作したり、出版物における他の研究者の役割を否定すること
- ・原著を正当に認めたり引用したりすることなく、翻訳を含む自分の以前の出版物の実質的な部分を再出版すること (「自己盗用」)
- ・自分の発見を強調するためや、編集者、レビュー担当者や同僚の歓心を買うために選択的に引用すること
- ・研究の成果を抑制すること
- ・バイアスを導入または普及するために、資金提供者やスポンサーが研究プロセスや成果発表における独立性を危険にさらすことに追随すること
- ・研究の文献目録を不必要に拡大すること。
- ・不正行為やその他の違反を悪質な方法で研究者を告発すること。
- ・発見の重要性と実用的な適用性を誇張すること。
- ・他の研究者の仕事を遅らせたり、不適切に妨害したりすること。
- ・年功序列を悪用して研究の誠実性の侵害を助長すること。
- ・他人による研究の誠実性に対する重大な違反の無視や、機関による不正行為やその他の違反に対する不適切な対応を隠蔽すること。
- ・研究の品質管理を損なうジャーナル (「捕食ジャーナル」) を設立するか支援すること。

これらの最も深刻な形で、不適切な実践は制裁可能であるが、少なくとも、訓練、

指導、メンタリングと、そして前向きで支える研究環境の開発を通じて、それらを防止し、抑制し、阻止するためにあらゆる努力をしなければならない。

3.2 不正行為の違反および申し立てに対する取り扱い

　国または機関のガイドラインは、良い研究実践の違反や不正行為の申し立てが各国でどのように処理されるかによって違う。しかし、常に社会や研究者コミュニティの利益において、一貫して透明な方法で処理される。以下の原則が、調査プロセスに組み込まれる必要がある。

　誠実性
　・調査は公正、包括的、かつ迅速に行われ、正確性、客観性、徹底性を損なうことなく行われること。
　・手続きに関与する当事者は、調査中に生じる可能性のある利益相反を宣言すること。
　・調査が結論に至ることを確実にするための措置を講じること。
　・調査に関与する者を保護するため、手続きは秘密で行われること。
　・機関は、調査中に「内部告発者」の権利を保護し、彼らのキャリアの見込みが危険にさらされないようにすること。
　・良い研究実践の違反に対処するための一般的な手順は、その透明性と均一性を確保するために一般に公開され、アクセス可能なこと。

　公正性
　・調査は適正手続きに沿い、すべての当事者に公正に行われること。
　・不正行為で告発された人は、告発の内容を完全に詳細に示され、告発に対応し、証拠を提示するための公正なプロセスを認められること。
　・不正行為の申し立てが認められた人に対しては措置が講じられ、それは違反の重大度に比例すること。
　・研究者が不正行為の告発から解放された場合、適切な修復措置が講じられる。
　・研究上の不正行為で告発された者は、証明されるまで無実であると推定されること。
　＊（https://ec.europa.eu/research/participants/data/ref/h2020/other/hi/h2020-ethics_code-of-conduct_en.pd, 2019 年 12 月 15 日アクセス）

注
1　本章は、「研究倫理に関する世界の動向と日本の課題」『高等教育ライブラリ 9 研究倫理の確立を目指して─国際動向と日本の課題─』(2015 年) をもとに、その後の変化を加筆した。

2　不正を行わず、真摯に取り組むべき研究のあり方は、英語で Research integrity,
Integrity of research と呼ばれる。Integrity は、「道徳原則の堅実さ、堕落していな
い徳のこと、特に、真実と公平な扱い、道徳的な正しさ、正直さ、率直さに関する」
(O.E.D) ことを示し、「誠実さ」あるいは「真摯さ」と訳されるべきだが、日本語
では「公正」と訳されている。その初出はわからないが、各機関の規定等で使用
されているものの、英語圏の行動規範に登場する impartial（偏見のない）、fairness
（公正）との違いが難しく、筆者は、訳語として適切ではないと考える。「公正」
は、「公平で偏っていないこと、公平」（『大辞泉』、小学館）、「特定の人だけの利
益を守るものではなく、誰に対しても平等に扱う様子」（『新明解国語辞典』、三
省堂）、「①私心がなくて正しい、②明白で正しい」（『新選漢和辞典』、小学館）、「①
公平で邪曲がないこと、②明白で正しいこと」（『広辞苑』第 2 版補訂版）であり、
integrity の意味するところに対応しない。
　　また、経済における分配の公正など社会的公正の研究も、古くから存在するが、
これとも混乱しそうである。特に、日本語の「公正」は主体が客体に対して関わ
る際の行動原理を主に指すと思われるが、integrity は、主体の内面的行動原理を
意味すると理解され、正確ではないと思われる。本章では、integrity を「誠実性」
として使用する。

3　研究における誠実性よりも、さらに大きな概念として Academic integrity（学問
的誠実性）がある。英語圏では、academic が大学における教育を指すことが多く、
学士課程教育における不正行為を問題にする際に使われてきた。Tricia Bertram
Gallant（カリフォルニア大学アカデミック・インテグリティ・コーディネーター）
は、アメリカのカレッジと大学において、1960 年代から学習における不正が広
がり、複数の大学にまたがる調査で、学士課程学生の 75％がごまかしを経験し
たと回答し、以来、中等後教育において、学生の学習と教育における重要課題
になってきたと指摘している（Gallant 2008,p.1）。日本の大学教育においては、まっ
たく問題にされてこなかったが、大衆化と教育・学習の質、大学教育の信頼性
という観点からは、当然、扱われるべき課題であった。研究における不正と同様、
こうした問題への取り組みは、「恥部」を直視することを避けるメンタリティが
強いためか、無視されてきた。現実は、レポート・卒論を有料で代行し、その
ためのレポート買い取りまで公然と HP で行う業者もあり、高校生の作文まで対
象になっている。研究不正の土壌は、中等教育から作られているのである。

4　アメリカでの研究不正に関する動向は、山崎（2002）、Kimsky（2003＝2006）、
Committee on Science, Engineering, and Public Policy, National Academy of Sciences, Na-
tional Academy of Engineering, and Institute of Medicine（2008＝2010）, 宮田（2015）参
照.

5　大学での不正行為ガイドラインの議論の際に、告発対象の研究の発表期間が問
題になることがある。調査の可能性やデータの保存期間などの実務的要因が理

由として挙げられるが、この事例は、研究不正が人類の知を損なう行為である
がゆえに、時効がないことを示している。

6　ドイツの研究倫理の状況は、藤井 (2015、2017、2018) 参照。

7　このほか、欧州 18 カ国の研究倫理のための制度については、ESF (2008) が概括
している。

8　中国の研究倫理の状況は、叶 (2015、2019) 参照。

9　執筆時点では、2018 年 12 月が直近の改訂である。

10　山崎茂明『科学者の発表倫理』(丸善出版、2013 年) は、オーサーシップと
ICMJE の規定成立について詳説している。ICMJE の HP は、http://www.icmje.org/
urm_main.html (2014 年 12 月 20 日アクセス)。日本医科大学電子図書館医学雑誌
投稿規定集には、日本語訳のサイトがある (http://libserve.nms.ac.jp/link/toko.htm,
2014 年 12 月 20 日アクセス)。海外医学雑誌の投稿規定に関するサイト「海外医
学雑誌投稿情報」(田辺三菱製薬提供、http://www.toukoukitei.net/index.html) は広
範なデータベースとなっている。

11　WAME の HP(http://www.wame.org/：2014.12.20 アクセス) 及び日本医学雑誌編
集者会議 HP 参照。

12　http://www.councilscienceeditors.org/：2013 年 5 月 10 日アクセス。

13　http://publicationethics.org/：2014 年 12 月 20 日アクセス。

14　http://jams.med.or.jp/jamje/：2014 年 12 月 20 日アクセス。

15　地球科学フォーラムは、OECD の科学技術政策委員会の活動の一環であり、
1992 年に巨大科学における国際協力を推進するために設置した巨大科学フォー
ラム (Mega Science Forum) の発展活動として、1999 年に科学技術政策委員会の決
定により 1999 年から 2004 年 4 月まで活動し、2004 年 1 月の閣僚級会合によって
延長が決定されている。研究倫理に関する GSF の活動については、OECD 研究
不正調査の促進のための調整委員会に参加した札野順 (2008) 参照。

16　文部科学省「OECD 科学技術政策委員会グローバルサイエンスフォーラム
(GSF) 研究誠実性向上及び研究上の不正行為防止に関するワークショップについ
て」(2006 年 10 月、http://www.mext.go.jp/ b_menu/ shingi/gijyutu/gijyutu9-1/shiryo/
06110911/006.htm 2013 年 12 月 5 日アクセス)

17　ESF は、1974 年、ストラスバーグでヨーロッパにおける研究協力を進めるた
めに、15 カ国の 42 のアカデミーと研究審議会でスタート、2012 年には、資源配
分機関も含めて 30 カ国 72 のメンバーに拡大、独立した非政府組織で、多様な研
究文化と機関の連携に重要な役割、ESF は、ヨーロッパ委員会のように目的を
絞るのではなく対応、調査ワークショップ、EUROCORES(European Collaborative
Research Scheme)、研究ネットワークプログラム、会議などで研究コミュニティ
の必要性に対応している。

18　第 2 回会議の内容は出版されている。Mayer, Tony, Nicholas, Steneck(2012)。

19　GRC の HP より（https://www.globalresearchcouncil.org/，2019 年 12 月 27 日アクセス）。

20　ESF は、1974 年、ストラスバーグでヨーロッパにおける研究協力を進めるために、15 カ国の 42 のアカデミーと研究審議会でスタート、2012 年には、資源配分機関も含めて 30 カ国 72 のメンバーに拡大、独立した非政府組織で、多様な研究文化と機関の連携に重要な役割、ESF は、ヨーロッパ委員会のように目的を絞るのではなく対応、調査ワークショップ、EUROCORES(European Collaborative Research Scheme)、 研究ネットワークプログラム、会議などで研究コミュニティの必要性に対応している。

21　The European Code of Conduct for Research Integrity は、2017 年 に 改 訂 さ れ、2011 年版の思想的言及は影を潜め、実践的な原則を中心に簡素化された。その理由として、技術的発展、オープン・サイエンス、市民科学とメディアの課題を挙げている。その内容で注目すべき点としては、研究者、研究機関、組織という研究倫理の担い手を明記してなすべき原則を述べていること、研究環境の整備、研究者がキャリアパスでの研究倫理訓練を受けること、スーパーバイザーやメンターの役割を重視していること (2.2)、オープンアクセスの重視、捕食ジャーナルへの関与も不適切な行為に挙げるなど、新しい状況に対応した加筆が行われていることなどであり、序文では、研究環境の変化に対応した行動規範の定期的更新の必要性も述べている。改訂版は、資料 6 として収録した。

22　例えば、英国研究誠実性局 (UK Research Integrity Office) の "Code of Practice for Research: Promoting good practice and preventing mis-conduct"(2009) は、ミスコンダクトとして、「a) 捏造　b) 改ざん　c) データ及び / 若しくは利害関係、関与の不正確な説明　d) 盗用：及び e) 次のことに責任もって実行することに配慮することを怠ること：ⅰ) 人間、研究に使う動物及び環境に害を与えることや、不合理なリスクを回避すること　ⅱ) 研究の過程で収集した個人的もしくは私的情報を適切に扱うこと」をあげ、さらにこれに限るものではないとしている。フィンランドの全国研究倫理諮問委員会 (National Advisory Board on Research Ethics) の " Good scientific practice and procedures for handling misconduct and fraud in science."(2002) は、「科学における不正行為」(misconduct in science) と「科学における虚偽」(fraud in science) とを区分し、「科学における不正行為」は、「研究行為における怠慢と無責任すべて」、「他の研究者の論文への寄与を控えめに記述し、最初の発見への参照に無頓着なこと」、「不注意でそのために誤解させる研究結果と研究方法を報告すること」、「結果のいい加減な記録と保存」、「新規なものとして同じ結果を何回も発表すること」、「自身の研究について研究コミュニティを誤解させること」を例示している。「科学における虚偽」は、「研究コミュニティとしばしば政策決定者を欺くこと」を意味し、「捏造」、「改ざん」、「盗用」、「横領」の 4 つをあげている。

23　科学研究自体は価値自由と捉えられるが（異論はある）、その成果ないし応用
は社会的性格を帯び、人類社会の福祉を破壊する利用（核兵器、生物兵器、リス
クの過小評価などによる科学技術災害）も可能であり、現に可能にしてきた、日
本学術会議声明「科学者の行動規範―改訂版―」（2013 年 1 月 25 日）は、3・11 東
日本大震災と原発事故の反省をふまえ、科学者の姿勢、社会の中の科学者、科
学研究の成果の両義性を加えている。

24　2012 年 5 月に、浙江師範大学副教授叶林氏と中国調査を行い、北京大学教育
学院副院長閻鳳橋教授、杭州師範大学教務処処長季誠鈞教授、浙江大学教育学
院副院長顧建民教授、浙江大学人文学院哲学系教授叢杭青教授、中国科学院へ
のインタビューを行った際にいずれも説明された。

25　特別委員会の作業中、主査代理でもあった早稲田大学教授による研究費不正
使用が発覚するという極めて深刻な問題に直面した（2006 年 6 月）。

26　この点は、第 2 部第 6 章（190-194）で詳述している。

27　機関レベルで研究不正を議論すると、定義を狭く厳格に規定しがちである。
　その理由には、定義を広げることで、不正告発の増大を忌避する志向や、被
告発者が異議申し立てから司法的救済を求めた場合を想定し、外部規範に根拠
を求める心理が働くからである。本章 3 (5) で指摘したように、国際的にはある
べき研究活動を明確にした上で、それへの逸脱を問題とする方向になっており、
グレーゾーンが存在する。研究不正を狭く規定することで問題行動が正当化さ
れてしまうおそれがある。不適切な研究行為などそれぞれの問題のレベルに対
応した取り組みが必要である。「誠実な研究のためのヨーロッパ行動規範」で、「軽
微な不品行は公式な調査には至らないが、しばしば起こりうるとダメージにな
るので、教師とメンターは正すべきである」と述べられているのは、示唆的である。
　なお、Research misconduct を研究不正と訳していることも、不正＝不法との理
解に直結し、それに伴った制裁が制度化されるため、懸念ある行動や不適切な
行為など「広義の不正行為」の扱いに迷いがある。このため、日本学術会議学術
と社会常置委員会（2005）は、ミスコンダクトとカタカナ表記をしていた。

28　本章の初出論文では、「現実に機関単位で政府が定めたガイドラインより広い
定義を取ることは極めて困難」（羽田 2015：16）と述べたが、大学の自律性を過小
評価しており、撤回する。

29　研究不正は、研究大学においてこそ起きやすく、大学での研究推進には、ア
クセルとブレーキの双方が必要である（早稲田大学研究推進統括理事深澤良彰発
言、2013 年 2 月 19 日、学術フォーラム「『責任ある研究活動』の実現に向けて」）。

30　大学評価に関する各種の評価書式では、研究業績を「論文」「著書」に区分し、「単
著」「共著」を記載させるものがあった。その場合の著書・著書の定義が行われて
いる訳ではない。また、図書における分担執筆の項目がない。図書出版におい
ては、共著と分担執筆ではまったく寄与と重みが違うが、反映されていないの

である。こうしたルールのためとだけいえないが、大学での講演録を収録した報告書の類を「共著著書」とした上で、収録された講演録を「単著論文」として報告する事例が見られる。同一の出版物を二重にカウントする業績のかさ上げであるが、ルール上明確になっていないと是正できない。

31　大学間連携共同教育推進事業として、信州大学などによる「研究者育成の為の行動規範教育の標準化と教育システムの全国展開」がスタートし、アメリカの Collaborative Institutional Training Initiative と連携した大学院生向け研究倫理教育プログラムが提供されている。また、東北大学高等教育開発推進センター（2010）のようなテキスト化も行われている。

参考文献

American Sociological Association, 1999, *Code of Ethics and Policies and Procedures of the ASA Committee on Professional Ethics.*

Austin, E. Ann & McDaniels, Melisa, 2006, *Preparing the Professoriate of the Future : Graduate Student Socialization, Higher Education. Handbook of Theory and Research*, Vol. XXI, Kluwer Academic Publisher.

Babbage, Charles, 1830, "Reflections on the Decline of Science in England and on Some of its Cause." in *The Works of Charles Babbage*, Vol.7.

Beck, Ulrich,1986, Riskogeselishaft Auf dem Weg in eine andere Moderne, Suhrkamp.（＝1998、東廉・伊藤美登里訳『危険社会―新しい近代への道』法政大学出版局）。

Broad, William & Wade, Nicholas, 1982, *Betrayers of the Truth Fraud and Deceit in the Hall of Science*, Simon and Schuster.（＝ 2006、邦訳牧野賢治『背信の科学者たち　論文捏造、データ改ざんはなぜ繰り返されるのか』講談社ブルーバックス）。

Committee on Science, Engineering & Public Policy, National Academy of Sciences, National Academy of Engineering, & Institute of Med-icine, 2008, *On Being a Scientist: A Guide to Responsible Conduct in Research*,3rd, National Academy Pr.（＝ 2010、池内了訳『科学者をめざす君たちへ―科学者の責任ある行動とは―』化学同人）。

European Science Foundation（ESF）, 2008, *Survey Report Stewards of Integrity Institutional Approaches to Promote and Safe guard Good Research in Europe.*

ESF-ORI First World Conference on Research Integrity: Fostering Responsible Research, 2007, *Final Report to ESF and ORI First World Conference on Research Integrity : Fostering Responsible Research.*

Fanelli, Daniele, 2012, "The Black, The White and The Grey Areas: Towards an International and Interdisciplinary Definition of Scientific　Misconduct", in *Promoting Research Integrity in a Global Environment*, World Scientific.

Gallant, Tricia Bertram, 2008, *Academic Integrity in the 21 Century: A teaching Learning Imperative: ASHE Higher Education Report*, Volume 33, Number 5, Jossey-Bass.

Hickling Arthurs Low, 2009, *The State of Research Integrity and Misconduct Policies in Canada*.

Krimsky, Sheldon, 2003, *Science in the Private Interest: Has the Lure of Profits Corrupted Biomedical Research?*, The Rowman & Littlefiied Publishers, Inc.（= 2006、宮田由紀夫訳『産学連携と科学の堕落』海鳴社）。

Mayer, Tony & Nicholas, Steneck, *2012, Promoting Research Integrity in a Global Environment*, World Scientific.

Mitcham, Carl (edict.), 2005, *Encyclopedia of Science, Technology and Ethics*, Gale, Cengage Learning.（=2012, 科学・技術・倫理百科事典翻訳編集委員会『科学・技術・倫理百科事典』全5巻, 丸善出版）。

OECD/Global Science Forum, 2007, Report on Best Practices for Ensuring Scientific Integrity and Preventing Misconduct.（http://www.oecd.org/sti/sci-tech/40188303.pdf）.

Taubes, Gary 1993, *Bad Science The Short Life and Weird Times of Cold Fusion*, Random House.（= 1993, 渡辺正訳『常温核融合スキャンダル　迷走科学の顛末』朝日新聞出版社）。

加藤かおり、2011、「イギリス」『諸外国の大学教授職の資格制度に関する実態調査』（研究代表者羽田貴史、文部科学省先導的大学改革推進委託事業報告書）。

杉本和弘、2015、「オーストラリアにおける研究倫理をめぐる取り組み動向―フェルマン論稿に寄せて―」『高等教育研究ライブラリ9　研究倫理の確立を目指して―国際動向と日本の課題―』（東北大学高度教養教育・学生支援機構編、東北大学出版会）。

田中正弘、2015、「英国における研究データの公開と学問的誠実性―イースト・アングリア大学気候研究部門のメール流出事件―」『高等教育研究ライブラリ9　研究倫理の確立を目指して―国際動向と日本の課題―』（東北大学高度教養教育・学生支援機構編、東北大学出版会）。

東北大学高等教育開発推進センター、2010、「学問的誠実性と研究倫理」『PDブックレットVol.1　すてきな大学教員をめざすあなたに』東北大学高等教育開発推進センター。

中村征樹、2011、「研究不正への対応を超えて：リサーチ・インテグリティ・アプローチとその含意」『メタヒュシカ』42。

日本学術会議学術と社会常置委員会、2005、『科学におけるミスコンダクトの現状と課題　科学者コミュニティの自律に向けて』。

日本学術会議、2013、「科学者の行動規範 改訂版」。

フェルマン、マーク、2015、「オーストラリアにおける研究倫理の保証―今後の方向を探る―」『高等教育研究ライブラリ9　研究倫理の確立を目指して―国際動向と日本の課題―』（東北大学高度教養教育・学生支援機構編、東北大学出版会）。

札野順、　2008、「特別集会「ミスコンダクトが生じたら」第 2 講演　責任ある研究活動を促進するための国際的協力体制の構築を目指して—OECD　Global Science Forum の活動を中心に—」『大気環境学会年会講演要旨集』49, 114-115。

藤井基貴、2015、「ドイツにおける研究公正システムの構築—ドイツ研究振興協会（DFG）と研究不正行為—」『高等教育研究ライブラリ 9　研究倫理の確立を目指して—国際動向と日本の課題—』(東北大学高度教養教育・学生支援機構編、東北大学出版会)。

——、2016、「ドイツの研究倫理：抄訳『DFG 提言』(2013)　—一部改訂と「内部告発」項目の追加—」『静岡大学教育研究』No.12/ 11-24。

——、2017、「欧州における『国家研究公正システム』の国際比較—『デンマーク・レポート』(2013) の検討を中心に—」『静岡大学教育研究』No.13。

——、2018、「ドイツにおける研究公正と「学問の自由」(1)：ドイツ研究振興協会（DFG）の機能と法制度上の課題」『静岡大学教育学部研究報告 (人文・社会・自然科学篇)』No.69。

PwC コンサルティング合同会社、2019、『平成 30 年度 文部科学省 委託事業　諸外国の研究公正の推進に関する調査・分析業務成果報告書』。

宮田由紀夫、2013、『アメリカの産学連携と学問的誠実性』玉川大学出版部。

——、2015、「アメリカにおけるおける不正行為への取り組み」『高等教育研究ライブラリ 9　研究倫理の確立を目指して—国際動向と日本の課題—』(東北大学高度教養教育・学生支援機構編、東北大学出版会)。

未来工学研究所、2014、『平成 26 年度文部科学省における基本的な政策の立案・評価に関する調査研究　研究不正に対応する諸外国の体制等に関する調査研究報告書』。

山崎茂明、2002、『科学者の不正行為—捏造・偽造・盗用』丸善株式会社。

——、2013、『科学者の発表倫理』丸善出版。

——、2015、『科学論文のミスコンダクト』丸善出版。

叶林、2015、「中国における学問的誠実性の取り組み」『高等教育研究ライブラリ 9　研究倫理の確立を目指して—国際動向と日本の課題—』(東北大学高度教養教育・学生支援機構編、東北大学出版会)。

——、2019、「中国の研究公正システム」『平成 30 年度 文部科学省 委託事業　諸外国の研究公正の推進に関する調査・分析業務成果報告書』(PwC コンサルティング合同会社)、80-90。

第3章　全国調査から見る日本の学問的誠実性[1]

1　研究の背景

(1) 続発する研究不正

　近年の日本の学術界において重要なトピックの一つは、研究不正問題である。2010年代に限っても、2011年のノバルティス社ディバオン（高血圧治療薬）・京都府立大学ほか5大学論文不正事件、2012年の東京大学分子細胞生物学研究所の論文不正、東邦大学医師大量捏造論文事件、東京大学医学部特任研究員業績捏造事件、明治大学経営学部教授盗用論文事件（2012年12月）、2013年のアルツハイマー J-ADNI データ改ざん疑惑事件、2014年の理化学研究所における刺激惹起性多能性獲得（STAP）細胞事件（データ偽造）、武田薬品 CASE-J（高血圧治療薬）事件（利益相反、不適切な関与）など、新聞報道だけでも35件の研究不正（もしくは疑惑）が発生している。松澤（2014a）は、PubMed の論文取り下げの発生率を分析し、2000年から2010年までの間に、世界全体の取下げ数は788件（内容の誤りが545件、不正が197件、論文数の平均0.003%）であり、日本の発生率は0.005%で、インド（0.018%）、中国（0.011%）、韓国（0.009%）に次いで高いことを明らかにしている。日本は「研究不正大国」といわれかねない。

(2) 国際的な研究倫理の動向との乖離

　日本における事件の処理プロセスには、国際的に形成されつつある研究倫理の処理原則や責任ある研究行為の視点（第1部第2章参照）から見ると逸脱が見受けられる。具体的な事例を次に示す。

①共同研究における責任の不明確さ

　STAP 細胞事件においては、疑義が提起されて以降、主要執筆者間で意見が対立し、共著論文であるにもかかわらず個別に態度決定がなされ、混乱を極めた。2013 年のモントリオール声明は、「第 12 項　役割と責任：共同研究者は研究計画の策定、実行、普及におけるその役割と責任について、相互に理解すべきである。こうした理解は役割や責任が変われば再度取り決めるべきである」と述べており、共同研究においては、役割分担が明記され、公式に説明する責任を明確化することが求められる (Steneck 2004=2005, 日本学術振興会「科学の健全な発展のために」編集委員会 2015: 77-81)。しかし、当該事件に関わる研究者集団の行動は、こうしたルールに沿ったものではなく、報道その他からの問題指摘もなかった。

②守られない調査段階における匿名性と守秘義務

　STAP 細胞事件の場合でも、疑惑が寄せられると同時に、調査に先行してメディアが推測を報道し、データの真偽に関連のないプライバシー情報すら流布された。アメリカ研究公正局が扱う事例でも、半分は不正行為には該当せず、調査が進むまでは告発者も被告発者も匿名性が維持されるのと対照的である。2014 年 8 月 26 日文部科学大臣決定「研究活動の不正行為への対応のガイドラインについて」では、告発者・被告発者の取扱いについて、秘密保持の徹底を求めている[2]。不確実な段階の報道は、日本の研究の信頼性を損なうことが自覚されていない。

③保護されないホイッスル・ブロワー

　J-ADNI の場合は、『朝日新聞』報道によると、データチェックの責任者から送られた告発メール (2013 年 11 月 18 日) を、厚生労働省がプロジェクトの責任者に転送した。告発者の保護という重要な原則が責任官庁で全く理解されていなかったことが露呈している。分子生物学会による取り組みでも、告発者自身が不利益を被ったケース (日本分子生物学会第 36 回年会・理事会企画フォーラム) も報告されている[3]。

④狭い研究不正の定義

国際的に研究不正の問題は、偽造・捏造・盗用(fabrication, falsification, plagiarism, いわゆる FFP)という古典的な定義から拡大し、「責任ある研究行為」の遵守を明確にし、これに反する「逸脱した研究行為」や「疑わしい研究行為」の防止と是正を課題とする方向に移行している。研究不正を捏造、改ざん、盗用に限定するのでは、もはや対処できないのである。例えば、東京大学医学部特任研究員業績捏造事件の場合は、不正に関与しなかったが、共著者であった東京医科歯科大学教授に対し、内容の検証を行わず共著者となったことで停職 2 か月の処分が行われた[4]。理由は、「本学の名誉を著しく損ねたもの」とされているが、実質は不適切なオーサーシップの行使である。また、共同研究者である東京大学助教には、「不正行為を看過した責任」があるとし、停職 1 か月の処分が行われている[5]。現実に研究不正に関する処分は、古典的 FFP の範囲を超えて行われているのである。

⑤研究不正の挙証責任

東京大学による J-ADNI 試験への調査結果は、データの修正等は悪意による改ざんと断定せず、不適切な担当者による不適切な修正と結論付けている[6]。STAP 細胞事件の主任研究員の博士学位論文の調査結果は、著作権侵害など多くの問題個所を認め、「合格に値しない」とまで述べながら、問題個所は過失によるもので、早稲田大学学位規則が取り消し要件とする「不正の方法により学位の授与を受けた事実」はなく、学位取り消しはできないと結論していた[7]。多くの問題が指摘されながら、なぜ不正と断定できないかは、挙証責任の問題がかかわっていると思われる。米国連邦規則(NSF's Regulation on Research Misconduct; 45 CFR § 689)は、「研究不正は、単なる誤り(honest error)や意見の相違を含まない」と定め、日本も科学技術・学術審議会研究活動の不正行為に関する特別委員会のガイドライン(2006 年 8 月 8 日)は「故意によるものでないことが根拠をもって明らかにされたものは不正行為には当たらない」と述べていた。同時に、同ガイドラインは、本調査の段階においては被告発者が疑惑を晴らすために科学的根拠で説明することを求め、説明及び証拠によって不正行為の疑いが覆されないときは、不正行為と認定する

ことにしている (IV -3- (3))。

　すなわち、本調査段階では、不正でないことの立証責任を被告発者に負わせ、いわば推定有罪の見方をとっているといってよい。また、不正行為か否かの認定は、被告発者の自認を唯一の証拠としない。言い換えれば、本人が不正を否定するだけでは不正行為ではないとは判定されない。この見方は、2014 年 8 月の文部科学大臣裁定ガイドラインでも継続している。

　ところが、不正の認定は懲戒処分に連動し、停職・免職など地位に関わる。この場合、被告発者が異議申し立てをし、裁判で争われることが想定される。裁判では、処分の正当性の挙証責任が機関 (告発側) に問われるため、不正行為の調査では、「誤りが故意でないことを被告発者が立証できない限り不正」である判断基準でありながら、司法の場では、「誤りが故意であることを処分側が立証できない限り不正ではない」との判断が働くとの逆転現象が生じる。

　従って、研究不正に関する機関の判断は、被告発者と司法の場で争うことを懸念し、完全な挙証責任を果たそうとする志向を生む。被告発者が故意でないことを強く主張し、それを覆す証拠を提示できない場合、不正行為と断定することを避ける志向が発生する。法曹家が関与すれば、リスク回避でこうした志向がさらに強く働く。博士学位論文調査報告書は、こうしたジレンマに満ちた結果の結論と言える。

　なお、早稲田大学は、調査委員会の結論どおりではなく、研究科長会議の議を経て 2014 年 10 月 6 日付で博士学位の取り消しを決定した[8]。正規の調査委員会の結論に基づいて判断できなかったところに、日本の研究倫理への対応力の欠落が表れている。

(3) 研究と実践の立ち遅れ

　前項まで概観してきたとおり、日本における研究倫理は、不正への対応力が問われることも含めて深刻である。その理由には、研究倫理に関する全国レベルの情報と議論の不足があげられる。研究公正局による全国的な研究不正事案の収集と事例の公表を行うアメリカ、国境やセクターを超えた会議

を通じたガイドラインの作成・普及が行われているヨーロッパなどと比べて、日本は、研究倫理について議論する全国的な取り組みは皆無に等しい[9]。3回にわたる研究誠実性に関する世界会議の内容すら、ごく一部の関係者にしか知られていない[10]。研究倫理の問題を議論すると、常に分野や研究室の「特性」が主張され、現に異なっていることも事実である。しかし、分野によって偽造や捏造が許されることなどありえない。異なるのは現象形態であり、原理は共通している。過剰な「分野の独自性」信仰が今もなお生き延びることができているのは、ひとえに、全体を鳥瞰する議論が不足しているためと思われる。

　議論が不足する理由は、研究不正はセンシティブなトピックであるだけに、事例の公表は避けられがちで、結果として、ケーススタディの不足を招く。ケーススタディから得られる教訓の持つ意味は大きい。たとえば、理化学研究所は、遺伝子スパイ事件(1999)、データ改ざん事件(2004)という二つの事件を経験し、再発防止措置に努めていた。にもかかわらず生じた今回の事件をどう理解すべきなのか。競争的環境の下で台頭する業績第一主義と、責任ある研究を追求する文化の不在は、研究者の行動様式にも影響する構造的な問題として、丹念に整理されるべきであろう。

　以上述べたように、日本の研究倫理をめぐる状況把握が立ち後れていることは間違いない。とりわけ、日本の全体状況に関する実態把握とその整理は、責任ある研究を推進する文化を醸成していく上で重要かつ喫緊の課題である。

2　日本における研究倫理の状況

　日本の研究倫理の実態を明らかにする意味は、前節までに述べてきたとおりである。本節では、科学研究費補助金による「大学における研究倫理に関する調査」で収集したデータを利用して、日本の現状を示す。

(1) 調査データと分析の概要
　調査は、①大学、②研究科・学部、研究所等の部局、③学科・専攻等、④

日本学術会議協力学術団体、⑤日本学術会議連携会員を対象とした。大学関係の調査は『全国大学一覧』(平成 24 年度版) に掲載されている機関が対象である。配付数と回収数については、**表 1-3-1** の通り。

　調査項目は、①研究倫理として定めている事項、②研究倫理向上の取組の有効性と今後重視する取組、③学士課程・大学院教育における啓蒙・教育活動の有効性と今後重視する取組、④研究倫理について過去 5 年間に起きた研究倫理に関する事柄と今後起きうる問題、からなる。なお、各対象にほぼ同一の質問を行い、それぞれの違いを比較可能とした。なお、学会調査及び連携会員調査では、研究不正の概念及び全国的な方策についても尋ねている。

表 1-3-1　配布数・回収数・回収率

	全学調査	部局調査	学科調査	学会調査	連携会員調査
配布数	756	1,875	4,025	1,925	1,778
回収数	218	384	776	497	529
回収率	28.8%	20.5%	19.3%	25.8%	29.8%

(2) 分析の方針

　分析では、全体の傾向を提示すると同時に、一部の設問については大学分類や専門分野の視点からの分析も行う。大学分類については、天野 (1984) の大学類型を用い、「総合大学」(人文科学系、社会科学系、理工系、医歯薬系のうち 3 ないし 4 で博士課程を設置している) にあてはまる大学を "研究大学"、そうでない大学を「非研究大学」と定義した。研究大学が 17.9%(39 大学)、非研究大学が 82.1%(179 大学) であった。専門分野は、博士課程の分野を回答するよう求めた設問を利用した。この設問は学科系統大分類を参考にしているが、一部、教員養成系や総合科学系、専門職系といったように、項目を修正した。なお、一部の専門分野については分析に耐えるサンプルサイズではないため、リコードしている (人文科学系 7.8%、社会科学系 9.1%、理工農系 18.0%、医歯薬学系 9.4%、その他 8.1%、複合 23.7%、博士課程未設置 24.0%) 。

(3) 分析の結果

①研究不正の定義と研究倫理規範の状況

データを詳細に検討していく前に、定義について概観しておこう。

研究不正の定義については、学会と学会員の間で意見は割れているのが実態である。学会は「FFP に限定」21.4%、「広げて定義」19.1%、「どちらともいえない」59.5% となっており、明確なスタンスを採ることに消極的である。一方、会員はそれぞれ 39.8%、49.8%、10.6% と比較的拡大して捉える立場が多い。

表 1-3-2　研究不正の定義 (学会調査、連携会員調査)

	FFP に限定	広げて定義	どちらともいえない
学会	21.4%	19.1%	59.5%
会員	39.8%	49.8%	10.6%

この傾向は、制定されている倫理規範が影響しているのかもしれない。学会調査の結果によると、定めている倫理規範で多く回答があったものは「他人の研究成果の搾取」、「人類への貢献など教員が研究活動において目指すべき価値規範」など若干抽象的な次元の項目が選択されている (表 1-3-3)。一方、大学調査 (表 1-3-4) からは「研究費の使用ルールの遵守」、「法令や関係規則の遵守」といったプラクティカルな項目に傾斜している様が見て取れる。なお、FFP は 64% にとどまる。国際的な共通理解となっている規範ですら、日本においては明確に共有されていない。法令遵守等に集中し、機関の規範としても明示されるに至っていない点に問題がある。

②学問的誠実性問題の過去と今後

全学調査の回答傾向を「少し問題があった」、「問題があった」の計で見てみると、過去、学生のレポートの剽窃等及びインターネットからのコピーペーストの問題があったと認識している大学が多い。レポートやコピペといった学習に関する項目以外で、比較的比率が高いのは「研究費の不正使用」で15% 程度が選択している。他のほとんどの項目では問題はないと回答している (図 1-3-3)。

表 1-3-3　学会で定めている倫理規範

	定めている	検討中	定めていない
他人の研究成果の搾取	49.5	10.7	37.2
人類への貢献など教員が研究活動においてめざすべき価値規範	46.1	13.5	38.8
研究への実質的な貢献に基づく適切なオーサーシップの行使	34.0	15.9	48.1
人類への貢献など大学が研究活動においてめざすべき価値規範	32.6	15.7	49.7
人権・生命倫理の尊重など、研究活動において遵守すべき価値規範	31.6	16.9	49.7
データ管理、インフォームド・コンセントなど責任ある研究活動の原則	30.6	13.5	54.3
研究資金の明記	29.8	14.1	53.5
捏造・改竄・盗用など研究不正の禁止	27.6	15.3	54.3
サラミ投稿 (本来同一であるべき論文を 2 つに分けて発表) の禁止	24.7	16.3	55.3
先行研究の引用など研究成果に対する公平な評価	20.7	14.9	62.2
告発者に対する報復の禁止	14.1	16.3	66.0
研究費の使用ルールの遵守	12.5	14.9	69.0
二重投稿・二重掲載等不適切な公表の禁止	12.3	16.3	67.2
公共の利益や大学との責務との相反関係への配慮	10.7	14.7	70.6
研究倫理向上のための教員の自己研鑽義務	7.2	17.1	72.0
法令や関係規則の遵守	6.6	14.9	75.1
国際共同研究における関係組織・関係国の規範尊重	3.4	14.9	78.3
研究不正に対する告発義務	2.2	14.9	79.7
研究倫理向上のための大学の取り組み (セミナー等)	2.0	4.0	—

表 1-3-4　大学で定めている倫理規範

	定めている	検討中	定めていない
研究費の使用ルールの遵守	85.3	2.8	11.0
法令や関係規則の遵守	80.7	4.1	14.7
人権・生命倫理の尊重など、研究活動において遵守すべき価値規範	72.4	7.8	19.7
データ管理、インフォームド・コンセントなど責任ある研究活動の原則	69.7	8.3	21.6
捏造・改竄・盗用など研究不正の禁止	63.8	11.9	23.9
人類への貢献など教員が研究活動においてめざすべき価値規範	56.9	6.4	35.3
公共の利益や大学との責務との相反関係への配慮	56.4	9.2	31.7
他人の研究成果の搾取	56.0	11.0	32.6
人類への貢献など大学が研究活動においてめざすべき価値規範	52.8	7.3	38.5
研究資金の明記	49.5	6.4	43.1
告発者に対する報復の禁止	39.4	8.7	50.9
研究倫理向上のための教員の自己研鑽義務	39.4	11.9	47.2
研究不正に対する告発義務	37.6	11.0	50.9
先行研究の引用など研究成果に対する公平な評価	37.2	11.0	50.5
研究倫理向上のための大学の取り組み (セミナー等)	33.0	11.5	54.1
研究への実質的な貢献に基づく適切なオーサーシップの行使	30.3	13.3	55.0
二重投稿・二重掲載等不適切な公表の禁止	28.9	13.3	57.3
国際共同研究における関係組織・関係国の規範尊重	17.9	11.9	69.9
サラミ投稿 (本来同一であるべき論文を 2 つに分けて発表) の禁止	12.8	11.1	73.9

他方で、同一の項目群に対する今後の見通しについては、過去の実態認識とは異なり、全ての項目において今後「問題になる」と過半数が回答している（図は割愛、羽田編 2014 を参照のこと）。

教育・学習を除き、研究に関する倫理問題のみに焦点を絞っていくと、興味深いのは、各調査の間にあるずれが見えてくることである。各調査において同様の設問を尋ねているなかで、問題があったと最も回答された選択肢は異なっている。大学並びに部局は「研究費の不正使用」で、学会は「二重投稿・二重掲載」で問題があったと回答している（**図 1-3-1、図 1-3-2、図 1-3-3**）。論文は学会が取り扱うことが多く、研究費は大学が処理することがほとんどであることを思えば半ば自明であるが、機関内部からは研究費の不正がよく見え、ジャーナル共同体である学会からは論文に関する不正がよく見えることが如実に表れている。

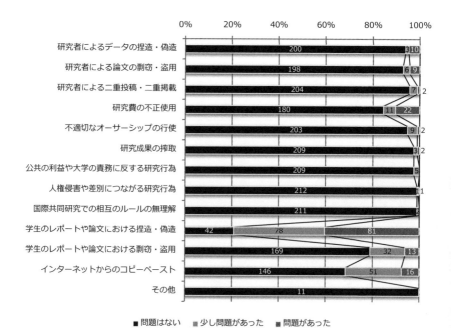

図 1-3-1　過去の問題状況（全学）

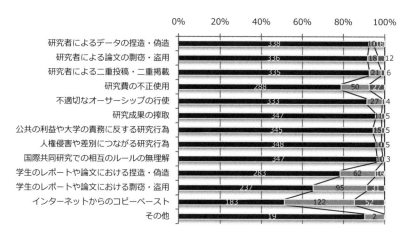

図 1-3-2　過去の問題状況（部局）

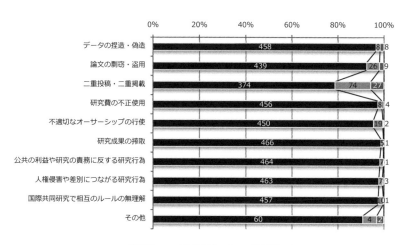

図 1-3-3　過去の問題状況（学会）

　学問的誠実性に関わる事柄については、様々な要素が相互に影響しあう
システムとして見る視点から捉えたほうが良いのかもしれない。少なくとも、
各関係者の個々の取組に着目するだけでは足りない。なぜならば、学問的誠
実性に反する事態は様々な領域で起きうるが、大学・部局や学会にはそれぞ
れ主とするフィールドがあり、他のフィールドで起きる学問的誠実性に反す
る事態を捉えることが難しいためである。当然のことながら、責任ある研究
活動を促すための全ての取組を単一の機関や組織、団体が監督することは不
可能である。このデータから具体像を描くことは難しいが、少なくとも各取
組主体の連携を考えねばならないことは突きつけられているのではないか。

③機関・分野の多様性の有無

　これらの認識に、機関の多様性は関わりを持つだろうか。大学分類で分け
て数値を見ると、研究大学のほうが過去に問題があったと捉えており、今後
も起きると見ている。

　過去に「問題があった」と回答した割合が高いのは研究大学であり、「研究
者による論文の剽窃・盗用」（＋ 13.9 ポイント）、「研究費の不正使用」（＋ 16.7
ポイント）、「学生のレポートや論文における捏造・偽造」（＋ 15.1 ポイント）、「学
生のレポートや論文における剽窃・盗用」（＋ 25.6 ポイント）、「インターネッ
トからのコピーペースト」（＋ 16.1 ポイント）で統計的に有意な差（5% 水準、以
下同基準）が見られた（**図 1-3-4**）。

　同じく、今後の見通しについても、「不適切なオーサーシップの行使」（＋ 6.3
ポイント）、「公共の利益や大学の責務に反する研究行為」（＋ 3 ポイント）、「人
権侵害や差別につながる研究行為」（＋ 4.4 ポイント）、「国際共同研究での相互
のルールの無理解」（＋ 14.1 ポイント）、「学生のレポートや論文における剽窃・
盗用」（＋ 6.6 ポイント）で統計的に有意な差が見られた（**図 1-3-5**）。

　それでは、前節でも触れたとおり、巷間信じられているように専門分野
の多様性は本当に倫理問題に影響するのだろうか。信念に反して、調査デー
タからは、専門分野の独自性が影響するという結果は得られていない。部局
調査の結果によると、統計的に有意な違いが見られたのは、過去の実態に
ついては「研究費の不正使用」のみであった（図 1-3-6、他の設問については割愛）。

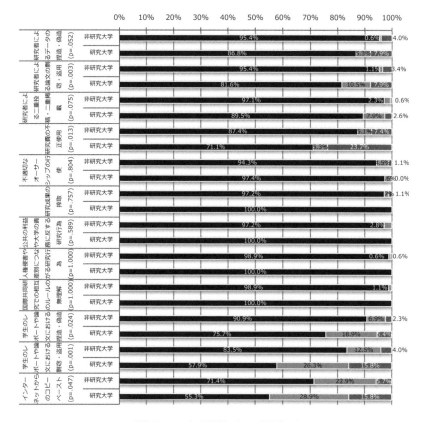

図1-3-4　過去の問題状況（大学分類別）

「問題があった」、「少し問題があった」と回答した部局の割合は"理工農系"（42.4%）と"複合"（27.3%）で若干高い結果となっている。「データの捏造」、「論文の剽窃」、「二重投稿」、「不適切なオーサーシップ」及び「研究成果の搾取」といった、研究倫理に反する典型例については、それぞれ若干数値が高い分野がないわけではないが、統計的に有意な差ではなかった。すなわち、学問的誠実性に反する事態はどの分野においても起きうるということであり、専門分野の独自性で全てを説明することは難しいということである。唯一違いが見られた「研究費の不正使用」に関して"理工農系"で多く見られることも、

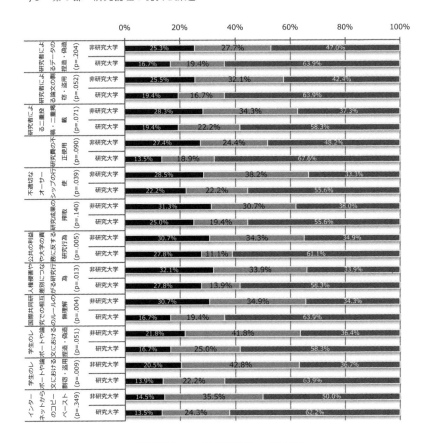

図1-3-5　今後の見通し（大学分類別）

凡例：■ 問題にならない　■ 少し問題になる　■ 問題になる

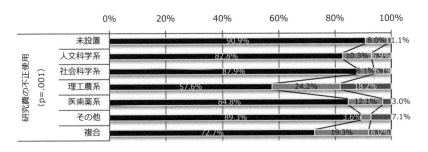

凡例：■ 問題はない　■ 少し問題があった　■ 問題があった

図1-3-6　過去の問題状況（部局調査、専門分野別）

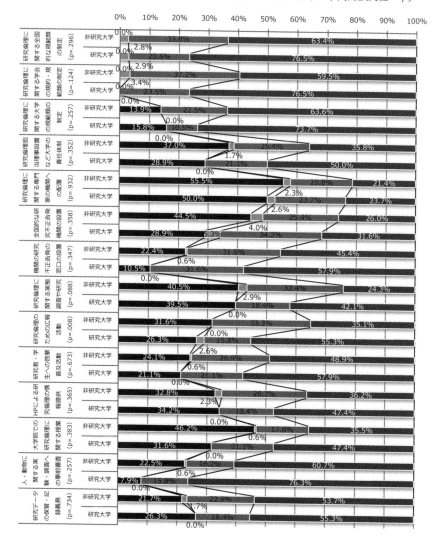

図 1-3-7　取組の有効性認識（全学調査、大学分類別）

分野に内在する特性というよりも、当該分野の研究費支給の仕組み、あるいは研究費の支給件数等の構造に着目をすべきなのかもしれない。

④有効な取組

　それでは、今後のために、現時点でも有効な取組が何であるのかに目を転じてみると、全学調査では、研究倫理向上に有効な取組として、規範類の制定（全国レベル、学会、大学）及び人・動物に関する実験・調査への事前審査、研究者・学生への啓蒙普及活動を挙げるケースが過半数に上っている（図1-3-8）。ただし、有効ではないとする取組は、ほとんどない一方で、そもそもその取組を行っていないとの回答も多い。学問的誠実性にかかる問題への対処が重要だという認識はある一方で、実際の手当にまでは至っていないのが現状である。

　また、大学分類別に見て回答比率に違いが出てくる項目は、「研究倫理のための広報活動」のみであった。研究大学のほうが取り組んでいる率が高く、また有効であると回答する率も高いという結果であった。

⑤啓蒙・教育活動

　啓蒙・教育活動について尋ねた10項目の回答傾向を見ていくと、「取り組みなし」を除けば、学士課程、大学院の双方で「有効である」、「少し有効である」がほとんどを占めており、有効性は認識されている。ただし、いずれの項目でも「取り組みなし」が最多であり、行っているものについては有効性を感じているけれども、そもそも手当していないという傾向がある。

　今後重視するかを尋ねた項目では、いずれも「重視」、「少し重視」と回答する傾向があり、両選択肢の計で60〜90%を占める。

　学士課程、大学院の双方で「重視しない」と回答されているのは、「類似度判定機能ソフト活用の推進」及び「学習・研究倫理に関する正課授業の開催」となっている。

　啓蒙普及活動の有効性は認識されている一方、正課授業が他ほど重視されない傾向にある。

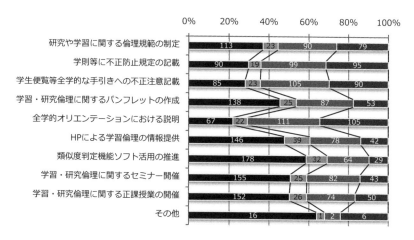

図1-3-8　学士課程教育における啓蒙・教育活動の有効性

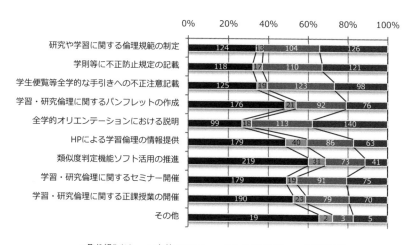

図1-3-9　大学院課程教育における啓蒙・教育活動の有効性

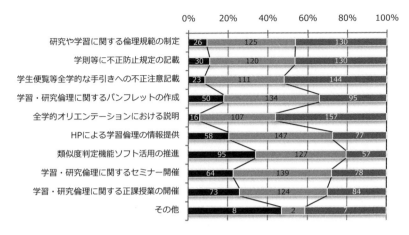

■重視しない　■少し重視　■重視

図1-3-10　学士課程教育における啓蒙・教育活動の重視度合い

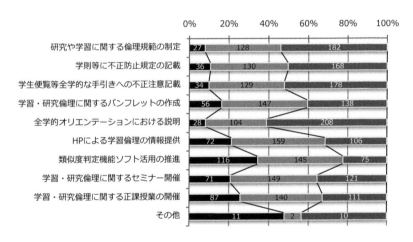

■重視しない　■少し重視　■重視

図1-3-11　大学院課程教育における啓蒙・教育活動の重視度合い

3　まとめ

歴史的な経緯並びにアンケートデータから、日本における学問的誠実性の現状を素描してきた。最後に本章を振り返りつつ、また本書の各章において触れられたことも交えて整理し、まとめとしたい。

日本における学問的誠実性の現状に関して、まず挙げられるのは政策動向への依存が大きい点であろう。日本では、研究費の不正に対する社会的関心の高さを反映してなのか、各研究資金配分機関による研究費の不正使用に関する対応策が手厚いと言ってもいいほどに定められている。しかしながら、責任ある研究を追求する動きは脆弱である。例えば、国立 F 大学においては、研究費管理については取扱規程等、詳細が定められている一方で、FFP については告発規程のみが定められているようなケースが、この状況を端的に表している。

強調しすぎることはないと思われるのは、制度や仕組みは重要だが、整備しただけでは機能しない、ということである。理化学研究所のケースに立ち戻ると、2005 年には監査・コンプライアンス室を設置しており、2009 年以降では研究リーダーのためのコンプライアンスブックの配布、ラボマネジメントブックの配布、管理職研修など、制度の整備のみならず、充実した啓発活動を実施してきている。さらに、当該ケースの関与者である研究ユニットリーダーが大学院課程を修了した早稲田大学においても「学術研究倫理に係るガイドライン」が制定されており、在学以前の 2007 年 4 月 6 日から施行されている (早稲田大学 2007)。つまり、このケースについて見てみれば明らかなように、ただ仕組みを用意しただけでは、学問的誠実性を担保し、責任ある研究活動が奨励されるわけではないのである。

現状に欠けているものは何であろうか。幾つもの要素が足りていないが、大きなものとして、一つは指導教員 (メンター) が果たすべき役割の大きさを再認識することであろう。アンケートデータからも浮き彫りになったように、大学教員の意識の上では学問的誠実性の重要性は実感されているものの、正

課授業等にて行うには至っていない。正課で行われない現状においては、各研究室・指導教員がどこまでしっかりと指導するかが、その後、指導学生が責任ある研究活動を行えるかを大きく左右してしまうことは想像に難くない。

　仕組みは飽くまで仕組みに過ぎない。研究活動は真空で行われるわけではない。常に人が介在するのであり、研究に従事する人そのものに対するアプローチ――正課における教育や、研究室の指導等――も射程に収める必要がある。適切な仕組みと、その仕組みの中で活動する人のあり方を踏まえ、総体としてどのように責任ある研究活動を促すことができるかを考えるべき時に来ている。

付記

　本稿は、立石慎治（2014）「第11章　全国調査から見る学問的誠実性の動向」（羽田編『「知識基盤社会におけるアカデミック・インテグリティ保証に関する国際比較研究」報告書』所収）及び、羽田貴史・立石慎治（2014）「Academic Integrity をめぐる世界の動向と日本の課題」（日本教育社会学会第66回大会）を基に、加筆修正を行ったものである。執筆に当たっては、両者で討議・検討を行ったが、1節は羽田、2節は立石が執筆し、3節は立石執筆原稿をもとに、羽田が加筆した。なお、本研究で述べられている見解は全て著者のものであり、著者らの所属機関の意見を代表するものではない。

注

1　本章は、立石慎治との共著「全国調査から見る日本の学問的誠実性」『高等教育ライブラリ9　研究倫理の確立を目指して―国際動向と日本の課題―』（東北大学出版会、2015年、pp.153-175）を、ほぼそのまま収録した。転載を認めていただいた立石氏に厚く感謝します。

2　ガイドラインは、「3－3－② 研究・配分機関は、受付窓口に寄せられた告発の告発者、被告発者、告発内容及び調査内容について、調査結果の公表まで、告発者及び被告発者の意に反して調査関係者以外に漏えいしないよう、関係者の秘密保持を徹底する」と述べている。

3　日本分子生物学会第36回年会・理事会企画フォーラム「研究公正性の確保のために今何をすべきか？　セッション1　研究主宰者や共同研究者が研究公正性に果たすべき役割」（2013年12月3日、http://www.mbsj.jp/admins/committee/ethics/doc/2013forum/session1_full.pdf，2014年11月30日アクセス）．なお、「シンガポール声明」は、次のように述べている。

11.（告発義務）「研究者は、捏造、改ざん、または盗用をはじめとした不正行為が疑われるすべての研究、および、不注意、不適切な著者一覧、矛盾するデータの報告を怠る、または誤解を招く分析法の使用など、研究の信頼性を損なうその他の無責任な研究行為を、関係機関に報告しなければならない」

12.（告発者の保護）「研究施設、出版誌、専門組織および研究に関与する機関は、不正行為およびその他の無責任な研究行為の申し立てに応じ、善意で当該行動を報告する者を保護する手段を持たなければならない。不正行為およびその他の無責任な研究行為が確認された場合、研究記録の修正を含め、迅速に適切な措置をとらなければならない」

4　東京医科歯科大学 M 氏と本学の教員との共著論文に関する調査委員会「報告書」（平成 24 年 12 月 20 日、http://www.tmd.ac.jp/news-archive/　20121228/index.html.2014.12.9 アクセス）。なお、研究不正に関する被告発者の不正が明らかになり処分が下された場合、実名掲載を継続することは、新たな制裁ともなり、適切とは言えないので、本稿ではすべて略字とする。

5　東京大学「M 氏による研究活動の不正行為に関する調査報告」（http://www.u-tokyo.ac.jp/public/public01_250920_j.html.2014.12.9 アクセス）

6　東京大学「J-ADNI に関する東京大学による調査について」（平成 26 年 6 月 24 日、http://www.u-tokyo.ac.jp/public/documents/20140624_　03_J-ADNI.pdf. 2014.12.10 アクセス）。なお、東京大学報告書が外部の有識者による更なる調査・検証を希望したことに対応し、厚生労働省は外部委員会による調査・検証の体制を指示した（平成 26 年 8 月 29 日、科発 0829 第 1 号「J-ADNI 研究に関する外部の委員会による調査・検証について」）。

7　早稲田大学大学院先進理工学研究科における博士学位論文に関する調査委員会「調査報告書」（平成 26 年 7 月 17 日）。

8　早稲田大学「早稲田大学における博士学位論文の取扱い等について」（http://www.waseda.jp/jp/news14/141009_dissertation.html.2014.12.11 アクセス）

9　これは執筆時の状況であり、2019 年の時点では、研究公正協議会（APRIN）、日本医療研究開発機構（AMED）, 科学技術振興機構（JST）など研究倫理に関する情報発信を全国的に行う組織が活動するようになった。

10　2019 年時点では 6 回開催されているが、執筆時点の状況としてそのまま記載している。

参考文献

天野郁夫、1984、「第 4 章　大学分類の方法」慶伊富長編『大学評価の研究』東京大学出版会。

中村征樹、2011、「研究不正への対応を超えて─リサーチ・インテグリティ・アプ

　　　ローチとその含意」『メタヒュシカ』42: 31-46。

菊地重秋、2013、「我が国における重大な研究不正の傾向・特徴を探る」『IL SAGGI
　　　ATORE』40: 63-86。

松澤孝明、2014a、「諸外国における国家研究公正システム（1）―基本構造モデルと
　　　類型化の考え方」『情報管理』56（10）: 697-711。

松澤孝明、2014b、「諸外国における国家研究公正システム（2）―特徴的な国家研究
　　　公正システムモデルの比較分析」『情報管理』56(11): 766-81。

松澤孝明、2014c、「諸外国における国家研究公正システム（3）―各国における研究
　　　不正の特徴と国家研究公正システム構築の論点」『情報管理』56（12）: 852-70。

日本学術振興会「科学の健全な発展のために」編集委員会、2015、『科学の健全な発
　　　展のために―誠実な科学者の心得』丸善出版。

羽田貴史編、2014、『知識基盤社会におけるアカデミック・インテグリティ保証に
　　　関する国際比較研究』（科学研究費基盤研究B報告書、2011-2013年）。

山崎茂明、2002、『科学者の不正行為―捏造・偽造・盗用』丸善出版。

早稲田大学、2007、『学術研究倫理に係るガイドライン』（http://www.waseda.jp/rps/
　　　ore/jpn/rules/guideline.html. 2014.12.1）

Kennedy, Donald, 1997, *Academic Duty*, Harvard University Press.（=2008、立川明他訳、『大
　　　学の責務』東信堂）

Mayer, Tony and Steneck, Nicholas, 2012, *Promoting Research Integrity in a Global Environment*,
　　　World Scientific.

Steneck, Nicholas H., 2004, *ORI Introduction to the Responsible Conduct of Research*, Washington
　　　DC: Health and Human Services.（= 2005、山崎茂徳訳、『ORI 研究倫理入門―
　　　責任ある研究者になるために』丸善株式会社）。

第4章　人文・社会科学分野における研究倫理の課題[1]

1　人文・社会科学分野の研究倫理は自然科学と違うのか？

　研究倫理の中核は、研究者が責任ある研究（Responsible Conduct of Research）を実行できるように様々な価値規範を身に着け、判断して行動することにある。研究倫理を育てる RCR 教育にとって重要な課題の 1 つは、プリミティブではあるが、人文・社会科学分野の研究倫理が、他分野の研究倫理と異なるのか、異なるとすれば何がどう異なるのかという点である[2]。研究倫理について分野の異なる研究者集団と議論をする時に浮上する論点の一つは、分野による研究倫理の違いであり、人文・社会科学と自然科学との違いである[3]。

　例えば、2014 年文部科学大臣決定「研究活動における不正行為への対応等に関するガイドライン」（以下、2014 年ガイドライン）は、データの保存・開示（第 2 節 1 (2)）を定めた。ある大学でそれを具体化する議論の際、ある法学系研究者が、法学系のデータはすべて活字で公表されたものであり、保存するまでもないという意見を述べたことがあった。法学研究の対象となる法令や判決は、活字の形で公表されているが、法社会学的アプローチを取る場合には、人を対象としたインタビューやアンケート調査を行い、個人情報の保護に配慮する必要がある。大学におけるあらゆる出来事を、自分の研究スタイルからの視野で解釈し反応する典型例であり、人文・社会科学の独自性という主張は、他分野を知らないことから派生するものも多い（独自性とは他との比較で定義されるものである）。

　人文・社会科学においては、研究不正はほとんどないという反応も見られる。この点を解明する信頼性の高いデータはない。新聞記事をもとにして研

究不正を分析した松澤 (2013：161) は、医歯薬学系にくらべ、商学・教育学・経済学分野の発生率が高いとする。2014 年ガイドライン以後、 文部科学省に報告された 12 の事案中、人文・社会科学は政治学・社会学など 6 件である[4]。大学における人文・社会科学及び教育学の研究者比率は 32％であるが、あまり意味のある比較ではないだろう。

　一方、Grieneisen & Zhang (2012) は 2010 年のウェブサイトにおける科学論文の取り下げを専門分野別に分析し、医学、化学、生命科学、学際融合分野の論文取り下げの比率が高く、工学、 数学、社会科学の比率は低いと指摘する。数学分野の取り下げ率の低さは、ピア・レビューによる検証手続きを通過しなければ、論文掲載が認められないために、捏造・偽造を排除する構造になっている。専門分野によって、研究不正の発生要因は異なるのは確かであるが、学問研究や教育の問題を論ずる際に、普遍的な概念や枠組みを探るのではなく、分野別の多様性を強調し、世界を解釈する研究者のメンタリティがそのまま存続すると、研究活動が実際に営まれる機関単位の共通性を弱め、研究科・専攻・研究室のような小さな単位に研究倫理の構築を分割し、共通の文化を作り上げることを弱めてしまう。リスクマネジメントの視点からは、研究組織の開放性はリスクを減少させる重要な要素であり、研究倫理の組織基盤が分割されることは、不正リスクを高める。

　また、異分野との共同研究や国際共同研究を進める上でも、研究倫理を共通のものとして共有する必要がある。さらに、研究倫理の人文・社会科学分野の研究倫理について検討すべき理由である。

2　人文・社会科学分野の研究倫理をめぐる現状

(1) いくつかのケースから見る研究倫理文化

　人文・社会科学分野の研究が、価値・実践倫理を追求するものでありながら、研究倫理全般への理解と文化が醸成されているとは言えないことは、上に述べた通りであり、以下に、古い事例も含むが、 研究倫理に関する文化を理解する上で必要と思われるので紹介しておく。

ケース 1：1990 年代の中頃、教育学関係のある学会報に、A 大学院の院生 B が同じ研究科の院生 C のアイディアを盗用したとの告発文書が複数の第三者による署名で掲載された。次号の学会報で、院生 B の反論が掲載され、盗用は発表された論文についてのことであり、アイディアは自分のもので盗用に当たらないと主張した。当該学会には倫理規程や処理する組織はなく、事務局に告発文書が投稿され、事務局判断で掲載されたものである。学会として調査委員会等が設置されることはなく、告発と反論のみで学会の取り組みはなかった。

　告発文書の掲載後まもなく、学会理事 D は、私信として会報編集責任者の E 理事に一方的な告発は不公平で手続き的に問題であるとの手紙を送付した。E 理事 は、D 理事が欠席した理事会に了解なく私信を公開し、理事会は当事者がいない場で議論する問題があったにもかかわらず、そのまま議事を進め、告発文書を学会報掲載の是非について論議を行わず、会報掲載を追認した。直近の総会で、告発文書の掲載について問題指摘の発言があったが、特に何かの結論に至ることはなく、すべてがあいまいになった。

考察：アイディアの盗用は、活字化された文書がある場合にはともかく、研究会等での論議の場から派生する場合、盗用したとされる側と盗用されたとする側の認識に齟齬があり、事実認定が極めて困難である。当時は、研究不正についての問題も顕在化しておらず、この種の事例を扱うルールが不在であったとは言え、　盗用されたとされる側ではなく、第三者が告発文書を作成し、論文の取り消しを学会に求めるのではなく、批判のために会報に掲載させるという異例の出来事であった。さらに、会報掲載に関する理事の異議申し立ての扱いも、当事者の了解なく排除して議論するという手続き上も極めて問題なものであったが、問題指摘もなかった。一方的な正義の感覚が暴走しやすく、学会理事会に社会常識があるとは限らず、研究倫理の基盤は常識であることを示す事例である。ちなみにこの学会は、現在でも倫理綱領や投稿論文への研究不正に関する告発を扱う規定を一切おいてない。

ケース 2：2010 年頃、教育学関係のある学会紀要に投稿された論文が、投稿者が他の紀要に投稿した論文と類似のテーマと題目であるという指摘が

査読者からなされた。学会紀要委員会は相手方の紀要編集委員会に連絡を取り、双方の投稿論文を相互に検討し、重複部分は背景説明に関する数百字（まったく同一）であり、本体は異なるので、「行儀が悪いが二重投稿ではない」という結論に至った。結果は、投稿者が修正して再提出を求めることで決着した。

　考察：両編集委員会でスピードある協議と対応が行われ、共通理解で解決した第2部第6章で述べる二重投稿に関するCOPEのチャートにほぼ沿った処理が行われたが、見解が一致したからよかったものの、相違した場合にどういう処理になるのか、という問題は残った。

　なお、事後処理として、当該学会編集委員会は二重投稿・出版の禁止に関する定めを作成して理事会で検討し、成案となって公表されている。個別ケースの処理を通じて共通化するルールが策定された見本である。ルール策定に関する議論の過程では、二重投稿・出版の理解の多様性が噴出したことも重要である。「二重投稿とは、査読のある学会誌について言うことで、大学の紀要に掲載されたものを学会誌に投稿しても該当しない」、「科研の報告書に書いたものは該当しない」などの意見が学会理事を務めるシニアな学会員からも出た。二重投稿が問題ということを共有しても、何が該当するかは、個人の経験で多様であることが示され、議論し、言語化することで規範が共通化するといえる。

　ケース3：2015年頃、教育学関係のある学会の研究グループ内で、研究者Aが同じグループの研究者Bの論文を引用した論文を電子媒体に掲載したところ、Bは不適切な引用で捻じ曲げていると抗議した。引用自体は複数の研究者が検討して、適正なものであるとの意見が得られたが、Bが取り下げなければ弁護士を伴って告発すると主張したため、Aは本意ではないが、面倒を避けるため取り下げた。

　考察：引用は常に被引用者の意図と通りに行われるものではなく、出典を明記せずあたかも引用者の知見のように記述したり、悪意を持って歪曲し批判したりするのではない限り、許されるものである。なぜ攻撃を行ったかはあまり明確ではないが、背景には、研究の成果を共有物ではな

く、特許のように私的に独占しうるとの理解があると思われる。筆者の経験でも、単なる引用なのに、引用してよいかどうかの打診を受けたことが 30 年間に 2、3 回あった。告発は、思い込みや勘違いでも起きうるという事例である。また、告発された側も、面倒を避けたため、引用についての考え方を共有する機会とはならなかった。ちなみに、この学会は学会誌の投稿論文に関する倫理規程はあるが、倫理綱領は制定されておらず、この事例を処理する仕組みは明示されていない。

　ケース 4：2010 年代のこと、現職教員向けのセミナーの課題に対し、ある中堅教員の提出したレポートが、インターネットに掲載されていたエッセイと全く同一であった。説明を求めたところ、ホームページに「著者への了解なく自由に利用してよい」との記載があったので、構わないと思ったとの説明があった。ホームページの記載は、著作物の二次利用に関するもので、著者が二次利用について許諾不要としたに過ぎない。例えば、ホームページの内容をそのまま出版物にする場合でも許諾を要しないが、出典・引用を明記せず、自己の著作のように使うのは盗用にあたると説明すると理解し、取り下げた。

　考察：盗用を著作権侵害と誤って理解する事例は多い。著作権法は、私的利用（第 30 条）、図書館での複製（第 31 条）など自由利用できる場合を定めており、第 32 条で「引用の目的上正当な範囲内で他人の著作物を引用して利用することができる」としており、適切な引用を行わなければ、盗用であると同時に同条違反となる。許諾なく著作物を使用できることが著者によって宣言されていても、適切な引用ではなく利用できることを意味しないし、著者が決めることはできない。著作物の利用に関するルールが中堅教員でも理解されていないことをよく示す事例である。

(2) 学会倫理規程の状況

　前節の事例は学会における組織文化の一端を示すものであり、研究倫理に関する問題が起きて暗黙知としての文化が顕在化するので、当事者間でしか状況が把握されない。暗黙知としての研究倫理文化は、質問紙調査では把握

できず、さりとてインタビューで当事者が語るとも思えない。倫理文化の実態を把握することは重要だが難しい。人文・社会科学の研究倫理状況の一端を把握するために、日本学術会議協力研究団体のうち、分野別に主なものと推定される学会の倫理規程を概観する（**表1-4-1**参照）。資料は、『学術名鑑』（日本学術会議、日本学術協力財団、科学技術振興機構の連携によるデーターベース）から、各学会のHPにアクセスして入手した（2017年1月）。従って、HPに投

表1-4-1　人文・社会科学関係学会における研究倫理綱領等の状況

学　会　名	倫理綱領等	不正行為禁止	二重投稿(出版)の禁止
日本哲学会	あり	倫理規定に定め	応募論文公募要領で定め
日本近代文学会	なし	特に定め無し	投稿規程になし
日本社会学会	あり*1	倫理綱領に定め	投稿規程で定め
日本刑法学会	なし	HP上になし	HP上になし
日本公法学会	なし	HP上になし	HP上になし
日本私法学会	なし	HP上になし	HP上になし
日本政治学会	あり	倫理綱領に定め	投稿規程で定め
社会政策学会	あり	倫理綱領に定め	倫理綱領で定め
日本地理学会	なし	特に定め無し	投稿規程になし
日本文化人類学会	あり	倫理綱領に定め	寄稿規程で定め
日本言語学会	なし	特に定め無し	投稿規程で定め
日本心理学会	あり	倫理綱領に定め	執筆・投稿の手引きで定め
日本経済学会	なし	HP上になし	HP上になし
日本経済政策学会	なし	HP上になし	HP上になし
経済学史学会	なし	特に定め無し	投稿規程になし
日本経営学会	あり	倫理綱領に定め	投稿規程で定め
日本教育学会	あり	倫理綱領に定め	投稿規程で定め
日本教育社会学会	あり	特に定め無し	投稿規程でなし
日本教育心理学会	あり	倫理綱領に定め	投稿規程で定め
史学会	なし	特に定め無し	投稿規程で定め
歴史学研究会	なし	特に定め無し	投稿規程で定め
日本史研究会	なし	特に定め無し	投稿規程で定め
日本考古学協会	あり	倫理綱領に定め	HP上になし

＊1　このほか詳細な「日本社会学会倫理綱領にもとづく研究指針」あり

稿規程類が掲載されていなくとも内部資料と扱われている可能性もないわけではなく（公表していないことも問題であるが）、「HP 上になし」との記載に留めた。

　すべての学会を包括したのではなく、自然科学関係学会との比較を行ったわけでもないが、人文・社会科学関係学会の研究倫理に関する傾向はうかがうことができる。田代（2014）は、人文・社会科学分野の学会において、日本心理学会（1991）を嚆矢とし、2000 年代に各学会で倫理綱領の策定が進んだと指摘しており、医学や工学分野に限らず、文系学会が共有財産として、倫理綱領を制定していることを確認できる。倫理綱領の基本的な内容は、専門分野の研究と実務を通じて実現すべき価値・理念と学会員が守るべき規範を明確化し、責任ある研究活動を遂行する枠組みを提示している。

　ただし、これも分野によって違いがあり、心理学・文化人類学・教育学・社会学のように、個人を対象としたインタビュー、実験、調査を行う領域や会計など専門職倫理と関係ある分野で進展しており、法学・経済学・文学のように人間を直接対象としない領域では策定されていないように見える。日本考古学協会は、歴史学関係学会で倫理綱領を持つ少ない事例だが、前・中期旧石器・遺跡捏造事件（2000 年 11 月）という衝撃的な事件を契機に、2006 年 5 月に制定している。

　それでは、個人を直接対象としていない分野においては、研究不正さえ防止すれば十分で、倫理綱領の制定は不要であろうか。この点は、現代における学問のあるべき姿も視野に入れて論じる必要があり、3 (2) で詳しく述べる。

　研究不正として次第に認知されつつある「二重投稿 (出版)」は、かなりの学会の投稿規程で禁止しているが、明確にしていない学会もある。もっとも、「二重投稿 (出版)」の禁止は、形式知として明文化されなくとも共有されているものであり、規定のない学会では許容されているというものではない。

　しかし、「二重投稿 (出版)」の難しさは、その定義にあり、明文化されても厳格に定義されているかどうか、検討の余地がある規定も多い。例えば、「日本哲学会応募論文公募要領（2015 年 12 月改訂）」[5] は、「かつて『不採用』と判定された応募者が、新たに論文を投稿し、この新規投稿論文が旧論文とほぼ同

内容と判断された場合は、『二重投稿』とみなされて『不採用』となります」と定めているが、他学会誌への同時投稿は含まれておらず、二重投稿の一般的理解とも合致していないように思われる。また、「日本哲学会研究倫理規定」[6]（2007 年 3 月 3 日日本哲学会委員会決定、2007 年 5 月 19 日日本哲学会第 59 回総会）が、「第 3 条　会員は、研究成果の発表に際して、とりわけ、剽窃・盗用を行ってはならない」としているのも、偽造・捏造を除外しているようで、首をかしげる。

　極めて詳細なものとして、「日本社会学会投稿規定〔2014 年 9 月改正〕」[7] は、「本誌に発表する論文等は、いずれも他に未発表のものに限る。他で審査中あるいは掲載予定となっているものは二重投稿とみなし、本誌での発表を認めない」とした上で、「『未発表論文（社会学評論に投稿可能な論文）』の定義について」と題する文書で、「投稿規定において含意されている既発表論文には、雑誌論文（掲載予定・投稿中のものを含む）、単行図書・単行図書所収論文（出版予定のものを含む）だけでなく、科研費報告書（あるいは、それに準ずる報告書）・修士論文・博士論文・学会報告資料を含みます。したがって、これらの論文あるいはその一部を、そのまま投稿することはできません。ただし、既発表論文との関係については、発表のしかたによって、研究活動上の意味が異なりますので、編集委員会としては、そのことを考慮して、つぎのような取り扱いをします」と述べている。修士論文・博士論文は審査委員会には開示されているが、それ自体は発表されたものではない。だからこそ、学位規則の一部を改正する省令（2013 年 3 月 11 日、文部科学省令第 5 号）によって、インターネットによる公表が義務付けられたのであり、それを既発表論文と同義に扱うことには疑問があるが、ある学会で二重投稿禁止規定を策定した筆者の経験からは、定義上は、この程度の厳格さが必要である。

3　人文・社会科学分野の研究倫理に関する研究動向

(1)「社会科学特殊説」と「普遍的研究倫理」

　人文・社会科学に関する研究倫理は、他の分野と異なるという黙示的な前

提がありながら、研究倫理に関する文献は少ない。国立国会図書館の蔵書目録では、人文・社会科学における研究倫理をキィ・ワードとする論文・図書は、1970 年以降 495 件を数えるが (2017 年 1 月 2 日検索)、そのほとんどは臨床研究や看護・医療系であり、人文・社会科学分野では、心理学分野を除けば 10 本に満たない。近年、人文・社会科学の研究倫理に関し、眞嶋俊造・奥田太郎・河野哲也 (2015)[8] が出版された。人文・社会科学のための研究倫理シンポジウム[9] も開催されたが、人文・社会科学の研究倫理と自然科学との研究倫理に大きな違いはないという議論が支配的であった。

　研究不正の定義として把握される倫理違反が共通であるとしても、責任ある研究活動として求められる倫理が共通であるとは言えない。少ないながら、人文・社会科学分野の研究倫理の独自性をめぐっての論争がある。第 74 回日本社会学会シンポジウム (2001 年) において、山口一男は、調査者と対象者との個人的信頼感の構築を重視する日本の社会調査倫理に疑義を提示し、アメリカでは、調査倫理違反になるとすら述べた (山口 2003)。2012 年の東北社会学会研究大会シンポジウムでは、田代志門が、山口の問題提起を手掛かりに、人を対象とする研究である限り、学問分野に関係なく研究倫理は同じ枠組みを有するとし、医療分野の倫理と同様に質的調査を判断するのは困難とする桜井 (2003) の意見を、「社会科学特殊説」と批判した (田代　2014)。また、田代の批判の対象となった長谷川は、日本社会学会での倫理綱領策定に参加した経験をふまえ、「社会科学特殊説」を批判する田代に賛意を示しつつ、医学研究には専門家と患者との非対称性が存在し、フィールド調査においては、この非対称性が倫理的に問題にならざるを得ないと指摘した (長谷川 2014)。

　倫理はすべからく生成的性質を持つものであり、論争から学ぶべきは正否だけではない。この論争が示す第 1 は、社会科学が医療分野と異なる特殊な倫理を有するかどうかというより、人を対象とする研究を規律する日米の規範の相違であるといえる。すなわち、アメリカにおいては、人を対象とする研究は、研究者と調査対象者との利害関係を排除し、客観性を担保することがすべての分野に共通する原理として連邦政府規則によって定められ[10]、学

習コースを履修しなければならない (山口 2014; 563)。また、社会調査の方法に関するメタ分析も含め、山口の発言の背景には、政府・大学・学会・研究者を通じて形成されてきたアメリカ研究倫理の蓄積がある。

　これに対して日本の研究倫理規範は、各省庁の定めたガイドライン・指針類によって、コンプライアンス戦略として展開してきたが、それらは、各省庁の所管する研究資金や省庁の所掌業務に関連する分野で細分化され、共通項がない。たとえば、文部科学省・厚生労働省「人を対象とする医学系研究に関する倫理指針」(2014年12月22日)は、人を対象とする医学系研究について、研究計画に求められる要件、倫理審査委員会、インフォームド・コンセント、個人情報の保護などについて詳細に定めており、心身の発達や精神障害などの研究が、人間の尊厳や人権への侵害もたらさないように規制している。

　しかし、教育学や心理学の分野で、子どもの発達や心理的トラブルを抱えた対象者に対する研究を行う場合の指針はなく、学界レベルの倫理綱領類は一般的理念的で、同じく人を対象とした研究でありながら、人権を守る枠組みが明確ではない[11]。大学など研究機関によっては、医学研究に倣って研究倫理審査委員会を置き、個人情報の匿名性確保やインフォームド・コンセントを求めている例もあるが、すべてではなく、倫理綱領類が具体性を欠くため、どのように機能するか疑問である。

　第2に、分野を横断する普遍的な倫理の意義を認めつつ、長谷川 (2014) がフィールド調査におけるローカルな倫理、「当事者性の尊重」にこだわることの意味である。この点は、正村 (2014: 3) が短文ながら要点を突いている。正村は、分野を横断する普遍的な倫理とは、主体と客体の区別と、事実と価値の区別を前提に、価値を排除し、主体が客観的に事実を認識するためのものであり、「認識のための認識」を定立させるためのものであると指摘する。しかし、科学が技術と結びつき、価値・実践的な要素を含むようになると、科学技術の目的や役割・利用に関する新たな倫理が求められるようになったとされる。現在、我々が研究倫理を語る場合、それは、認識規範としての倫理 (典型は、逸脱事例ととしての FFP である) と、価値・実践的な倫理との双方

を含んでいるのである。

　人文・社会科学や医学は、もともと価値を排除した研究分野ではなく、人間のあるべき姿を探究し、人命と健康を保持するという価値を実現するためのものであり、実験や法則定立など近代科学の手法を取り入れ、「科学化」したものの[12]、認識規範としての倫理ともに価値・実践倫理が求められる。日本学術会議「科学者の行動規範―改訂版―」(2013 年) には、この双方の倫理が含まれている。

　従って、日本における人文・社会科学の倫理は、科学全般の普遍的な倫理を共有していくとともに、価値・実践倫理を追求するという二重の課題を背負っているのである。

(2) 学問分野のボーダーレス化と倫理

　現在の人文・社会科学分野の倫理が、他の分野と同様、過渡期にあることは明らかである。過渡期にあるということは、人文・社会科学分野の研究自体が変動しており、それに伴って倫理も変動しているということである。人文・社会科学は、個体としての人間、人間によって組織される社会、人間が生み出す文化という対象世界の三層の構造に関わるものだが、もともと、人文・社会科学が自然科学とは異なるという認識に根拠がないわけではない。なぜなら、現象の因果関係を明らかにして法則化を目指す自然科学に対し、人文・社会科学は、因果関係の解明を目指すことが共通の存立基盤になっているわけではない。今日の研究不正の多くは生命科学や医学の分野で生じ、再現性の有無が争点だが、シニカルに言えば、人文・社会科学の中には、再現しようもないことに取り組んでいる領域もあるのである(もちろん、だから価値がないということではない)。人文・社会科学で「盗用」が多いのもこうした性格に由来すると思われる。

　しかし、この区分はボーダーレスであり、自然科学と人文・社会科学は相互に侵食し合うものである。考古学では、1950 年代後半から放射性炭素年代測定が行われ、放射化学を踏まえた研究になっている。建築学は、工学と美術双方から成り立っている。また、人文・社会・自然の 3 区分でカテゴ

ライズできない研究分野もすでに生まれて久しい。行動科学は、医療、教育、産業、福祉、障害を有する個人への諸サービス、さらには行政などにもその対象領域とするもので、心理学や精神医学も包括する。倫理綱領制定は1987年と人文・社会科学分野では際立って早い（日本行動分析学会HP[13]）。認知科学は、心理学、人工知能、言語学、脳神経科学、哲学、社会学を統合した学問であり（日本認知科学会HP[14]）、1970年代から発展し、経済学の一分野として確立した金融工学は、金融経済学、経営財務論、ファイナンス理論を土台に工学的アプローチを取る。

　一般的には、科学は細分化し、相互の関連が切り離されていく自立運動をするが、同時に成果が相互に侵食しあい、ボーダーレスな部分も発生する。このことは、人文・社会科学の中に、医学などの分野で先行して発展してきた倫理が転移していくことを示す。「社会科学特殊説」は、すべてが解消されるとは言えないが、長期的には普遍的な倫理が浸透するプロセスにあるといってよいだろう。

(3) 見落とされている人文・社会科学の研究倫理──学者の実践的責任

　人を対象とする研究の倫理が、分野の壁を超えて普遍性を獲得していくとして、人文・社会科学の研究倫理はそれだけがイシューであろうか。より深刻な問題は、人文・社会科学者が、その専門的知見をもとに、メディアで発信したり、政府の政策決定に審議会の委員等で参加したりすることがよく見られるが、そこでの発言や行為は、学問研究の誠実性と利益相反関係を生じさせることの自覚に乏しいことである。東日本大震災による原子力事故は、「原子力村」と揶揄されるような、政・官・産・学の癒着関係を顕在化させた。サリドマイド（1958年）、スモン（1955年）、コラルジル（1965年）、ソリブジン（1993年）、薬害エイズ（1983年）など各種の薬害には、製薬会社と癒着した研究者集団、学会の構造があった（浜1996）。それゆえに、この分野では認識のための倫理と共に、価値・実践倫理の確立が求められる。

　人文・社会科学の分野は別で特殊なのだろうか。人文・社会科学者も経済・社会福祉・労働・教育など様々な政策決定に、審議会を通してかかわってい

る。その言動が、学術的な根拠をもって誠実なものでなく、官庁の意向を忖度して追認し、自己の権力欲を誇示するためのものであったら、社会は大きな損失を被る。この点は、医学・薬学・工学と同様なはずだが、学者個人としての責任も甘い。

　例えば、1998 年の教育課程審議会答申を受けて、いわゆる「ゆとり教育」をめざし、学習時間を削減した指導要領が 2002 年から実施された。これに対しては、算数・数学・理科の時間削減を遺憾とする応用物理学会・日本応用数理学会・日本化学会・日本化学会化学教育協議会・日本数学会・日本数学教育学会・日本物理学会・日本物理教育学会 (1999 年) の見解など批判が噴出し、2005 年、学習指導要領の再改訂が諮問された。では、この間に、1998 年教育課程審議会答申に関与した専門家の識見が問われたことがあっただろうか。問われる必要のない識見なら、専門家として参加する必要もないだろう。

　筆者の属する高等教育の分野でも最近興味深い出来事があった。ある学会大会で文科省の関係者も参加した大学入試制度改革をめぐるシンポジウムがあった。フロアから、現在の大学入試が考える力を測定しないという結論は、どのようなエビデンスに基づいているのか、という質問があった際、シンポに参加していた中教審委員の学会員が続けて、なぜ文科省は審議会にデータを出さなかったのかと質問した。これに対し、審議会に呼ばれた大学入試関係の専門家は、そうしたデータは提出したが、審議の場には出なかったのだろうと補足し、出席した文科省の関係者は、審議会の場で出たデータの範囲で議論し、そこにいた専門家も議論して結論に至ったのだと簡略かつ冷ややかに説明した。

　淡々としたやり取りで、上の説明だけでは読者に、何が問題か伝わらないかもしれない。会場にいた参加者も何が問題なのか理解できなかったかもしれない。筆者の理解は、高等教育の専門家として審議に参加しながら、省庁のデータがないと議論できない実態があるということである。企業や官庁のデータがないから議論できないという専門家は存在しない。自説を展開できるだけのデータを持ち、主張できてこその専門家である[15]。アメリカ社会学会倫理綱領 (American Sociological Association, 1997, Code of Ethics)[16] は、「一般原則」

の最初に、「原則A　専門的能力」を掲げ、「社会学者は自己の仕事において、最も高い水準の能力を維持するように努め、自分の専門技術の限界を認識しなければならない」と述べている。研究者として現実に関わろうとすれば、努力し、自分と属する分野の到達点の限界を知らなければならない。政策決定には専門家の知見が欠かせないのが現代社会であり、世界各国での共通現象である。しかし、日本の見る限り、社会科学分野の研究者と政策・政治決定への参加との関係についての研究はほとんどなく、学会でもその倫理が問われる場面はほとんどない。社会科学はどのように政策に関わるべきか、同様に、政党や労働団体・運動体とどのような関係を持つべきか、人文・社会科学における研究倫理が問われなければならない。

注

1　本章は、「人文社会科学研究の研究倫理」『高等教育ライブラリ11　責任ある研究のための発表倫理を考える』(東北大学出版会、2017年、東北大学高度教養教育・学生支援機構編、65-84)に一部修正を加え、収録した。

2　これは日本に限った話ではない。CGS (2008)は、統合的なRCR教育を進める上での課題として、「研究倫理は実験室での領域と見られることが多く、社会科学、人文学、専門職大学院の教員は問題を感じていない」(p.13)と指摘している。

3　筆者は、科学研究費による「知識基盤社会におけるアカデミック・インテグリティ保証に関する国際比較研究」(基盤研究B、2011-2013)を行い、その成果を、東北大学高度教養教育・学生支援機構 (2015)として出版した。また、2012年から東北大学の研究倫理関係業務に参加し、2014年からは研究倫理担当の総長特別補佐となり、2013年には、『科学の健全な発展のために－誠実な科学者の心得－』(丸善出版、2015年)の編集・執筆に参加し、現在は、公正研究推進協会 (APRIN)の理事も務めている。本章は、これらの活動のほか、所属学会での紀要編集委員長などの経験に基づくものである。

4　「文部科学省の予算の配分又は措置により行われる研究活動において特定不正行為が認定された事案(一覧)」(http://www.mext.go.jp/ amenu/jinzai/fusei/ 1360839. htm. 2017.1.8 アクセス)

5　http://philosophy-pan.org/bulletin/%e5%bf%9c%e5%8b%9f%e8%ab% 96%e6%96%87%e5%85%ac%e5%8b%9f%e8%a6%81%e9%a0%98/(2017.1.8 アクセス).

6　http://philosophy-japan.org/ja/356/(2017.1.8 アクセス)。

7　http://www.gakkai.ne.jp/jss/bulletin/index2.php(2017.1.8 アクセス)

8　同書は、応用倫理学、哲学、科学哲学、文化人類学、社会学、心理学、政治

学、経済学、新聞学、 法学の研究者によって共同執筆され、研究者を目指す学生、研究者及び研究支援職を対象にしたテキストを意図している。人文・社会学研究を包括するものとして注目できるが、いくつかの課題もある。① FFP を「『研究不正行為 (research misconduct)』または『特定不正行為』と呼ぶことがある」(p.4) と述べているが、「特定不正行為」という概念は、不正行為を FFP のみに限定しないために 2014 年ガイドラインにおいて登場するもので、両者は異なる概念である。また、このような定義が国際的に成立しているものではない。②研究費の不正使用を研究不正に加えているが (p.5)、真実へのごまかしとしての研究不正には含まないのが国際的にも共通理解である。③「意図的に特定不正行為を行う研究者はおそらくはそれほど多くはない」(p.6) と述べるが、不正行為には単純な誤り (honest error) は含まず、故意若しくは研究者として基本的な注意義務を怠ったことによる誤りを意味するので、論理的に矛盾している。p.116 の記述とも矛盾する。

9　「人文・社会科学のための研究倫理シンポジウム　研究公正と研究倫理を問い直す―理念・制度・教育―」(2015 年 10 月 10 日)。

10　Code of Federal Regulations 45 CFR 46 (Title 45 Public welfare Department of Health and Human Service, part 46 Protection of Human Subject) は 14 ページにもおよぶ膨大・詳細なものである。

11　たとえば、学生相談業務の場合には、日本学生相談学会「学生相談ガイドライン」(2013 年 3 月) を制定しているが、学生相談を行う上での諸原則であり、研究は含まれていない。「日本心理臨床学会倫理綱領」(2016 年 3 月 27 日改正)、「日本教育心理学会倫理綱領」(2000 年 6 月 18 日施行) は、人権の尊重やインフォームド・コンセントについて定めるが、抽象的で個々の研究者の裁量が大きい。「日本心理臨床学会倫理綱領」第 5 条 第 2 項は「会員は、その研究が臨床業務の遂行に支障を来さないように留意し、対象者又は関係者に可能な限りその目的を告げて、同意を得た上で行わなければならない」と定めているが、「人を対象とする医学系研究に関する倫理指針」は、インフォームド・コンセントを「当該研究の目的及び意義並びに方法、研究対象者に生じる負担、予測される結果 (リスク及び利益を含む。) 等について十分な説明を受け、それらを理解した上で自由意思に基づいて研究者等又は既存試料・情報の提供を行う者に対し与える、当該研究 (試料・情報の取扱いを含む。) を実施又は継続されることに関する同意をいう」(第 2　用語の定義 (16)) と述べているのに比べると、目的だけを (筆者注：リスクは述べなくともよい！) 関係者に (筆者注：関係者が定義されていない) 可能な限り (筆者注：何が可能なのか？研究者の力量か？時間か？) 説明すればよいことになっている。

12　経済学が物理学の影響を受け、「科学」の体裁をとってきたことについては、荒川 (1999) 参照。

13 http://www.j-aba.jp/aboutus/index.html. (2017.1.8 アクセス).

14 http://www.jcss.gr.jp. (2017.1.8 アクセス)。

15　例えば、神戸大学教授石橋克彦氏は、地震学の専門家であり、原子力安全委
　　員会耐震指針検討分科会委員として原発の耐震設計審査基準の改訂に参加した
　　が改訂案を不満とし、辞任した。審査基準では、東日本大震災による原子炉事
　　故を防げなかった。専門家の見識とはこういう形でも現れる。

16　http://www.asanet.org/sites/default/files/code_of_ethics.pdf.(2017.1.9 アクセス)。

参考文献

Council of Graduate Schools, 2008, *Best Practices in Graduate Education for the Responsible Conduct of Research.*

Michael L. Grieneisen, Minghua Zhang , 2012, "A Comprehensive Survey of Retracted Articles from the Scholarly Literature" *PLoS ONE* 7(10). (http://journals.plos.org/plosone/article?id=10.1371/journal.pone.0044118. アクセス 2017.1.3)

Nagy, F. Thomas, 2005, *Ethics in Plain English: An Illustrative Casebook for Psychologists (2nd)*, American Psychological Association. (=2007. 『APA 倫理基準による心理と倫理関係事例集』創元社)

荒川章義、1999、『思想史のなかの近代経済学―その思想的・形式的基盤』中央公論社。

浜六郎、1996、『薬害はなぜなくならないか　薬の安全のために』日本評論社。

長谷川公一、2010、「社会調査と倫理―日本社会学会の対応と今後の課題」『先端社会研究』6。

長谷川公一、2014、「研究倫理のローカル性と普遍性」『社会学研究』93 (東北社会学研究会)。

眞嶋俊造・奥田太郎・河野哲也、2015、『人文・社会科学のための研究倫理ガイドブック』慶應義塾大学出版会。

松澤孝明、2013、「わが国における研究不正公開情報に基づくマクロ分析 (1)」『情報管理』56-3。

正村俊之、2014、「巻頭言　古くて新しいテーマ」『社会学研究』93 (東北社会学研究会)。

応用物理学会ほか、1999、「新教育課程に対する数学・物理・化学系諸学会の見解」。

桜井厚、2003、「社会調査の困難 ―問題の所在をめぐって」『社会学評論』53 (4)。

田代志門、2014、「社会調査の『利益』とは何か―山口一男の問題提起をめぐって―」『社会学研究』93 (東北社会学研究会)。

東北大学高度教養教育・学生支援機構 (2015)『研究倫理の確立を目指して：国際動向と日本の課題 (高等教育ライブラリ 9)』東北大学出版会。

山口一男、2003、「米国より見た社会調査の困難」『社会学研究』93 (東北社会学研究会)。

第2部

研究倫理マネジメントの手引き

このブックレットの狙い

2000 年代に多発した研究不正事件への対応として、文部科学大臣決定「研究活動における不正行為への対応等に関するガイドライン」(2014 年 8 月 26 日、以下「2014 ガイドライン」と呼ぶ) が出され、それから 3 年半を経て、各大学では、研究倫理規範をはじめとし、研究倫理に関する規程や不正への対応ガイドラインを策定し、体制の整備に努めています。

しかし、研究倫理マネジメントは、日本の大学においては、つい最近脚光を浴びた領域であり、大学や学部・研究科・研究所での研究倫理マネジメントを担当する方は、試行錯誤の連続であり、大変な苦労と負担があります。研究倫理に関する図書・資料は近年多数出版されるようになりましたが、機関で制度設計や運用を行うには、理論的過ぎたり、特定の研究分野の倫理だけだったりして、複数の分野の研究者の集合体である大学の研究倫理を扱うには、足りない部分があります。

このブックレットは、主に大学で研究不正防止や研究倫理マネジメントに関わる人たち——研究担当理事や副学長、関連部署の職員、リーダーとなって進める教職員の方々を読者に想定して執筆しています。背景を理解してもらうために、多少長くなりますが、私自身の研究倫理への取り組みについて紹介します。

私が研究倫理の問題に取り組んだのは、2011 年ごろからで、科学研究費による共同研究「知識基盤社会におけるアカデミック・インテグリティ保証に関する国際比較研究」(2011-2013 年度)が最初です。この研究を始めた理由は、2007 年 4 月に東北大学に着任してから、大学教員の能力開発の研究や、いわゆる FD 活動を始めたことにあります。まず、大学教員の能力開発の現状を把握するために、規模の大きな大学教員調査を実施しました[1]。その時に、大学教員にとって研究倫理が重要なのに、研究でも実践でも取り上げられて

おらず、当の教員も重視していないことに問題を感じました。当時並行して進めていた高等教育の市場化研究が一段落した時点で、次のテーマを研究倫理に定め、科研費を取得して行ったのが、先の研究プロジェクトでした。

　そもそも、研究者なら研究倫理を問われる場面に遭遇しないはずはありません。私も、ある学会の紀要編集委員長をしていた時に、二重投稿が疑われるケースを扱うことがありました。幸いにも二重投稿ではなかったのですが、定義を明確にするために、投稿規程について学会理事会で議論した際、同じ分野のはずなのに、あまりの認識の違いに驚いたことがあります。結局、二重投稿に関する規程を作ることになり、国内学会の動向も調べた上で起案し、続けて倫理規程の作成にも加わりました。科研費の研究を始める前にも、研究倫理をテーマにしたセミナーを、教育関係共同利用拠点「国際連携を活用した大学教育力開発の支援拠点」（2010〜2014年度）の事業としていくつか開催してきました。

　研究プロジェクトの成果は、『高等教育ライブラリ9　研究倫理の確立を目指して―国際動向と日本の課題―』（東北大学出版会、2015年）にまとめることができ、その後、『高等教育ライブラリ11　責任ある研究のための発表倫理を考える』（東北大学出版会、2017年）の企画と執筆にも参加しました。日本学術振興会にインタビューに行ったことなどもあり、日本全体の研究倫理に関するテキストとして企画された『科学の健全な発展のために―誠実な科学者の心得―』（日本学術振興会「科学の健全な発展のために」編集委員会、丸善出版、2015年）の編集と執筆にも参加しました。

　研究を始めた結果、研究倫理に関する知見があると思われ、2012年から、東北大学の論文投稿に関わる研究者倫理の検討委員会委員に任命され、東北大学における研究者の行動規範グループ座長として、東北大学の規範制定に関わりました。この時は、ヨーロッパやアメリカの研究倫理に関する動向を調べていた経験や、学会で倫理規程が生き、国内大学や学会の倫理規範も分析して、自分なりには良いものができたと思っています。

　少し時間がたち、「2014ガイドライン」が出ると、それに対応した制度づくりが東北大学での課題となり、またしても全学の委員会への参加を求めら

れました。この仕事は、決まったことをやればよいものではなく、モデルがないから、情報収集をはじめとして、探索的な活動になります。所属組織の管理業務もあったため、お断りしたのですが、困り切った担当職員が気の毒で、しかたなく引き受け、2014年9月から3年半にわたり、東北大学の研究倫理マネジメントの一翼を担うことになりました。具体的には、東北大学の公正な研究活動推進委員会副委員長（委員長は研究担当理事）、専門委員会副委員長、総長特別補佐を務め、研究倫理マネジメントは、委員会組織だけは難しいので、教職員がフラットに入る公正な研究活動推進室を設置して初代の室長となり、東北大学の研究倫理体制や各種の指針を作り、部局の関係者と議論をし、セミナーやワークショップを企画・実施するなどして研究倫理マネジメントを進めてきました。

　こうした活動が知られ、また、全国的に講師不足のためか、東北大学の内外で講演を頼まれ、北海道大学、玉川大学、東京大学、東京工業大学、信州大学、福岡女学院大学、山形大学、八戸工業大学、三菱総合研究所、地域科学研究会、文部科学省説明会、日本機械学会、日本社会学会、日本獣医学会、トライボロジー会議などで約30回、学内でも12部局で計21回のセミナー・講義やワークショップを行ってきました。講演で出る質問は、新たに調べなければならない課題でもあり、そのたびに、文献を紐解き、医療倫理の専門家に聞くなどして知識を太らせて、ふと気が付けば、研究倫理の専門家のような扱いを受ける破目に陥っています。

　ところがある日、周りを見回してみると、困っていたはずの職員もいつの間にか別な部署に異動し、全国的な行政の責任を強化するための文部科学省の研究公正推進室長も代替わりしていました。

　研究倫理は、専門分野の異なる研究者相手の仕事ですから、ベテランの研究者でもマネジメントには骨が折れます。いくら異動による昇進が日本的慣行とはいえ、専門性が蓄積されなくては、まともなマネジメントができるはずはありません。また、規模の小さい大学では、担当する職員に頼るよりは、持ち回りで教員が担う方が多いでしょう。その場合でも事情は同じではないでしょうか。日本中の大学が悩みながら進めていることを肌で感じます。

　研究は、学術界だけでなく、社会に影響を及ぼす重要な営みであり、研究倫理とは、研究が責任ある形で行われ、社会に貢献するあり方を示すものです。 研究倫理マネジメントが定着し、各大学で困った教職員の悩みが少しでも軽減されるように（もっとも、まったく悩みが無くなるのは定型業務化された証しであり、これはもっと困ったことです）、狭い経験ですが、まとめておきたいと思ったのが、本書執筆の理由です。本当に本書が役に立つかどうか、自分でも確信はないのですが、後に続く素晴らしいハンドブックのために、捨て石としてお読みください。

注

1　その成果は、『CAHE TOHOKU Report32　研究大学における大学院教育の能力開発の課題』(東北大学高等教育開発推進センター、編著、2010年)、『大学教員の能力―形成から開発へ―』(東北大学出版会、2013年) として出版しています。

第1章　研究倫理を理解する

1　マニュアルかハンドブックか

　マネジメントのためのハンドブックは、マニュアルのようなものが期待されがちです。もちろん、手続きや方法を詳細に記述して、「誰でも研究倫理マネジメントができる」ようになるなら結構なことですが、世の中にマニュアル化して済むようなものがあるでしょうか。マニュアル化されたファストフード店の応対に、不快な思いをした人はいませんか？　原理を理解してこそ応用があります。学術研究のあり方に関わり、高度な専門性が要求される研究倫理マネジメントを担うには、それに相応した専門的識見が必要です。研究倫理に限らず、マネジメント担当者は、まず、自分の仕事の対象について明確な定義とイメージを持たなければなりません。

2　研究倫理の2つの面

　最初に知っておくべきことは、「研究倫理」とは何かです。これには、様々な定義があるようですが、2つのカテゴリーがあることが重要です。アメリカ・コロラド大学の科学技術政策研究センター長カール・ミッチャム編『科学・技術・倫理百科事典』全5巻（科学・技術・倫理百科事典翻訳編集委員会監訳、丸善出版、2012年）[1] は、「研究倫理は、2つのカテゴリーに通常は分類される。1つは，研究の実践に本来的にかかわる問題、もう1つは研究結果の応用や利用で発生する問題である」と述べています (p.675)。

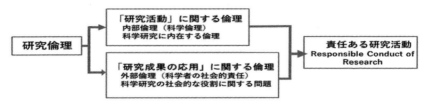

図2-1-1　研究倫理と責任ある研究活動

　研究倫理の2つの側面は、科学の「内部倫理（科学倫理：science ethics）」と「外部倫理（科学者の社会的責任：social responsibility of scientist）」（大庭健・井上達夫・加藤尚武ほか編『現代倫理学辞典』弘文堂、2006年、p.111）という定義や、「科学研究に内在する倫理」と「科学研究の社会的な役割や適応に関する問題」（加藤尚武編集代表『応用倫理学事典』2008年、丸善出版、p.294）という区分でも一致しています（**図2-1-1**）。

　研究活動に関する倫理とは、その成果が社会にどのように使われるまで含むものであり、「外部倫理」の責任を果たすために、「内部倫理」が位置づいている関係にあります。日本学術会議声明「科学者の行動規範」（2006年、2013年に改訂）は、「科学者の基本的責任」に始まり、「利益相反」までの16項目を科学者の行動規範として列挙しています。研究不正を行わないという規範[2]は、第7項目「研究活動」であり、科学者の社会的役割に関する責任を果たすために、研究活動に関する倫理が求められるという構造になっています。

　しかし、研究者は、必ずしもこうしたロジックを飲み込めるものではありません。それには科学研究の成り立ちから来る理由があります。

　もともと、科学研究は価値中立的で、真理の探究であると考えられており、その成果を応用した結果生じる倫理的な問題は、企業や行政など応用した側の責任と考えられていました。科学の応用は医療や技術として現れ、医の倫理や技術者倫理として扱われていました。研究者は、科学の倫理だけに徹すればよかったのです（**図2-1-2**）。

　しかし、科学が実際生活と深く結びつき、その結果が社会に大きな影響を与え、科学研究と技術開発との境界があいまいになる状況では、研究の倫理

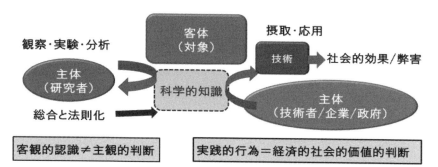

図 2-1-2　科学倫理と技術倫理

も広くとらえられるようになりました。これは、自然科学だけではなく、政府の政策に影響を与える経済学、社会学や教育学、市民の世界観や価値観に影響を与える歴史学など人文・社会科学でも同様です。

　研究倫理に基づく研究実践を、アメリカでは、「責任ある研究活動」(responsible conduct of research: RCR) といい、ヨーロッパでは、「優れた科学的実践」(good scientific practice: GSP) と呼んでいます。

3　「責任ある研究活動」とは何か

(1)「責任ある研究活動」の内容

　この定義が示すように、「研究倫理」は、「研究不正をしないこと」と同義ではなく、不正をしないという消極的なものではありません。研究倫理は、「責任ある研究活動」(RCR) を進めることが重要で、それに逸脱する「疑わしい行動 (Questionable Research Practices: QRPs)」(また、「不適切な行動」とも言われます) を抑制し、さらに悪質な「不正行為 (Misconduct of Research)」が起きないようにすることが、世界的に強調されてきたことが大事です。アメリカ研究公正局 (Office of Research Integrity: ORI) の中心メンバーであるニコラス・H. ステネックの『ORI 研究倫理入門』[3] (丸善出版、山崎茂明訳、2005 年) は、「責任ある研究活動」を、「正直さ、正確さ、効率性、客観性を保持して行われる研究活動」(p.154) と説明しています。

『科学・技術・倫理百科事典』は、ORI は「責任ある研究活動」の指導領域を9つに定めているとしています (pp.676-677)。概略を次に示します。

①データ収集及び管理、共有、所有権

　＊個人情報保護、患者情報の守秘義務、知的財産問題、著作権法が含まれる。

②関心と義務の対立

　＊経済的利害関係、他の構成員への義務、個人的及び専門的な関係などが含まれる。

③人間被験者

　＊ヒト研究被験者の倫理的待遇、インフォームド・コンセント (同意)、研究の潜在的利益最大化と危険の最小化、集団を超えての研究の利益と責任の均等配分などが含まれる。

④動物の福祉

　＊実験動物の福祉、動物の使用と細胞組織あるいは細胞培養、コンピュータ・モデルとの置換、つねに系統発生的規模でより下等な動物との置換、苦痛とストレスを低減・除去する研究技術の洗練

⑤研究不正行為

　＊研究不正は捏造・偽造・盗用及び科学的な不正行為で、間違いとは区別され、容認された実践からの深刻な逸脱を含む。内部告発者の保護は重要な要素。

⑥出版実践と責任あるオーサーシップ

　＊出版の目的、適切な引用方法やオーサーシップの基準、多重投稿、重複出版、分割出版及び出版への圧力、功績の配分、共著者の順序によるオーサーシップの責任

⑦メンターと訓練生の責任

　＊双方の責任、共同作業と競争・対立の可能性と潜在的な課題

⑧ピア・レビュー

　＊競争と公平性、機密性に関連し、編集・査読委員会の構造と機能、特別な査読過程。

責任ある研究活動 RCR Responsible Conduct of Research	疑わしい行動　QRP Questionable Research Practice	不正行為 Misconduct of Research
○正直さ，正確さ，効率性，客観性を保持して行われる研究活動（『ORI研究倫理入門』p.154） ○研究者のプロフェッショナルとしての責任をまっとうするやり方で研究を遂行することにほかならない。 (Steneck.2006.Science and Engineering Ethics, 12, 53.)	○虚偽陳述，不正確，偏向など研究者が日常的に直面し，しばしば発生する行為 (Steneck.2006.Science and Engineering Ethics, 12, 53.)	○科学的研究の目的，計画，遂行，成果にかかわるすべての過程において，科学者の行為を律する公式・非公式の規範からの逸脱（日本学術会議.2003.「科学における不正行為とその防止について」） ○捏造 (Fabrication) 　改竄 (Falsification) 　盗用 (Plagiarism) (NSF)

図 2-1-3　責任ある研究活動／疑わしい行動／不正行為

⑨共同研究

＊オーサーシップアデータ共有のような共通の実践に関する暗黙の
了解から明文化。

　以上の事項を見ても明らかなように、「責任ある研究活動」の指導領域は、
研究活動そのものです。ただし、「社会に対する責任」の領域が弱いことも
見て取れます。日本の研究倫理教育のスタンダードを意識して編集された『科
学の健全な発展のために―誠実な科学者の心得―』(日本学術振興会「科学の健
全な発展のために」編集委員会、丸善出版、2015 年) も、「研究計画を立てる」、「研
究を進める」、「研究成果を発表する」という章構成になっており、研究活動
のあらゆる段階で、責任ある研究活動が求められていることがわかります。
　特に、近年は、「再現性」や「統計的検定における有意水準」など、研究
方法そのものを深化させ、「疑わしい研究実践(questionable research practices:
QRPs)」を問題にしつつあります。「責任ある研究活動」の実践は、研究者の
研究そのものといってよいでしょう。

(2) 研究者の責任とは何か

　ところで、この定義は、研究活動のあるべき要件を示していますが、「責任」
とは、誰に対する何の責任でしょうか。そのことをはっきりさせるには、研
究活動の変化を視野に入れておく必要があります。

　現在の研究活動は、大学や研究機関だけの資金ではなく、企業や官庁・自治体・財団など外部資金によることが多くなりました。これらの研究は、研究者の知的好奇心や学問世界の必要性だけではなく、新たな技術の開発や商品化をめざす活動の一部になりました。前者の研究のタイプは〈好奇心駆動型〉、後者は〈使命達成型〉と呼ばれることがあります[4]。

　その結果、研究者は、かつてのように、新たな知の発見を行う学問的責任だけでなく、資金提供者の期待に応えた成果を出す責任を持つようになりました。これは、アカウンタビリティ（応答責任）と呼ばれ、企業との共同研究や委託研究の場合、契約書の形で明文化されることもあります。

　一方、科学研究そのものは、人類に共通の知を生み出すという意味で公共的なものでもあり、特に、大学における研究活動それ自体は、設置形態にかかわらず公共性を持つものであり、倫理的意味も含むレスポンシビリティとしての責任があります。「責任ある研究活動」の「責任」は、「アカウンタビリティとしての責任」よりも広く、知の真実性や社会に対する本質的なものであり、財源提供者に対する責任とは別なもので、「レスポンシビリティとしての責任」というべきです。私は、かつて「アカウンタビリティは取らされる責任」であり、「レスポンシビリティは取る責任」と書いたことがあります。

　科学研究の責任を考える上で、技術における責任論が参考になります。技術は、科学以上に社会に対する影響が大きく、責任が問われます。技術に関する学会は、20世紀になって、技術者倫理を規定するようになりますが、1912年の米国機械学会など初期の規定は、依頼主・雇用主に対する業務への義務と責任が中心でした。それが変化したのが、1970年代であり、フォード・ピント事件でした。フォードは、競争の激しいコンパクトカー市場に、新車ピントを開発し、1970年に販売を開始しました。しかし、まもなく、エンストによる死亡事故が起き、その原因は、バンパーの強度不足などで、開発した社員は欠陥を知っていたことがわかりました。1974年、技術者専門評議会（Engineers' Council for Professional Development）は、雇用主ではなく、公衆の利益を優先する倫理規定（1974年）を定め、今日では、技術者の責任は社会に対してであることが共通理解になりつつあります[5]。

　科学研究の場合も同様に、「責任ある研究活動」の根本にある考え方は、資金提供者ではなく、社会全体に対してのもので、「科学・学術研究の社会的責任」と言ってよいでしょう。そこで、「責任ある研究活動」とは、プロフェッショナルな研究者として、「正直さ、正確さ、効率性、客観性を保持して行われる研究活動」というだけでなく、「科学・学術研究の社会的責任」を果たす研究活動である、と定義することができます。

(3) 利益相反──アカウンタビリティとレスポンシビリティの葛藤
①利益相反の定義

　この責任を果たす上で視野に収めなければいけないのは、利益相反という問題です。現代の大学と研究者は、所属する機関からの研究費や科学研究費などの公的資金による研究だけでなく、企業・官庁からの資金による委託研究や共同研究を行うことが当たり前になっています。また、企業の役員や研究員を兼ねて活動したり、政府の審議会委員として公共政策に関与したりすることもあります。研究者は国公私立大学・研究機関のいずれに属するにせよ、研究を通じた知の発見・創造を通じて社会に貢献する使命を持っていますし、大学も設置形態にかかわらず公共的な性格を持つものです。しかし、特定の企業や利益集団のための研究活動と、研究の公共的性格との対立や葛藤が生じかねません。こうした状態が、「利益相反」です。厚生労働省「厚生労働科学研究における利益相反（Conflict of Interest: COI）の管理に関する指針」（2017 年 2 月 23 日 一部改正）は、利益相反を、「外部との経済的な利益関係等によって、公的研究で必要とされる公正かつ適正な判断が損なわれる、又は損なわれるのではないかと第三者から懸念が表明されかねない事態をいう。公正かつ適正な判断が妨げられた状態としては、データの改ざん、特定企業の優遇、研究を中止すべきであるのに継続する等の状態が考えられる」と定義しています。

　また、「広義の利益相反」は、「狭義の利益相反」と「責務相反」の双方を含み、「狭義の利益相反」は、「個人としての利益相反」と「組織としての利益相反」の双方を含み、「責務相反」とは、「兼業活動により複数の職務遂行責任が存

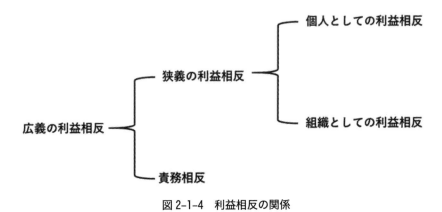

図2-1-4　利益相反の関係

在することにより、本務における判断が損なわれたり、本務を怠った状態になっている、又はそのような状態にあると第三者から懸念が表明されかねない事態」を指すとしています。

　日本では、2011年から2014年にかけて発覚したノバルティス・ディオバン事件が、医薬品業界における利益相反関係の深刻さを示すものとして知られています[6]。スイスに本社を置く世界有数の製薬会社ノバルティス社は、開発した降圧剤ディオバンの臨床研究を、東京慈恵会医科大学、千葉大学、名古屋大学、滋賀医科大学、京都府立医科大学の循環器内科に委託しました。臨床研究の成果は優れた薬効があるとして、論文が2006年から著名なLancetに掲載されはじめました。

　しかし、2011年から臨床研究適正評価機構理事長桑島巌氏が、二重盲検法によらない臨床研究が行われていると批判したのをはじめ、データの改ざんが疑われました。各大学が調査委員会を設置した結果、2013年には、データの捏造や誘導が行われていたことが明らかになりました。さらに、厚生労働省が設置した検討委員会による調査も行われ、臨床研究にはノバルティス社の社員が大阪市立大学の非常勤講師の身分を得て、すべての研究に参加し、大学はノバルティス社から奨学寄付金を得ていたことがわかりました。大阪市立大学だけでなく、5大学に総計11億3290万円の寄付が行われていたのです。これでは厳格にテストし、効果がないと分かればその結果も発表する

ことなどできるはずはありません。

　社会科学での利益相反の事例を紹介しましょう。2018 年 12 月に、厚生労働省が行っていた毎月勤労統計のデータ操作が問題になりました。同調査は全数調査が定められていましたが、2004 年度から東京都については理由なく抽出調査に変更し、平均賃金が低く算出され、その結果、雇用保険などで 600 億円が過少に支払われる結果となっていました。2018 年から全数調査に改めたのですが、2017 年以前のデータを修正しなかったため、賃金が上昇したような統計となり、発覚したときには、経済政策が成功していると見せかけるために、調査方法の変更を公表せず、補正もしなかったのではないかと疑われました。この時、厚生労働省が設置した特別監察委員会報告書は、不正の有無についての調査も行わず、報告書は第三者性がまったくない同省職員が作成していたことがわかりました。委員会の委員長である H 氏は、厚労省所管の独立労働政策研究・研修機構理事長を兼ね、厚労相の諮問機関である労働政策審議会会長などを歴任し、厚生労働行政に深く関与していたのです。この場合、H 氏は、中立的に統計問題を調査する立場になく、責務違反状況にあったと言えます。

　このように、利益相反関係の下で、学問世界への責任（レスポンシビリティ）と資金提供者への責任（アカウンタビリティ）とは入り混じり、場合によっては対立することもあります。利益相反がもたらす歪みについて多くの研究があります。宮田由紀夫『アメリカの産学連携と学問的誠実性』(玉川大学出版部、2013 年、pp.103-139) は、アメリカの産学連携が臨床試験の結果に影響をもたらし、精神医学の場合、企業から資金提供を受けた研究の 82% が薬剤は有効と報告していますが、提供を受けていない場合、有効とする報告は 76% であるという事例などを詳細に報告しています。利益相反関係は、データを歪めたり、都合の良い発表を行ったりするリスクを高めます。科学研究と現実問題が結び付く限り、研究者が利益相反に直面することはまれではありませんし、それどころか、利益相反関係それ自体は悪いことではなく、研究者の力量を示すものだという教授もいます。社会科学分野でも、公共政策の立案のために政府審議会に参画することは、研究を社会のために生かす貴重な

機会です。

　しかし、政策とは集団の利害関係を含めて決定されるものですから、専門的見地から根拠のない政策に関与したり、専門研究者として参画していることが、政策の根拠づけに利用されたりされてはなりません。研究者が社会に対する責任よりも、特定の利益集団や自分自身の利益を重視し、研究を歪めることがあっては本末転倒です。研究者は、利益相反関係に自分を置くべきではなく、現在では、利益相反行為も研究不正にあげる大学も多くなっています。

(4) 科学研究の規範──マートンの CUDOS とザイマンの PLACE

　研究倫理を扱う学問には、応用倫理学や科学社会学などがありますが、ともに科学研究の倫理の定式としてよく参照されるのは、社会学者ロバート・K・マートンの CUDOS と科学技術論のジョン・ザイマンの PLACE という概念です。

　CUDOS とは、マートンが近代科学のエトス、すなわち科学者集団に共通する心的態度と規範として定式化したものです。[7]

・Communality（公有性）　科学の知見は、社会的協働の結果であり、特定の人間の所有ではなく、共同体で共有される。
・Universality（普遍性）　科学の知見は、いつ、どこでも成立する普遍的なもので、個人的・社会的属性に左右されず、人種・国籍・宗教・階級・個人的素質とは無関係である。
・Disinterestedness（無私性）　科学は利害を超越し、科学者は不偏的にその成果を提出する。
・Organized Skepticism（系統的懐疑主義）　科学者は、あらゆることを疑い、経験的・論理的基準に照らして客観的に吟味する。

　マートンが科学エトス論を著したのは、1942 年であり、〈好奇心駆動型〉の伝統的な科学の規範を定式化したと言えます。

　ところで、マートンのエトス論に対して、ザイマンは 1994 年に、個々の研究者が名声を伴うキャリアを追求する枠組みを想定しており、純然たる科学ではなく、研究開発においては、研究者は組織内のキャリアを追求し、企業に貢献する研究成果を生み出すことを目的にし、その規範は、CUDOS では説明できない、と述べました。彼が提案するのは PLACE という頭文字の規範であり、次のような内容でした。

- Proprietary（所有的）科学の知見は、知的財産権として所有され、共有されない。
- Local（局所的）　研究者は普遍的な知識に結びつかない技術的な問題に関与する。
- Authoritarian（権威主義的）　権威は研究者個人ではなく、組織に付与される。
- Commissioned（請負的）　他者から委託される。
- Expert　（特定分野で専門的[8]）　研究者は特定分野での問題を解決する。

　これは、科学の巨大化や〈使命達成型〉に変化した研究の特質を示しています。ところで、マートンの CUDOS に代わって，ザイマンの PLACE が規範としてよいと，当のザイマン自身が言っているわけではないのです。規範には、その社会や集団において成立し、構成員の行動を暗黙のうちに規制する規範（事実としての規範）と、本来望ましくあるべきだと考えられる規範（当為としての規範）との 2 つがあります。

　例えば、研究規範についても、「教授の指導下にある学生の研究成果は、教授が所有するものだ」という「規範」は少なからず研究室で見られます。そこで教授が自分の発見を勝手に使用したと異議申し立てをすれば、その研究室の「規範」にそぐわないとして冷たく扱われるでしょう。

　しかし、研究者として学生を認め、学生といえども生み出した研究成果は、まず学生が栄誉を受けるという「規範」が成立している世界では、教授でもこの行為は研究搾取として非難されます。研究者のエトスが変化したとしても、それが望ましいかどうかは別な問題であり、ザイマン自身も、2 つ

の規範の葛藤を論じており、CUDOS を維持することに重点があります。東京大学大学院理学系研究科教授の菅裕明氏（化学専攻）は、研究活動の実態は PLACE 型であることを実感しつつ、「CUDOS を忘れない PLACE 型化（科）学者になれ！」（『化学と工業』Vol.65-11，November 2012）と激励しています。

(5)「科学・学術研究の社会的責任」を議論する難しさ

　「科学・学術研究の社会的責任」は大切ではありますが、研究倫理マネジメントの中では扱いにくい事柄です。2011 年 6 月に、ヨーロッパ 22 カ国の 31 研究資金機関と科学機関 53 が参加して作成した「研究誠実性のための欧州行動規範」（The European Code of Conduct for Research Integrity、European Science Foundation、All European Academies，March 2011）は、国境を越えた研究倫理規範として、大変優れたものです[9]。この「研究誠実性のための欧州行動規範」も、「知識の増大過程としての科学は、より広い社会的・倫理的文脈に組み込まれており、科学者は、社会と人類の繁栄に対する自身の特別な責任を認識しなければならない」とするものの、「ただし欧州行動規範は研究を実施する際の誠実性の基準に限定されており、上記のより広い社会的・倫理的責任を考察するものではない」（2.1.1 前文、圏点筆者）と限定しています。社会的責任の具体的あり方を定式化することが難しかったことが推測できます。

　難しさの理由は、この責任が、科学や学術研究がどうあるべきかという価値観を含み、時代状況や研究者によって一致するとは限らないからです。一般的に社会的責任があるといっても、その責任の果たし方は多様で、時には具体的な行動が正反対の評価を生みます。例えば、軍事兵器の開発に科学者が加わることは、倫理的に批判されることです。しかし、対立する国が強力な兵器を持っていれば、対抗兵器の開発は、国民を守るための行動として主張され、場合によっては、軍事研究に参加しないことが、非難されるかもしれません。

　社会的責任が、政府や政権政党に対する責任にすり替わり、その責任を果たさないと「非国民」扱いされた時代もありました。「社会的責任を果たせ」という主張は、うっかりすると社会の役に立たないと思われる研究への圧力

になったり、学問の自由を制約し、かえって科学研究の責任を果たせなくなったりするかもしれません。

　けれども、難しいから考えなくともよいということはありません。

　米国科学アカデミー編『科学者をめざす君たちへ　研究者の責任ある行動とは』(第 3 版、池内了訳、化学同人、2010 年)[10] は、「第 13 章　社会のなかの研究者」で、「科学の規範は、科学コミュニティ内部の責任範囲を超えて広がっている。研究者には、自分たちが生み出した業績や知識が広い社会においていかに使われるかを熟考する責任もあるのだ」と述べています。この責任は、1989 年に出版された初版から明記されており、アメリカの学術界において重視されてきたことがわかります。「科学・学術研究の社会的責任」は、研究世界に入りつつある大学院生の時期が重要です。アメリカ大学院協議会 (Council of Graduate Schools) は、全米科学財団の資金援助を受けて大学の協力を得た大学院教育での研究倫理教育プログラム開発を行ってきました。その結論のひとつが、「倫理的合理性の訓練で最も大事なことのひとつは、学生を公共政策の議論に参加させること」[11] と述べています。科学者たちは、自分の研究成果が社会に及ぼす影響を知ることで、研究者世界での競争や業績を超えて、研究活動を行うメンタリティを育成できるというのです。日本全体の共通テキストを目的にした日本学術振興会「科学の健全な発展のために」編集委員会編『科学の健全な発展のために―誠実な科学者の心得―』(丸善出版、2015 年、英語版 For the Sound Development of Science The Attitude of a Conscientious Scientist) が第 1 章で「社会における研究行為の責務」を扱っているのも、同じ発想に立っています。

　大事なことほど難しいものです。実際の研究倫理マネジメントにどう生かすかはともかく、理解しておくことは重要です。次章でその歴史をたどってみます。

注

1　原著は、Carl Mitcham(edit.), 2005, *Encyclopedia of Science, Technology and Ethics*, Macmillan Library Reference. この事典は、20 万円とお高いのですが、使い出があります．大

学図書館にぜひ入れておきましょう．なお、2014 年に、J. Britt Holbrook との共編で、*Ethics, Science, Technology, and Engineering: A Global Resource (Encyclopedia of Science Technology and Ethics)* と改訂版が出たようです。

2　「規範」とは、一般に、「のっとるべき規則、あるいはある物事に対して判断、評価又は行為する場合の拠るべき基準．通常「……すべきである」、「……してはならない」というような形で表現される．その起源や違反に対する強制力の構造などによって、法、道徳、宗教等の諸規範に分類される．法は、一定の行為を命ずる行為（社会）規範であるとともに、一般に、その違反に対し何らかの公的権力を背景とした制裁を定める強制規範である」（法令用語研究会編『有斐閣法律用語辞典』第 4 版、2012 年）と定義され、法令も含みますが、研究者の倫理規範は、道徳的な性格があり、制裁にすぐつながるものではありません。ただし、倫理規範に反する反道徳的行為は、組織の役割・使命に反するものとして、服務規律違反になり、制裁の対象ともなります．この点は、第Ⅱ部第 6 章 2 でも触れます。また、「規範」は英語で code と訳されますが、code は、「1 a 法典、法規集、b 模範法典 c《ある階級・同業者などの》規約、慣例；《社会の》おきて」と定義され、民法典 (civil code) のように使われるので、日本語と翻訳とではニュアンスが違うかもしれません（小山貞夫編著『英米法律辞典』研究社、2011 年）。

3　原著は、Nicholas H. Steneck, 2004, *ORI Introduction to the Responsible Conduct of Research(Revised)*, Claitor's Pub Division. なお、2007 年 8 月に改訂版が公刊されていますが、内容に大きな変化はありません。

4　村上陽一郎『科学・技術と社会　文・理を越える新しい科学・技術論 (ICU 選書)』（光村教育図書、1999 年）、pp.43-46。

5　日本技術士会訳編『第 3 版　科学技術者の倫理　その考え方と事例』（丸善株式会社、2008 年）、p.13。原著は、Charles E.Harris, Jr. Michael S. Pritchard & Michael J. Rabins, 2005, *Engineeering Ethics concepts and cases*, Wadsworth Publishing.

6　ノバルティス・ディオバン事件については、黒木登志夫『研究不正』（中央公論新社、2016 年、pp.86-97）がわかりやすい。公的には、厚生労働省が設置した高血圧症治療薬の臨床研究事案に関する検討委員会報告書「高血圧症治療薬の臨床研究事案を踏まえた対応及び再発防止策について」(2014 年 4 月 11 日)があります。

7　村上陽一郎・前掲書 (pp.39-43) にわかりやすい説明があります。マートンの原著は、Robert K. Merton, 1957, *Social Theory and Social Structure : Toward the Codification of Theory and Research,* The Free Press.(=1961 森東吾ほか訳『社会理論と社会構造』みすず書房、pp.506-513) です。この本は、翻訳書で 600 ページ近い大著なので読むのにおじけづきますが、内容は構造的であっても独立した論文集のようにテーマが分かれており、「科学のエトス」の節は、さほど難解ではありません。ザイマンの原著は、John Ziman, 1994, *Prometheus Bound: Science in a Dynamic Steady State*, Cambridge University Press. (= 1995、村上陽一郎・川﨑勝・三宅苞訳『縛られたプロメテウス

動的状態における科学』シュプリンガー・フェアラーク東京）です。

8　Expert は、「専門的」と訳されることがほとんどですが、日本語の「専門的」という用語には、特定の分野に特化したというニュアンスが弱く、単に高度な知識・技能を意味するように使われています。それでは特定の分野という限定（言い換えれば全体性がない）が伝わらないように思います。日本語では、しばしば Specialist と Profession が混同されていますので。そこで、言わずもがなではありますが、「特定分野で専門的」として訳してみました。

9　東北大学高度教養教育・学生支援機構編『高等教育ライブラリ 9　研究倫理の確立を目指して―国際動向と日本の課題―』東北大学出版会、2015 年、pp.25-30 に概要の訳があります。本文は英文 31 ページに上る大部なものですが、その全訳は、『資料集　東北大学における責任ある研究活動の推進のために　Version No.1』（東北大学公正な研究活動推進室監修、平成 28 年 11 月発行）に収録されているほか、科学技術社会論学会『科学技術社会論研究 No.14　研究公正と RRI』（2017 年 11 月、玉川大学出版部）に収録されています。なお、「研究誠実性のための欧州行動規範」は 2017 年に全面改訂され、研究倫理の訓練に重点を置いたものになりました。訳は本書第 1 部第 2 章資料 6 を参照のこと。

10　原著 Committee on Science, Engineering, and Public Policy, National Academy of Sciences, National Academy of Engineering and Institute of Medicine, 2009, *On Being a Scientist: A Guide to Responsible Conduct in Research: 3rd edition*. HP（http://biblioteca.ucv.cl/site/colecciones/manuales_u/12192.pdf）からダウンロードできます。

11　Council of Graduate Schools, 2006, *Graduate Education for the Responsible Conduct of Research*, p.29.

第2章　科学研究の社会的責任という倫理

1　科学技術の社会的責任の歴史

(1) 科学技術の軍事的利用の悲劇

　科学の発展は、プラスだけではありません。科学が軍事技術に利用されると、大きな惨禍を引き起こすようになりました。第一次世界大戦では、航空機や戦車など科学技術による高度な殺傷兵器が登場し、ドイツの化学者フリッツ・ハーバーが、ホスゲンやマスタードガスなどの毒ガス発明を進め、科学が軍事に利用された時の危険性が明らかになりました[1]。しかし、これはハーバー個人の問題であり、研究者の責任そのものまで論じられてはいませんでした。それは、近代の科学観にも関連があります。

　前章で述べたように、近代科学は、主観を排除し、客観的に対象の構造や変化の法則、因果関係を明らかにすることを目的にするもので、研究者や研究者の属する社会の価値観に関わりなく成立します。これを価値から切り離されたという意味で「価値自由」と言います。研究者が生み出した知的成果が悪用され、人権侵害や生命を損なうことがあっても、それは悪用した人間の責任であり、研究者の責任とは考えられていなかったのです。

　しかし、戦争による大量破壊兵器の出現や、科学技術の発展が生物の絶滅、環境汚染などに直面し、研究者の生み出す知的成果が、人類の福祉や社会の発展につながるとは限らず、人命や健康にかかわる重大な問題を引き起こしかねず、こうした問題を回避するのは、政治家や政府の責任でもありますが、研究者自身の責任でもあり、研究者の倫理でもあるという考えが第二次世界大戦後に広がります。

(2) 科学者たちは責任を自問する

　第二次世界大戦終了後まもない 1946 年 7 月、ヨーロッパの科学者が中心になって世界科学者連盟(World Federation of Scientific Workers、会長はジョリオ・キュリー)が創設され、1948 年の第 1 回総会で「科学者憲章」[2] を採択しました。憲章は、「科学者は科学知識の無視又は濫用が社会に有害な結果をもたらす場面を指摘する責任を持っている。それと同時に、社会自身は科学によって提供された諸可能性を評価し、また利用する能力と進んでそうする意思とを持たなければならぬ」(前文)と述べ、科学者の責任として、科学研究の健全性の保持、科学的知識の抑圧や歪曲への抵抗、自分の分野の科学が経済的・社会的・政治的諸問題に対して持っている意義を研究することなどを定めています。

　科学が大量破壊の手段となることに反対する(不作為の倫理)というだけでなく、積極的に科学の果たすべき役割(作為の倫理)を探求することを科学者の責任としているのです。

　1949 年、国際学術連合会議(International Council of Scientific Unions: ICSU)[3] が、「科学者憲章」を採択しました。

　こうした責任論の背景には、核兵器の出現があります。アインシュタインがルーズベルト大統領に書簡を送り、ナチスに先駆けて原爆開発を行うことを勧め、マンハッタン計画がスタートしたことは、よく知られています。マンハッタン計画のリーダー、オッペンハイマーは、ヒロシマ・ナガサキに落とした原爆の威力を知り、「科学者は罪を知った」と後悔します[4]。アインシュタインは、科学者が核兵器の廃止と平和的手段による解決に取り組むべき責任があることを主張して平和運動を進め、核戦争の防止と科学者の責任を訴える「ラッセル＝アインシュタイン宣言」(1955 年)を公表しました。

　科学の悪用に対する、政治家ではなく科学者の責任の自覚は、原爆投下後に生まれたものではなく、第二次世界大戦中の、ヨーロッパの核物理学者たちにも生まれていました。ナチス・ドイツの侵略が進む中で、ニールス・ボーアら原子物理学者は、核分裂による巨大なエネルギー放出の可能性に気づき、

第1回パグウォッシュ会議（1957年）に集まった世界の科学者たち[5]

日本パグウォッシュ会議HPより（http://www.pugwashjapan.jp/）

　こうした情報をおさえたり、ドイツにいる研究者を亡命させたりして原爆開発を止めようと様々な行動をとります[6]。「ラッセル＝アインシュタイン宣言」の思想は、国際的な物理学研究者ネットワークに共通のものであり、戦後になってアインシュタインたちが突然始めたものではありません。

　この宣言は、科学者世界に影響を与え、1957年には、カナダのパグウォッシュに各国を代表する科学者が集まり、核兵器の廃止や科学者の責任について議論しました。パグウォッシュ会議の後、日本では、湯川秀樹、朝永振一郎、坂田昌一の3氏が中心になり、科学者京都会議（1962年）を開催しました。科学者京都会議の声明は、科学が人間社会に果たした役割を評価した上で、「科学にもとづいて技術的に実現し得ることのすべてが、人間にとって、また人類全体にとって望ましいものとはいえません。科学の発見した真理を、人類の福利と平和にのみ役立てるためには、科学者を含むすべての人が、科学の成果の誤用、悪用を防ぐことに不断の努力を続けなければならないのであります」と述べ、核兵器開発に限らない科学者の責任を明確にしました。

(3) 科学技術の社会的責任を問う国際的動き

　これらの科学者の発言は、高名な科学者の集まりではあっても、あくまでも自主的な会合という性格を持っていました。70年代には、国際機関が、

科学・技術のあり方を問い、科学者の責任を明確にする声明を出すようになります。ユネスコ「科学研究者の地位に関する勧告」(1974 年 11 月) は、その先駆けであり、科学研究者の養成、使命、雇用に対する国の責任、科学研究者の権利について勧告しています。これらの勧告は、科学上の発見と技術の開発・応用は、人類の利益になる可能性と脅威になることを認識し、「高度の道徳的知的資質を持つ高潔で成熟した研究者 (scientific researchers of integrity and maturity, combining high moral and intellectual qualities) が求められる」[7] と強調しています。科学の見方が変わったのです。

　科学観の変化は、1999 年にユネスコと国際科学会議 (International Council for Science：ICSU) の共催で開かれた世界科学会議 (World Conference on Science) で採択された「科学と科学的知識の利用に関する世界宣言」(1999 年、通称ブダペスト宣言) で、より鮮明になります。文部科学省『科学技術白書　平成 16 年度』は、この会議を、「これからの科学技術、さらには科学のあり方を科学者の側から見直すという、世界的な転機となった出来事である」と述べています。

　この会議の基調講演は、当時の日本学術会議会長の吉川弘之氏でした。吉川氏は 10 年後、宣言は、科学を「①知識のための科学；進歩に必要な知識、②平和のための科学、③開発のための科学、④社会の中の科学そして社会のための科学」と定義し、「科学的知識は社会にとって役立たねばならぬこと、そして実際にそれが使われることは当然として、それを自らの責任において使うことをも科学者が想定しなければならないことを宣言したのである。その宣言の採択は、科学は社会から影響を受けず、独立していなければならないとされた長い歴史を軌道修正する、重大な瞬間であったと思う」と述べています[8]。

　簡単に言えば、科学者には社会のための科学を行う倫理が求められるということなのです。ブダペスト宣言は、科学技術の肥大化が社会にもたらす深刻な影響に取り組んできた科学者たちによる科学の再定義の到達点として、「科学・学術研究の社会的責任」を論ずる際には、必ず学んでおかなければなりません。

2　日本の「科学・学術研究の社会的責任」の取り組み

(1) 日本学術会議の取り組み

　科学者・研究者の社会的責任を明確にする動きは、日本でも第二次大戦後、連綿とつながって、大きな流れになりました。その中心は、学者の国会ともいわれる日本学術会議です。日本学術会議は、1950年に「戦争を目的とする科学の研究には絶対従わない決意の表明」を宣言し、1967年には、「軍事目的のための科学研究を行わない声明」を決議します。パグウォッシュ会議に刺激を受けた湯川秀樹や朝永振一郎らは、第1回科学者京都会議を開催します[9]。会議は、自然科学者だけでなく、各分野の研究者や文化人も並ぶ錚々たる顔ぶれです。

　科学者京都会議声明(1962年)は、「科学の発見した真理を、人類の福利と平和にのみ役立てるためには、科学者を含むすべての人が、科学の成果の誤用、悪用を防ぐことに不断の努力を続けなければならない」と述べ、核兵器に限らず、科学者が科学的成果の誤用・悪用の責任を持つことを訴えます。

　60年代から70年代にかけては、公害が多発しました。それは企業の技術力不足や営利主義、環境規制の遅れなど様々な要因が関わっていますが、チッソ水俣病事件(1956年〜)、クロロキン中毒(1961年〜)、サリドマイド薬害事件(1962年)、第2水俣病事件(1964年)、スモン病薬害事件(1970年)、コラルジル中毒(1970年)などは、薬事行政との問題と共に、科学者が社会的責任を果たさないために深刻化したといってよいでしょう[10]。これらの事件は、刑事事件や民事訴訟によって裁くこともできますが、事後的救済であり、金銭的補償では、失われた健康や環境を回復することはできません。科学研究そのものが正しい目的に使われるように、しっかりした価値観を築く必要があるのです。

　研究倫理に関する日本学術会議の発信は、ベル研究所・シェーン事件(1998-2002年)や旧石器発掘捏造事件(2000-2003年)など大きな研究不正事件が起き、学術と社会常置委員会報告『科学における不正行為とその防止について』(2003年)が出されたのが最初と思われがちです。しかし、1980年には、「科

学者憲章について (声明)」で、科学の健全な発達を図るために、科学者の遵守すべき 5 項目を示し、2000 年の学術の社会的役割特別委員会報告『学術の社会的役割』では、学術の社会的役割を重視し、研究者の自由や自治は、市民の負託を受け社会の期待に応える説明責任を果たす「負託自治」の理念に立つべきことを強調し、科学の社会的影響力が強まれば、社会的責任も大きくなり、研究者像の変革が必要であると述べています。

　こうした科学の責任論のピークを象徴するものが、日本学術会議声明「科学者の行動規範」(2006 年、2013 年に改訂)[11] です。2000 年代は、理化学研究所捏造事件 (2004 年)、大阪学医学部データねつ造事件、東京大学工学研究科 RNA 事件 (2005 年)、早稲田大学科学技術振興経費不正流用事件 (2006 年) など研究不正や研究費不正事件が続発しました。

　特に、早稲田大学の事件は、研究不正に対応するために設置された科学技術・学術審議会研究活動の不正行為に関する特別委員会の主査代理の不正だったのですから、その衝撃はとても大きなものでした。

　従って、研究倫理といえば、研究不正防止のことと思われがちですが、「科学者の行動規範」の 11 項目の最初は「科学者の責任」であり、研究不正の禁止は、1 項目です。2013 年の改訂で項目は 16 に増え、「I 科学者の責務」、「II 公正な研究」、「III　社会の中の科学」、「IV 法令の遵守など」に区分けする構造化が図られました。この改訂では、社会への責任、両義性の認識、社会の期待に応える研究などが強調されていることに注目できます。

(2) 大学憲章の取り組み

　こうした研究者の倫理規範制定の試みは、日本学術会議のような全国的機関だけではありません。大学では、「大学憲章」のような名称で、教職員・学生の共通理念として大学の倫理規範を定める例が多くなっています。国立大学は、法人化の前後に大学としての理念を明確にするため、大学の正規な機関で憲章を定めました。「名古屋大学学術憲章」(2000 年、評議会)、「京都大学の基本理念」(2001 年、評議会)、「東京大学憲章」(2003 年、評議会)、「大阪大学憲章」(2003 年)「北海道教育大学憲章」(2005 年) などがその例です。私立大

学も「早稲田大学学術研究倫理憲章」などがあり、大学が学術研究の領域で
果たす責任について宣言しています。このブックレットをお読みの方の大学
や、学部でも憲章類を定めているのではないでしょうか。

　日本学術会議や大学のこうした取り組みについて、初めて知る職員や教員
の方が多いかもしれません。残念なことに、日本の大学では、それぞれの専
門分野の研究方法を学ぶことが重視され、研究者に求められる専門家として
の倫理や教養は、あまり重視されてきませんでした。専門職とは、「①専門
的知識技能に裏付けられ、②長期の訓練期間を要し、③自律性を持った職能
団体を構成し、④倫理綱領をもち、⑤国家資格に基礎づけられている」[12]と
定義されています。医師や弁護士など高度な専門職は、倫理綱領を持ってい
ます。一方、日本の大学教員や研究者にこうした綱領はありません。もっと
も、大学教員や研究者は、高度な自立性が要請されますから、国の法律や規
則で倫理を定めるのはおかしないことです。倫理は専門職団体や学会で定め
られるのが普通で、倫理規範がかなりの学会で制定されています。JST科学
技術振興機構の研究公正ポータルサイトは97学会の倫理規範とリンクして
います (https://www.jst.go.jp/kousei_p/outline_academic.html. 2019年9月10日アクセス)。

　工学・医学・人類学・社会学・教育学などヒトを対象にする分野や、技
術開発・応用など社会生活に大きな影響を与える分野の学会が多いのですが、
日本物理学会のように基礎科学分野の学会も規範を制定しています。「日本
物理学会行動規範」は、「日本物理学会会員は、物理学上の真理探究を通して、
自然認識を深め文化を豊かにするとともに、人類の福祉に資する科学技術の
発展に寄与する」(前文)と述べ、「会員は、自らが携わる研究の意義、役割な
らびに成果を客観性をもって公表する。この際、先行研究との関係を明示し、
誤解を招きやすい表現を避ける。また、研究が社会や環境に及ぼす影響に留
意し、社会と建設的な対話を行うように努力する」(公開と説明)と研究倫理
の2つの側面を明記しています。

　「一般社団法人日本数学会倫理綱領」は、「数学は数千年の歴史の中で育ま
れた人類の知的産物であり、科学的思考のための必須の言語、科学の基礎中
の基礎である。日本数学会会員はその研究と教育活動によって、この知的遺

産を継承し発展させ、文化・文明の発展、さらに人類の福祉と健康に貢献できることを誇りに思う。日本数学会会員はその使命と責任の重さを深く認識し、自らの研鑽に努めるとともに、社会的良識にもとづいて日常の行動を律することを宣言し本綱領を定める」と規定し、「会員は数学の研究・教育ならびに数学の普及と啓蒙を通して人類に奉仕する」と述べています。学問研究は、知的好奇心をエネルギーに発展してきましたが、個人の関心だけでなく、社会的責任のもとに研究することが重要になっていることを、科学者集団が共通の理念としていることを示すものです。

　ただし、規範自体は崇高ですが、具体的現実的なものとして浸透しているようには見受けられません。日本の研究者が研究活動に期待される責任について知悉していないのは、残念ながら研究者訓練、特に大学院教育に根本的な問題があると言わざるを得ません。

　大学は、社会に対する責任を果たすために、「科学者の行動規範」が示す「科学・学術研究の社会的責任」を、教職員が理解し、共有していくことを機関の共通文化にする責任があります。そのために、大学としての研究方針や、共同プロジェクトの推進、産学連携研究などあらゆる場面で強調していくことが重要です。

注

1　ハーバーについては、宮田親平『毒ガス開発の父　ハーバー　愛国心を裏切られた科学者』(朝日新聞出版、2007 年)があります。

2　日本科学者会議編『科学者の権利と地位―科学者・研究者・技術者の権利問題に関する資料と解説―』(水曜社、1995 年)は、90 年代半ばまでの、国内外の科学のあり方に関する憲章、宣言、法令類を 112 点収録し、この憲章も収録 (p.22)しています。また、渡辺直経・伊ケ崎暁生編『科学者憲章』(勁草書房、1980 年)は、日本学術会議の「科学者憲章について (声明)」(1980 年)の趣旨を説明するために出版されたもので、とても参考になります。

3　1931 年に創設された非政府・非営利の国際学術機関です。世界各国の科学アカデミーが参加し、「いわば世界の科学者の国連」と言えます。1998 年に国際科学会議 (International Council for Science: ICSU) と名称変更しました。2018 年 1 月現在では、142 ヵ国から 122 の機関・団体によって構成されています。その目的は、社会のためになる科学研究を国際的に強化することにあり、世界的な課題を明

確にして意見交換を深めることを行っています。日本からは、日本学士院、日本学術会議、日本工学アカデミーが参加しています。

4 中沢志保『オッペンハイマー 原爆の父はなぜ水爆開発に反対したか』(中公新書、1995年)は、オッペンハイマーの悲劇を豊富な資料で描いた優れた作品です。

5 マックス・ボルン教授(ノーベル物理学賞)、P・W・ブリッジマン教授(ノーベル物理学賞)、アルバート・アインシュタイン教授(ノーベル物理学賞)、L・インフェルト教授、F・ジョリオ・キュリー教授(ノーベル化学賞)、H・J・ムラー教授(ノーベル生理学・医学賞)、ライナス・ポーリング教授(ノーベル化学賞)、C・F・パウエル教授(ノーベル物理学賞)、J・ロートブラット教授、バートランド・ラッセル卿(ノーベル文学賞)、湯川秀樹教授(ノーベル物理学賞)。

6 トマス・パワーズ『なぜ、ナチスは原爆製造に失敗したか 連合国が最も恐れた男・天才ハイゼンベルグの闘い』上・下(福武書店、鈴木主税訳、1994年)は、核物理学者の国際ネットワークが、戦後につながる努力を行っていたことを描いた力作です。

7 ここではintegrityを「高潔」と訳していますが、研究倫理を議論する時によく「研究公正」という言葉が使われますが、research integrityの訳であり、本来は、「誠実な研究」と訳すべきでしょう。

8 科学技術振興機構 Science Portal (https://scienceportal.jst.go.jp/columns/opinion/20090101_01.html).

9 江上不二夫(東京大学教授、生化学、69年日本学術会議会長)、大内兵衛(元法政大学総長、財政学、65年勲一等瑞宝章受章)、大仏次郎(作家、日本芸術院賞受賞、『パリ燃ゆ』など)、茅誠司(東京大学総長、金属物理学、日本学術会議会長、64年文化勲章受章)、川端康成(作家、『雪国』など、68年ノーベル文学賞受賞)、菊地正士(大阪大学教授、原子核物理学、東京大学原子核研究所長、文化勲章受章)、桑原武夫(京都大学人文研究所所長、フランス文学・文化研究、87年文化勲章)、坂田昌一(名古屋大学教授、素粒子物理学)、田島英三(立教大学教授、放射線影響学)、田中慎次郎(ジャーナリスト、『朝日ジャーナル』創刊)、谷川徹三(法政大学教授、哲学、87年文化功労者)、都留重人(一橋大学教授、経済学)、朝永振一郎(東京教育大学学長、素粒子物理学、63年日本学術会議会長、65年ノーベル物理学賞受賞)、南原繁(東京大学元総長、教育刷新委員会委員長、70年日本学士院院長)、平塚らいてう(作家、文芸誌『青鞜』創刊)、福島要一(農業気象学、日本学術会議会員)、三村剛昂(広島大学名誉教授、素粒子物理学、被爆体験)、三宅泰雄(東京教育大学教授、地球化学、第5福竜丸事件調査を主導)、宮沢俊義(東京大学名誉教授、戦後憲法学の理論的建設者、文化功労者)、湯川秀樹(京都大学教授、ノーベル物理学賞受賞)、我妻栄(東京大学名誉教授、民法の理論的発展に力を尽くし、64年文化勲章受章)。

10 浜六郎『薬害はなぜなくならないか』(日本評論社、1996年)、Merrill Goozner,

2004, *The $800 Million Pill: The Truth Behind the Cost of New Drugs*, University of California Press.（＝ 2009、東京薬科大学医薬情報研究会訳『新薬ひとつに 1000 億円！？　アメリカ医薬品研究開発の裏側』朝日選書）。柴田鉄治『科学事件』（岩波新書、2000年）。

11　「科学者」と言えば、自然科学者を指すのが普通ですが、「科学者の行動規範」は、「ここでいう『科学者』とは、所属する機関に関わらず、人文・社会科学から自然科学までを包含するすべての学術分野において、新たな知識を生み出す活動、あるいは科学的な知識の利活用に従事する研究者、専門職業者を意味する」と定義しています。

12　日本社会学会社会学事典刊行委員会編『社会学事典』（丸善出版、2010 年）。

第3章 研究倫理マネジメントのアプローチを理解する

1 研究倫理マネジメントの2つのアプローチ

研究倫理マネジメントを進める上で、その手法に2つのタイプがあることを理解しておくことが大切です。トリシア・バートラム・ギャラント『21世紀の学問的誠実性：教育と学習に求められること』[1]は、インテグリティを実現する組織戦略として「コンプライアンス戦略(rule compliance strategy)＝行動のための規則制定とその遵守」と「誠実性戦略(integrity strategy)＝責任ある行動ができるようになることを模索」の2つの戦略があると述べています。『21世紀の学問的誠実性：教育と学習に求められること』は、主として学生がカンニングなどの不正を行わず、学習に真剣に取り組むことを中心にしていますが、この戦略は、研究倫理の推進にも当てはまります。

研究倫理への関心と取り組みが国レベルで進められるようになったのは、この10年ほどで、文部科学省など中央省庁によるガイドラインの制定と、それに基づいて各大学・研究機関が規範類を定めることで進んでいます。その手法は、ガイドラインなどによって研究不正の定義、告発・調査・判定の方法、その学習を定め、実施状況を事後に点検するもので、典型的なコンプライアンス戦略に基づくものです。

この戦略は、研究費管理、安全保障輸出管理、利益相反などの分野では有効ですが、研究倫理の場合は、必ずしも有効に機能するとは限りません。なぜなら、研究費管理や安全保障輸出管理などは、行動するルールが明確であり、ルールを理解すれば、その遵守は極めて容易です。

しかし、研究活動は、研究者が自律的に研究計画を立案し、実験や調査、

文献収集などを行って、仮説を検証し、因果関係や相関関係を明らかにし、学会発表や論文の形式でまとめていくものです。実験、調査、文献収集とデータの整理、分析などの作業には、研究者集団の中で基本とされる標準的手順はあるものの、研究者が研究プロセスの中で工夫し、試行錯誤しながら進めていくものです。従って、研究者が専門的熟練と良心に基づいて判断する力を持つことが重要であり、そのための戦略をインテグリティ戦略というのです。

2　リスクとして研究不正を捉える

(1) 研究不正のリスクマネジメント

　次に重要なのは、研究不正をリスクと捉え、その発生を抑制する総合的な対策を取ることです。大学運営において、リスクという概念は十分に浸透し、理解が共有されているとは言えませんが[2]、『国立大学法人経営ハンドブック　第2集』(2006年1月)は、「第6章　リスク管理」で、リスクを、「純粋危険」(損害のみを発生させるリスク)と「投機的危険」(損害又は利益〔成果〕を発生させるリスク)とに分類し、リスクの概念の精緻化を図っています。国大協サービスは、次のような分類を行っており、研究業務のリスクも視野に入っています[3]。

表 2-3-1　大学におけるリスク分類

大分類	小分類
災害に関するリスク	1) 地震　2) 台風、豪雨、落雷
施設に関するリスク	3) 火災、爆発　4) 施設の管理　5) 有害物質等　6) 不審者
業務に関するリスク	7) 教育・研究業務　8) 入試業務　9) 診療業務　10) 危険有害業務
情報に関するリスク	11) 個人情報　12) コンピュータ・ネットワーク
不祥事・犯罪に関するリスク	13) セクシャルハラスメント　14) その他のハラスメント　15) 著作権等知的財産権侵害　16) 捏造、改ざん、盗用　17) 横領　18) 研究費の不正使用　19) 学生の不祥事、犯罪
健康に関するリスク	20) 一般疾病　21) メンタルヘルス　22) 感染症
その他のリスク	23) マスコミ対応

　もちろん、そこで発生しうるリスクは、実験事故や危険物質の取り扱いを誤った環境汚染などが主に想定されるのですが、功名心や業績を焦って意識的にデータを改ざんしたり、十分な検証を行わない研究成果が公表されたりする危険性があります。

　研究業務に伴うリスク要因は組織全般に存在しますが、リスクとしてあまり考えられていないのは、研究活動に内在する危険は、「投機的危険」であり、大きな研究資金によってできる研究のメリットに目が奪われがちで、大規模研究資金の獲得に伴うリスク（雇用する任期付き研究者のキャリア・アップ、施設・設備の負荷、事務組織への負荷、研究費管理能力を超える資金、研究組織の能力を超える研究課題への取り組みが内在する不適切な研究活動への誘導、研究成果へのプレッシャーなど）を過小評価するマインドが働くからです。

　また、大学組織が階層的でタテワリ構造を取り、研究室の壁が厚く、風通しのよい関係が築きにくいのも、不正が発生しやすい条件を作ります。大学執行部でリスクの把握と対策を練るとともに、学部・研究科・研究所などの教育研究組織や附属図書館、情報センター、保健管理センターなどの支援組織を含めた統合的な体制を取り、リスクマネジメントのプロセス——認識、分析、選択、実施、モニター（事後評価）——を共有していく必要があります[4]。

(2) リスクマネジメントのターゲット

　研究活動のリスクマネジメントや研究不正発生の要因に関する研究は、日本においてはまだ十分ではないようです。私が、注目し、いろいろなところで紹介してきたのは、犯罪学の分野で横領など不正の発生要因を構造化したCressey の研究です[5]（図2-3-1）。

　この構図を見た時には、大学にあまりにも当てはまるので驚きました。Cressey は、不正発生要因を、①動機（不正を誘発するインセンティブと圧力）、②機会（組織構造の複雑性、リスク管理部門の離職率の高さ、統制活動の不十分さ、技術システムの効果不十分）、③不正の正当化（当事者の倫理観やコンプライアンス意識の欠如、基礎集団内の文化規範）と分解し、犯罪を防止するために、これらの要因の統制を示唆します。大学にも参考になります。

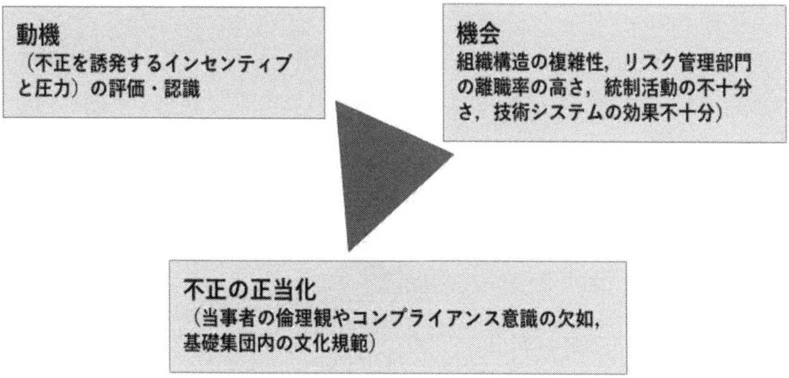

動機 （不正を誘発するインセンティブと圧力）の評価・認識	**機会** 組織構造の複雑性，リスク管理部門の離職率の高さ，統制活動の不十分さ，技術システムの効果不十分）

不正の正当化
（当事者の倫理観やコンプライアンス意識の欠如，基礎集団内の文化規範）

図 2-3-1　不正の発生要因と抑制

Donald Cressey,1973, *Other People's Money: A Study in the Social Psychology of Embezzlement.*

　①動機については、名誉欲や昇進、より大きな研究費獲得の業績づくりとたっぷりありますし、研究者は大なり小なり自分の仮説や学説が現実化することを願望として持っています。任期付き教員の増大と競争的資金の拡大は、教員個人と研究グループ・組織間の業績競争を加速し、動機要因を強化しています。

　②機会に関する組織要素は、大学組織そのものではないでしょうか。研究室や研究組織単位で自律的に仕事をしますから、どうしても人間関係は限られ、閉鎖的になります。研究者が自律的活動に行うもので管理統制になじまず統制活動が浸透しない、統制部門は人事異動で一貫性を欠くなど、ぴたり当てはまります。

　③不正の正当化については、大学全体がこうだとは思いませんが、世間をにぎわせた東京大学分子細胞生物学研究所事件の場合、東京大学科学研究行動規範委員会「分子細胞生物学研究所・旧 K 研究室における論文不正に関する調査報告（最終）」[6]（2014 年 11 月 26 日）は、「画像の『仮置き』をはじめとする特異な作業慣行、実施困難なスケジュールの設定、学生等への強圧的な指示・指導が長期にわたって常態化……このような特異な研究慣行が、不正行為の発生要因を形成」と述べ、国際学会誌への論文掲載という業績によって研究

費を獲得するためのものであったことも指摘しています。研究リーダーの K 氏は、メンバー間に疑念が生まれると情報交換を禁止するなど、開かれた組織運営を行いませんでした。私は、旧 K 研究室事件について、国立大学協会コンプライアンスに関する調査研究メンバーの一員として、東京大学の訪問調査に参加し、大学執行部へのインタビューもしたのですが、救いだと思ったのは、K 氏の指導を受けてこなかった若手研究者は、その指示に疑問を持ち、不正行為に加担しなかったと聞きました。Cressey の構図からは、研究不正の防止には、①動機の減少 (過度な競争・業績主義の抑制)、②機会の減少 (開かれた研究組織運営と情報の共有)、③不正の正当化の禁止 (責任ある研究の共有、倫理観やコンプライアンス意識の醸成) が不可欠であるとともに、研究者の基礎的な訓練の時期にしっかりした研究手法と倫理観を身体化することが重要なのです。

3　研究不正のリスク

(1) 研究大学ほどリスクがある

　私は、2014 ガイドラインが出されてから 1~2 年の間、国内で開かれる研究倫理に関するセミナー類に積極的に参加してきました。関西で研究倫理に関する機関が主催したセミナーでのことですが、理化学研究所の STAP 細胞騒動がまだ終焉しておらず、そのような時期に理化学研究所の関係者も演壇に立つなど、大変興味深い内容でした。ところが、「なぜ不正が起きるのか」という話題に移った時に、フロアから、「研究が進まず、ついていけない人間が不正に走る傾向がある」と指導院生のケースを紹介し、司会も、研究能力が低いと不正に走りやすい、という論調で進行を始めてしまいました。経験的にそうしたケースがあっても、それを一般化すると、わが大学では、立派な研究者ばかりだから、いまさら研究倫理マネジメントは不要だ、という意見が出かねません。

　研究不正行為を政府として初めて取り上げた科学技術・学術審議会研究活動の不正行為に関する特別委員会報告書『研究活動の不正行為への対応のガ

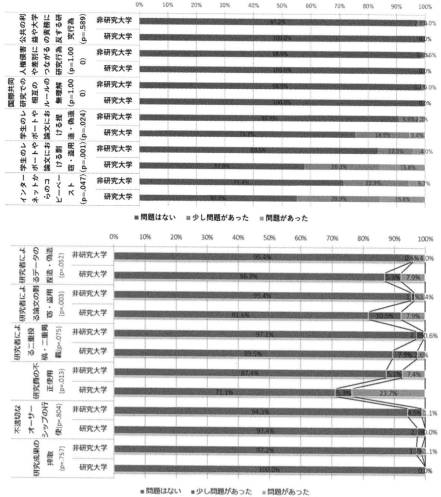

図 2-3-2　非研究大学／研究大学における不正行為

イドラインについて』(2006 年 8 月 8 日)は、不正をもたらす要因として、研究
環境の問題(競争的研究資金の巨大化・重点化と成果主義、任期付教員の増大、ポ
スト獲得競争、知財戦略、特許取得、利益相反)、研究組織・研究者の問題(真理
探究への使命感の希薄化、研究作法や研究者倫理を身につける教育の遅れ、指導者の
成果主義、研究組織の自浄作用の弱さ、組織防衛)を指摘しています。これらの

点は、8 年後に出された、総合科学技術・イノベーション会議「研究不正行為への実効性ある対応に向けて」(2014 年 9 月 19 日) でも同じように指摘されています。研究者の研究能力の問題に単純化できないのです。

　私が、研究代表者を務めた「知識基盤社会におけるアカデミック・インテグリティ保証に関する国際比較研究」(2011-13 年度) で、全国の大学 (756)、学部・研究科・研究所 (1,875)、学科・専攻 (4,025) 対象に (回収率 20.7%) 過去、捏造・偽造・盗用の不正などの有無を質問したところ、「不適切なオーサーシップ」を除いては、「研究大学」(博士課程を持つ総合大学) の方が過去に不正が起きた比率が高く、「学生のレポートや論文での剽窃・盗用」は、研究大学では 41% が経験し、非研究大学の 16.5% を大きく上回ります (**図 2-3-2**)。また、今後問題になるかという見通しでも、研究大学の方が問題になるという回答が多くなっていました。研究大学こそリスクがあるという認識を持つ必要があります (第 1 部第 3 章参照)。

(2) 分野によって発生率に違いがある

　分野によって発生率に違いがあるのも事実です。これは、研究方法の分野的特性が反映していると思われます。**図 2-3-3** は、黒木登志夫『研究不正　科学者の捏造、改竄、盗用』(中公新書、2016 年) で紹介されたもので、1928 年から 2011 年までの撤回論文と分野別の論文数との相関を見たもので、1 : 1 ラインより上にある分野が発生率の高い分野ということになります。

　数学で不正が少ないのは、同じ研究者の査読に時間をかけ、数学者の頭脳により再現性検証を行うので、偽造・捏造の余地がなく、盗用はすぐわかってしまうことにあるようです[7]。

　生命科学の高さについては、日本分子生物学会理事長も務めた大隅典子教授が、この分野の研究環境から詳しく論じています[8]。人文・社会科学系の大学教員には、研究不正は自分の分野に関係がないとする反応がしばしば見られます[9]。2015 年に文部科学省が公表した不正事案 7 件は、文系分野がほとんどであり、新聞記事から不正の特徴を検討した松澤孝明氏は、発生率は文系の方が高いと述べています[10]。

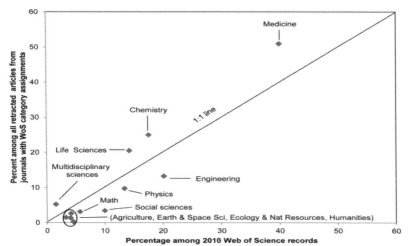

Michael L. Grieneisen, Minghua Zhang .（2012）.A Comprehensive Survey of Retracted Articles from the Scholarly Literature, *PLoS One* 7 (10).

図2-3-3　分野別の取り下げ率

　分野によって発生率が違うといっても、研究手法は固定的なものではありません。人文・社会科学系とひとくくりにしても、人間を対象にした研究である心理学の場合、認知科学や脳科学との共同研究が広がり、大量データの統計分析も活用されています。いかなる事象もリスク・ゼロはあり得ません[11]。リスク・ゼロという思い込みはリスクを拡大することに留意しましょう。

(3) 研究不正は増大している？

　研究不正は重大な問題であり、「研究不正が増大している」とか、「日本は研究不正大国」といった扇情的な見出しもよく見かけますが、それは真実でしょうか。論文取り下げのデータベースや論文も次第に出版されるようになり、ネットでの監視ブログ Retraction Watch（https://retractionwatch.com/）の主催者、イヴァン・オランスキィとアダム・マーカスは、18,000本を超える撤回論文のデータベースを作成しました。これに基づいて分析したジェフリー・ブレイナードとジア・ユー[12]は、2000年以前には、年間100本未満だった撤回論文が、2014年には1000本近くに増加したこと、出版される論文数も

2003 年から 2016 年にかけて約 2 倍に増加していること、撤回率は 2012 年から横ばいで、1 万本に 2 件程度であることなどを報告しています。ジャーナルの基準も厳しくなったことが効果を上げているようです。

　また、撤回といっても理由は様々です。*Nature* に掲載された Noorden（Van Noorden, R., 2011, "The Trouble with retractions," *Nature* 478, 26-28）のレポートによると、論文取り下げの内訳は、不正 44％（改ざん Falsification もしくは捏造 Fabrication11％、自己盗用 Self-plagiarism17％、盗用 Plagiarism 16％）、単純な誤り（Honest error）28％、再現性なし（Irreproducible result）11％、その他 17％となっています。半分以上は、不正とはみなされる理由ではありません（もっとも、「自己盗用」という定義には疑問も感じます。過去の自分の発表を言及なく引用することであり、日本語では「二重投稿」の方がなじみがあります。研究を水増したり、過去の発見を新たな発見のように装ったり、という問題がありますが、他者の業績に言及なく自分のものとする「盗用」とは、深刻さのレベルが異なります[13]）。

　つまり、およそ 40％は、単純な間違い、再現性の問題などであり、不正であるのは 60％程度ということになりますから、不正論文の出現率は、0.012％でしょうか。三重大学長・国立大学財務経営センター理事長を務めた豊田長康氏（『科学立国の危機　失速する日本の研究力』東洋経済新報社、2018 年）によれば日本の大学でトップクラスでも 1 年間の論文数は 6 千本程度です（p.138）。科学技術・学術政策研究所科学技術基盤調査室『調査資料 283　科学技術指標 2019』（2019 年 8 月）によると、日本の 2017 年の総論文は約 8 万本、文部科学省への不正報告は 16 件で、0.02％です。この出現率を高いと見るか、低いと見るかは、本来研究がどうあるべきかにもよりますし、可能な限り減少させ、ゼロであるべきなのは当然ですが、研究不正が蔓延し、拡大の一途をたどっているような理解は改めたほうがよいでしょう。

(4) 研究不正でない撤回は問題ではないのか

　論文取り下げイコール研究不正ではなく、単純な間違いは不正ではない、と各国の規定類は定めています。しかし、不正でないからよいというものではありません。意図的にデータを歪めなくとも、間違った結果が流布する点

では同じであり、研究不正として告発や処分の対象にならなくとも、倫理的には問題でしょう。2014ガイドラインは、「故意又は研究者としてわきまえるべき基本的な注意義務を著しく怠ったことによる、投稿論文など発表された研究成果の中に示されたデータや調査結果等の捏造、改ざん及び盗用」も不正行為であると新たに定義したのは、やや概念的に混乱していますが、研究に対する責任をより厳格にしたといえるでしょう。

4　リスクマネジメントも価値共有型が重要

　企業倫理リスクの実務の立場から日本リスクマネジメント学会理事長を務める上田和勇は、リスクマネジメントの方法には、マニュアルや法的規制による「ハード・コントロール」（＝コンプライアンス重視型アプローチ）と信頼やネットワークの醸成による「ソフト・コントロール」（＝価値共有型アプローチ）とがあると述べています。先にあげた「コンプライアンス戦略」と「インテグリティ戦略」に対応するといってよいでしょう。

　この考えは、大学関係者によって共有されていないようで、日本私立大学連盟『私立大学マネジメント』（東信堂、2009年4月）は、リスクマネジメントを「戦略的意思決定に係る『事業機会に関連するリスク』」と「業務遂行時の『事業活動に関連するリスク』」に区分し、「事業活動に関連するリスク」に対応するのが、コンプライアンス・マネジメントであると説明しています (p.129)。ここでいう事業活動には、研究推進も含まれていますから、コンプライアンスで研究倫理も構築できるという論理になっています。実際、コンプライアンス・マネジメントを詳説している部分では、倫理綱領、遵守マニュアルの作成もあげていますから (p.131)、「ソフト・コントロール」や「インテグリティ戦略」の視点はないようです。

　コンプライアンスは、もともと内部統制の枠組みから生まれてきたもので、研究活動のような分野をカバーするものではありません。新たな業務は、必ず既存の近接領域の方法の適用からスタートするという特徴を持っています。マネジメントを担う人間もその方がやりやすく、したがって、プライア

ンス型になりやすいといえます。国内のあらゆる組織体の内部監査に関わる会員6000人を誇る日本内部監査協会は、創立40周年を記念した事業として『内部監査実務全書－基準・マニュアル・チェックリスト－』(1997年)を発刊しました。600ページに及ぼうかというこのマニュアルは、リスクマネジメントに38ページを割いていますが、コンプライアンス型です。そもそも、ここにいうリスク発生業務に研究が入っていないのですから、コンプライアンス型になるのは当たり前とも言えます。もちろん、コンプライアンス重視アプローチは、研究倫理でも有効であり、安全輸出管理, 利益相反、実験ノートの整備・管理体制などで具体化されています。

　コンプライアンス注意しておかねばならないのは、大学で研究倫理マネジメントに取り組むときには、ハラスメントや研究費管理などコンプライアンス部門との協力が不可欠であり、その時に、ハード・コントロールだけでなく、ソフト・コントロールの視点を共有していくことが重要だということです。そうでなければ、研究倫理マネジメントは、うっかりすると膨大なチェック・リストを部局にばらまき、研究者の意欲を喪失させるような細かな文書作業に没頭することになりかねません。

　また、行政職員が研究倫理マネジメントに参加する場合には、コンプライアンス型の発想が強いことを自覚し、バランスの取れたマネジメント手法を選択することが重要です。

注

1　原著は、Tricia Bertram Gallant, 2008, *Academic Integrity in the Twenty-First Century: A Teaching and Learning Imperative ASHE Higher Education Report*, Vol.33-5. 残念ながら日本語に翻訳されていません。研究倫理の研究をしている時に集めた本の一つであり、アメリカ高等教育学会 (The Association for the Study of Higher Education) のレポートの一つです。

2　技術者にとって、リスクマネジメントは不可欠な視点であり、中村昌允『技術者倫理とリスクマネジメント　事故はどうして防げなかったのか』(オーム社、2012年2月) は参考になります。

3　「国大協リスクマネジメント調査報告書」『国立大学リスクマネジメント情報』2013年9月号(KDS国大協サービス)。なお、本項目は、国立大学協会政策研究所『報

告書　大学のコンプライアンスのあり方に関する調査研究』(平成 28 年 5 月) の「3. リスクマネジメントとしての研究費不正・研究倫理」(羽田執筆) をもとにしています。

4　リスクマネジメントについては、企業組織の仕組みを含めて参考になるものが多く、山口利昭『不正リスク管理・有事対応　経営戦略に活かすリスクマネジメント』(有斐閣、2014 年 9 月)、上田和勇『企業倫理リスクのマネジメント』(同文館出版、2014 年 9 月) は参考になります。

5　Donald Cressey, 1972, *Other People's Money: A Study in the Social Psychology of Embezzlement*, Wadsworth Publishing Company.

6　この報告書は、不正が起きる環境や要因について大変示唆的です (http://www. u-tokyo.ac.jp/public/public01270327_j. html.; 2016.3.5 アクセス)。もっとも、同研究所では、旧 K 研究室事件が起き、さまざまな措置が取られたにもかかわらず、2017 年にまた捏造・改ざんの告発があり、8 月には不正があったと調査結果が公表され、文科省の HP にも掲載されています (http://www.mext.go.jp/a_menu/ jinzai/fusei/1360839.htm)。文科省の報告書は、発生要因として、①研究室で、実験ノートの作成や保存がほとんど教育されておらず、実験の記録としては不十分な実態、②論文のメッセージ性を高めるために加工は積極的に行わなければならないという誤った認識のもと指導・教育、不適切な加工が常態化、③倫理セミナーにおいて、過度の加工についての一般的な問題点が何度も指導・教育されていたが、倫理セミナーでの指摘を真摯に受け止めていなかったことを指摘しており、いったん、不正行為が常態化する組織文化が醸成されてしまうと、是正が難しいことが窺えます。

7　黒木登志夫『研究不正　科学者の捏造、改竄、盗用』(中公新書、2016 年)、pp.207-211。

8　大隅典子「生命科学系論文の作法」『高等教育ライブラリ 11　責任ある研究のための発表倫理を考える』(東北大学高度教養教育・学生支援機構編、東北大学出版会、2017 年)。

9　井野瀬久美恵「人文・社会科学系分野に適切な研究倫理教育とは何か？」、CITI-Japan プロジェクト第 2 回研究倫理教育責任者・関係者連絡会議 (2016 年 3 月 3 日)、本書第 1 部第 4 章参照。

10　松澤孝明「我が国における研究不正　公開情報に基づくマクロ分析 (1)」「同 (2)」『情報管理』56 巻 3 号 (2013 年 6 月)、4 号 (7 月)。

11　「杞憂」という言葉があります。古代中国、殷代にあった小国、杞の国の人が心配性で、天が崩れ落ちて来ないかと心配して夜も寝られず食事もとられなかったことから、あり得ないことを心配する取り越し苦労を意味する言葉です．しかし、6500 万年前にユカタン半島に落ちた直径 10 キロを超える隕石衝突の結果、気候変動が生じ、恐竜が絶滅した主な原因になったことがわかり、世界各地の

研究者は、地球衝突の恐れのある隕石観測を行っており（スペース・ガード観測）、国際天文学連合の提案で、国際スペース・ガード財団 (International Spaceguard Foundation) が発足しています．「杞憂」は杞憂ではなかったのです．リスクの見方は、たえず最新の情報で更新しなければなりません．

12　Jeffrey Brainard, Jia You, "What a massive database of retracted papers reveals about science publishing's 'death penalty'", *Science*, Oct.25, 2018 (https://science.sciencemag.org/. 2019.11.19 アクセス).

13　また、最近物理学の研究者に研究倫理の問題でインタビューした際、国際学術誌が電子的に投稿者の既発表論文との重複をチェックし、掲載拒否 (reject) するようになったが、単なる言い回しまで重複としてカウントすると嘆いていました。他者のいろいろな論文をつぎはぎするパッチワーク論文が大量に投稿されるようになり、査読者の負担を減らすために電子的な処理を行うようになったのです。責任ある研究活動の具体的な形は変化するもので、過去良かったからそれでいいというものではありませんが、過剰反応しているところがないかも考えてみる必要があります。

第4章　研究倫理マネジメントに取り掛かる

1　具体的問題にどう取り組むか

　さて、研究倫理を大学・研究機関で具体的に進めるような実践的な課題には、2つの方法があります。具体的な問題に取り組みながら原理的な考え方を学ぶ、あるいは、原理的な考え方を理解し、その応用として具体的に取り組む、という2つの方法です。いずれも重要であり、どちらが先で、どちらかだけでよいということはありません。「現実と理論の往還関係」などという難しい言い方がありますが、どっちから始めてもいいのです。

　ただ、具体的な問題から始める場合には、現実に飲み込まれないように、原理的な勉強から始める場合には、知識や理屈先行で頭でっかちにならないように、自分を戒めながら取り組む必要があります。研究倫理に限らずどのような課題であっても、《のめり込みながら》《自分を冷却する》という2つの対立するマインドを意識することが大事です。

　そして、あらゆるマネジメントには、共通する役割があります。日本の企業にも詳しく、組織の中の人間の成長や幸福を実現する視点からマネジメントを論じたピーター・ドラッカーは、あらゆる組織は組織自体のためではなく、社会、コミュニティ、個人のニーズを満たすものであり、組織が機能を果たす役割がマネジメントであると定義しています[1]。

　マネジメントは、①組織の使命、それぞれの目的を果たすためのものであり、②仕事を通じて働く人たちを生かし、自己実現を図る手段であり、③社会の問題について貢献する役割だと言うのです。

　研究倫理マネジメントにもこの視点は大切です。すなわち、研究倫理マ

ネジメントの目的は、大学における「正直さ、正確さ、効率性、客観性を保持して行われる研究活動」を通じて、「科学・学術研究の社会的責任」を果たすために、目標とそれを実現する仕組みを作り、運用するものであり、決して、研究者を統制したり枠にはめたりすることではないことを明確に意識しましょう。

2   大学のリーダー層が信念を持つ

　研究倫理マネジメントを進める上で絶対不可欠なことは、大学のリーダー層が、研究倫理の大切さを信念として持つことです。信念として持つということは、文部科学省や世間から言われるから対応するのではなく、大学という組織の中核である研究と教育が信頼されるために、真剣に取り組む価値があるということを、本気で確信することです。

　企業倫理に関する研究も同じ面があり、学ぶことがあります。2000年代から、リコール隠し（三菱自動車）、食品牛肉偽装（雪印、ミートホープ）、産地偽装（船場吉兆）、有価証券報告書虚偽記載（オリンパス、西武鉄道、東芝）など企業不祥事が勃発し、不正会計処理（富士ゼロックス）、製品の品質データを改ざん（三菱マテリアルの子会社、東洋ゴム工業、神戸製鋼所、東レ子会社）、燃費データ書き換え（三菱自動車、スバル）疑惑などが発覚しました。近年は、データの偽装が目立ち、日本を代表する有名企業での不正が相次ぎました[2]。

　データの改ざん問題は、行政でも多発しています。2010年代には、財務省による決裁文書の改ざん（森友・加計学園問題）、厚労省（統計調査不正：「毎月勤労統計」「賃金構造基本統計」問題、統計の乱用：生活扶助相当CPIの独自作成）、中央行政機関（データ水増し：障害者雇用数）、法務省（都合の良いデータ選択：外国人労働者の雇用実態）、環境省（誤った引用：「動物愛護法改正の根拠データ」）などの実態は、事実とデータに基づく政策形成とは程遠く、政官における深刻な病理といってよいでしょう[3]。

　官庁における問題分析は、これから進むでしょうし、研究不正問題以上に進められなければなりません。企業における不正問題については、ある程度

の蓄積があります。企業で「責任ある研究活動」に対応する概念は、企業の社会的責任 (Corporate Social Responsibility) です。2000 年代初頭の企業不正に対し、経済産業省は「企業の社会的責任 (CSR) に関する懇談会」を設置 (2004 年) し、経済同友会『企業の社会的責任に関する経営者意識調査』(2006 年)、日本経済団体連合会企業行動委員会『CSR (企業の社会的責任) に関するアンケート調査結果』(2009 年)、経済広報センター『CSR に関する意識調査報告書』(2013 年) が公表されています。これらの調査では、不正の背景として企業の組織風土や経営者の姿勢が問題であると指摘されています。組織のリーダー層が組織文化構築に取り組むことが何より重要なのです。

　ただし、ここでいうリーダー層とは、学長や副学長・理事など大学執行部だけを意味するものではありません。大学はいくつもの階層が重なる複合組織ですから、研究室では教授・准教授がリーダーなのです。研究活動に責任を持つ人、研究倫理に関わりのある人はすべてリーダーと言って良いでしょう。リーダー層が主体的に取り組むことは、組織文化を作る大前提です。

3　コア・グループを育てる

　マネジメントは、学長・副学長・部局長のような組織のトップ・グループだけではうまく回りません。トップ・グループのマネジメントの役割は、複雑で、教育・研究・資源配分・危機管理など多岐にわたり、優先事項の決定など判断に関する事項が多くなります。求められる資質も特定の分野に関する専門性とは限りません。研究倫理の構築に意欲を持っているのは当然ですが、研究倫理に関する詳細な知識を持ち、具体的な問題を処理することまで役割を果たせるとは限りません。そこで重要なのは、リーダー層を支え、研究倫理についての専門的識見を持つ教職員集団です。集団といっても、10 〜 20 名の研究倫理のスペシャリストがいることは、大規模な研究大学でも、まず想定できません。

　しかも、国立大学では、定期的な人事異動が依然として行われているため、どんなに意欲的な職員でも数年で研究倫理の部署から他へ異動して行き、他

の部署から研究倫理の部署へ異動してきます。教員の場合も同じで、主に委員会組織でマネジメントを行う場合、2年程度で入れ替わるのが普通です。

このように異動が激しいと、マネジメントは前例主義になりやすく、課題が共有されず、マンネリ化に陥り、環境変化に対応することが難しくなります。それを避けるためにも、研究倫理に詳しい教職員集団を育て、移動によってポテンシャルや熱意が停滞することを避けることが重要です。コア・グループを育てるためには、細かな配慮が必要ですが、大学によっては重視されていません。全国的なセミナーやワークショップへ参加してもらい、情報収集と報告をお願いすること、学内向けのパンフを企画・編集・執筆すること、委員会組織の場合には、2年任期で「半舷上陸」(船が港に泊まった際に、乗組員の半数を当直として残し、半数ずつ交代で上陸させることから使われる)すること、副委員長を次の委員長にすることなども、コア・グループを育てる上で重要です。

4   研究倫理マネジメントの専門性を高める

研究倫理マネジメントを進める場合、どうしても関連省庁の指針・ガイドラインを具体化することに追われがちであり、特に、人を対象とする医学研究の場合、人間の健康・生命のリスクに直結しますから、厚生労働省の指針も極めて詳細です。「人を対象とする医学系研究に関する倫理指針」(2017年2月28日一部改正)は、42ページ9章23節という大部なものであり、解説にあたる「人を対象とする医学系研究に関する倫理指針ガイダンス」(2017年5月29日一部改正)は164ページ、これに「人を対象とする医学系研究に関する倫理指針ガイダンス(附則編)」の13ページが加わるという厚さです。これに「他の研究機関への試料・情報の提供に関する記録」(4ページ)、「研究責任者向け　チェック・リスト」(1ページ)もあります。これは、理解・消化するだけでも一苦労です。

さらに、2017年4月には、臨床研究法(平成29年　法律第16号)が制定され、臨床研究の実施の手続を厳格にし、認定臨床研究審査委員会を設置するなど

臨床研究の信頼性を高める制度改正が行われました。

　これだけ詳細な指針類が整備されていても、倫理審査や同意、個人情報保護など研究のプロセスに関するものであり、責任ある研究活動をすべてカバーするものではありません。研究発表に関しては、「厚生労働分野の研究活動における不正行為への対応等に関するガイドライン」(平成 27 年 1 月 16 日科発 0116 第 1 号厚生科学課長決定)が、2014 ガイドラインとほぼ同じ内容になっています。オーサーシップや二重投稿などのあり方は、このガイドラインに定められているのですが、それを実質化するためにも、倫理の研究は欠かせません。責任ある研究の原則は、近年、急速変化しており、海外も含めた情報収集等が不可欠です。

　例えば、英文ライティング教育の専門家である吉村富美子東北学院大学教授は、2007 年 9 月に、雑誌 Nature がトルコの 4 大学 15 人の理論物理学者の論文 70 本近くを盗用の理由で取り除いたことを紹介しています[4]。論文で盗用とされたのは、研究報告の部分ではなく、序論の部分であり、トルコの学者たちは、英語を母語とする論文から借用して序論を執筆することはトルコでは一般的であり、独創的な部分が重要であると反論したというのです。

　私が、研究倫理に関与してから、化学や生物学などいわゆる理系の研究者と議論して、一番かみ合わなかったのはこの点でした。研究として最もオリジナリティのある部分ではなく、誰が書いても同じになる部分は、よくできている他人の論文を使ってもいいではないか、という意見です。文系の研究者である私から見ると、研究の問題設定も論文の独創性を示すもので、誰が書いても同じになりません。引用を明記せずに他人の論文を使うのは、不正というかどうかはともかくまずいのではないかと感じてきました。

　ところが、つい最近、なぜ理系分野で英語論文の借用があまり問題になってこなかったかが、何となくわかりました。ある理系の教授が、日本物理学会編『Journal の論文をよくするために―物理学論文雄著者への道―(改訂版)』(第 4 刷　1984 年)という冊子があることを紹介してくれました。これは、英語論文を書くための手引きであり、125 ページという大変立派なもので、日本人の書く英語の癖などの指摘に始まり、物理学者の目線で、失敗談も含め、

わかりやすく書かれています。

　しかし、この冊子の中で、「一番助けになるのは……English speaking peo-ple の書いた類似の論文である。自分の言いたい事柄に似た内容の英文があれば、遠慮なく拝借するとよい。そのままそっくり借りるのは気がひけるからといって、modify する必要はない。そんなことをすると必ず英文としては改悪である」とまで述べているのは、学習段階で借用することがあるとしても、発表論文にまで無断借用を推奨しているようで、いただけないと思います。冊子の初版は 1963 年、改訂版は 1975 年であり、当時はそれで問題にならなかったにせよ、吉村教授の著作からは、90 年代の末から 2000 年にかけて「不正な引用」に関する研究が進み、厳しくなったことがわかります。序論が独創性を含んでいないとしても、先行研究の整理として書かれているものをそのまま使えば、自分が読んでいない文献を読んだふりをすることになり、序論のお粗末さでリジェクトされることもあるのですから、やはり、推奨すべきではないでしょう。

　要するに、責任ある研究活動の形は、次第に変わるものであり、過去問題にならなかったことも、不適切ないし不正として扱われるようになると言えます。それぞれの分野のシニアな研究者が、この問題に敏感で、絶えず情報収集をして、大学の研究倫理部署と意見交換してくれればいいのですが、教授クラスは大学内で大変多忙です。大学の研究倫理マネジメント担当者は、国内法令や省庁の指針類を消化するだけでなく、国際的な動向も含めた情報収集・分析を行う力をつける必要があります。

5　対話を通じて目標を設定し共有する

　どの分野でも、マネジメントには目標が重要です。そして、それを実現するための手段が必要です。その際、目標を立てる場合には、長期的な目標と短期的な目標を区別することが重要ですし、目標には階層性があり、ある目標がより高次な目標を実現する手段にもなることを、あらかじめ考えておく必要があります。

　例えば、研究倫理マネジメントの究極の目標を議論すれば、「大学に責任ある研究活動の文化を確立する」といった目標になるでしょう。しかし、「確立」とは何かを明確に定義するのは難しいので、「確立している状態」を表すような要素を抽出し、それを究極の目標を分解した目標（中間目標）として設定することが考えられます。そのためには、制度設計にかかわる関係者の間で、「どのような状況が確立したといえるか」を議論することが重要です。まったく新しいマネジメントの分野での取り組みを始める場合、モデルになるものや具体的な指示を欲しがるものです。90 年代の末から、大学評価が、自己点検評価から試行的評価、法人評価、認証評価など制度化された評価に展開していくときに、まったく新しいマネジメント課題であったため、具体的な手法など結論を関係者が求めていました。

　しかし、与えられたものだけでは、真の意味で根本的な理解に至ることはなく、自分たちの外から知識を持ってくるやり方だけでは、状況の変化に応じて自ら新しいものを生み出すことはできません[5]。

　自分たちの思考を通らずに作られたものは、一見効率的なように見えても、次の段階に耐えられないのです。

　新しい問題に立ち向かう上で大事なことは、まず自分たちの既知の知識を確かめること、次に、その問題を扱う原理を研究すること、さらに新たな問題に対応するグッド・プラクティスなどから学ぶこと、そして自分たちの大学の状況を把握した上で、その大学の課題に対応するようにカスタマイズした制度を作ることです。

　この手順で大切なのは、常に対話（dialogue）することです[6]。なぜなら、第Ⅰ部で述べ、第Ⅱ部でもたびたび触れますが、研究倫理マネジメントの課題の 1 つは、「専門分野ごとで違う」という教員の考え方の視野を広げてもらうことにあります。

　大学教員は、自分の専門分野の中で育ってきたので、学術研究全体についての視野が欠落するきらいがあります[7]。欧米の大学に比べて低い教員の流動性が拍車をかけます。「分野によって違う」と言いながら、実は、学部から大学院・ポスドク・若手教員として育ってきた研究室のやり方をすべてと

考えている教員もいます。「違う」だけで済まさず、対話が重要です。対話しなければ違いもわかりません。そして、対話をすれば違っていても共通するものがあることもわかるはずです。そのための有効手段としてお進めしたいのは、所属する大学・高等教育の研究倫理に関する調査（レビュー）を行うことです。対象は、教職員個人でも良いが、学科・専攻など教育研究を行う基礎単位対象でもよいでしょう。対話と共通理解を進めるには客観的なデータが不可欠であり、現状を共有してこその対話です。

6　見通しを持つために戦略的計画を立てる

マネジメントには、目標・実施計画・実現手段の設定、実行・確認、担う人材育成、関連する専門知識の収集・分析など一連の活動が必要です。「大学の戦略的計画」など銘打った出版書も多いものの、評論は差し控えますが、教育や研究にどこまで適用できるか、という疑問はぬぐえません。しかし、それこそ対処療法に対応するのではなく、持続的に研究倫理を組織文化として広げるためには、ビジョンが重要です。東北大学での研究倫理マネジメントに関与した時は、全体的な計画を策定して行ったわけではありませんが、広島大学在職中は、自己点検評価・試行的評価・国立大学法人評価に評価委員会委員・副委員長・委員長として制度設計と評価に関わり、東北大学でも旧高等教育開発推進センターの評価や高度教養教育・学生支援機構への改組などに関わりました。そうした経験から、研究倫理マネジメントを進めるとしたら、どのような手順が考えられるか、次に述べてみます。

まず目標が重要です。研究倫理マネジメントの最終目標を、「大学に責任ある研究活動の文化を確立する」と想定し、それを実現する中間目標の例を考えてみましょう。大学の場合には、学生・教員・職員などの構成員と部局などの組織の集合体として成立していますから、構成員に着目すると、「院生への研究指導で研究倫理を身体化する」、「大学全体が責任ある研究活動の原則を理解する」、「組織の開放性を高め、対話文化を醸成する」などがあげられるでしょう。

　次に、中間目標を実現するためにどのようなことがあればよいかが、大事です。「セミナー・ワークショップの開催」、「研究倫理ハンドブックの作成・頒布」、「全学的研究倫理教育計画の策定」アドバイザー制度を設けて「アドバイザー会議での共有」などが考えられますし、大学内や他大学での有効な取り組み、そして海外のグット・プラクティスで使えるものも採用できます。これらは、中間目標を実現する手段の関係になり、プロセスともいえます。

　最後に、プロセスを進めるために、規範類の制定や体制の整備という通常最初に行われる作業が位置づきます。前述の流れは、プログラムマネジメントでも良く言われるPDCAサイクル（目標・計画→実行→点検→改善）の流れに落としてみたもので、プログラム評価では、ロジック・モデルと呼ばれています。**図2-4-1**に事例として上げておきます。

　ロジック・モデルとは、目標と計画の関係を定式化し、関係者が、何のために、何をしているのかを共通理解するためのものです。従って、策定の順は上にのべたように必ずしも進む必要はなく、現実には、まず体制や規範類の制定から開始されるのが普通でしょう[8]。誰がこのロジック・モデルを作

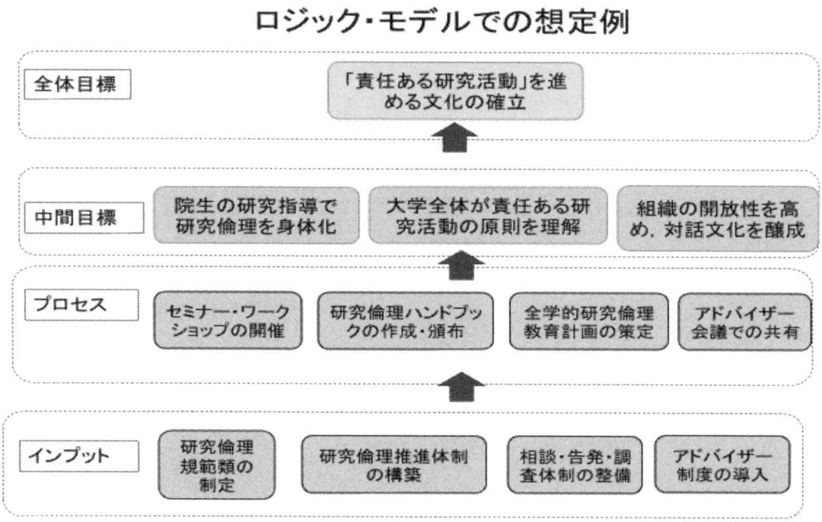

図 2-4-1　「責任ある研究活動」推進のロジック・モデル

るのか、という問題がありますから。

7　達成目標と方向目標を使い分ける

　このように PDCA サイクルとして研究倫理マネジメントの手法を説明すると、「では、評価をどうするのだ」という声があがりそうです。「セミナー・ワークショップの開催」のようなものは数値化が可能であり、受講者数やアンケートを使って理解度を聞いたり、e-APRIN のように受講後のテストを組み合わせたりすれば、中間目標の達成状況は評価することができます。

　しかし、究極の目標については、評価することが難しく、また、定量的な評価をすべきかどうか、という問題があります。それは、個人の内面的価値を測ることになるからです。アメリカの場合は、大学院教育で「責任ある研究活動」のための教育（RCR 教育）を普及するために、アメリカ大学院協議会が出版した「責任ある研究活動のための大学院教育」(2006 年) は、全米科学財団 (NSF：National Science Foundation) の資金援助も受け、RCR 教育のグッド・プラクティスをまとめています[9]。それによると、2000 年代に大学での「研究倫理教育」の評価に、コールバーグの道徳性認知発達理論に基づいた「葛藤価値定義テスト」(Defining Issues Test) が開発され、ミネソタ大学で使用して有効性が確かめられていますが[10]、教育を受ける以前の状態についてのデータが必要なことなどの課題があり[11]、まだまだ課題は多いようです。

　コールバーグの道徳性認知発達理論は、個人における道徳性の発達を、価値葛藤状況での判断力の発達と捉えており、主として児童・青年期のこどもの発達に関する理論です。日本の学校教育での道徳性とは、決まった道徳的命題を覚え、それに従うことを道徳性とみる文化が強く、また、教科の教育とその学習成果の測定も、判断力を問う文化が定着しているとは言えません。研究倫理教育を進めると、その成果をどう評価するか、という意見が出ます。知識の習得や理解は測定することができますが、倫理性の測定は、人間の内面的価値を測ることにもなるので慎重であるべきです。

　もう一つ、評価に関して忘れてはならないのは、人間の行うすべての行為

の達成状況を評価・測定することはできないということです。教育的な目標には、到達目標と方向目標の 2 つの種類があります [12]。到達目標とは、例えば、算数・数学能力は、数の体系と法則を理解し、様々な問題を数的に処理する能力と定義でき、学ぶべき数理的知識の構造・体系は明確で、どこまで何を学んだかは測定可能です。ところが、「高い倫理性を備える」というような価値を含む場合、学習の成果を達成目標として設定することは極めて困難です。そもそも、何をもって高いというのかが設定できず、仮に、善い行いをする人がいたとしても、それで満足せず、さらに善行を積むことも可能でしょう。「責任ある研究活動の文化を確立する」という究極の目標は、「科学・学術研究の社会的責任」まで含む以上果てがありません。「反社会的な研究はしない」という目標設定と評価は可能でしょうが、「社会的責任を果たす科学・学術研究」をしていることにはなりません。すべてを到達目標として設定することは考え物です。

8　評価ツールを使う

　ただし、個人が道徳性をどのように身に着けたのかを測定するより、研究倫理マネジメントがどう機能しており、課題は何かを明らかにする評価は重要です。学生・教員対象に、責任ある研究活動に関する知識を調べる質問紙調査は、セミナーやテキストの内容を準備するために大切な情報が得られますし、研究室で実験ノートをどのように管理しているか、どのような教材を使っているかという情報は、研究倫理教育の向上にも役立ちます。大学院生を集めたフォーカス・グループによる討議は、リアルに実態を把握し、研究倫理マネジメントの担当部署と教育研究現場との相互理解を深める機会として価値があります。政策評価の古典、ハリー・P・ハトリ―『政策評価入門』（東洋経済新報社、2004 年、原著 Harry P. Hatry, 1999, *Performance Measurement Getting Results*, Urban Institute Press）は、多様な活動の測定・評価について、多様なデータと手法を整理し、顧客調査を大きく位置付けています。

　倫理的判断力や研究倫理教育の評価尺度の開発に関する研究も進められ

るようになりました。信州大学では、e-APRIN 理工系技術者向け倫理受講学生に対し、オクラホマ大学の Mumford 教授が開発した倫理的意思決定測定(Ethical Decision Making Measure) を使って、プログラム受講が及ぼす意思決定への効果を測定しています (野内玲「E ラーニングの学修効果 (倫理的判断力) の測定〜信州大学総合理工大学院での実践結果」第 1 回研究者倫理学修に関する研究会、2019 年 8 月 29 日、信州大学)。中田亜希子氏 (東邦大学医学部医学教育センター) は、アメリカにおける RCR 教育 (Responsible Conduct of Research Education) の目標設定のために、カリフォルニア大学サンフランシスコ校の倫理プログラム長 Kalichman 博士による研究をもとに、研究者の倫理的意思決定スキルの尺度を開発しています (中田亜希子「情報提供　研究倫理教育評価尺度の開発」第 1 回研究者倫理学修に関する研究会)[13]。教育学においては、道徳性とは決まった徳目を覚えこんで実践することではなく、価値葛藤場面での判断力であり、知識・理解と深く結びついていることが常識になっています。道徳的判断力は、獲得した知識・スキル・態度を基盤にするものです。これから、こうした評価スキルの開発と分析が重要な課題になるでしょう。

注

1　P・F・ドラッカー『エッセンシャル版　マネジメント　基本と原則』(上田惇志編訳、ダイヤモンド社、2001 年)、pp.9-11。経済学の手法が社会科学のいろいろな分野に浸透してきたため、ドラッカーのような経営学は、学問としての経営学では重視されなくなったように思います。特に、90 年代から世界的に新古典派経済学と新自由主義政策が広がり、企業が金銭的価値の最大化を目指し、特に株主に対する責任 (株価) を重視するようになると、経営者や従業員の成長まで視野に入れるドラッカーの経営学は有効と見えなくなったのでしょう。しかし、大学は私立大学であっても非営利で公共性を持っています。また、その生み出す価値は金銭に換算しがたく、コーポーレート・ガバナンスのような運営形態は適さず、マネジメントにはドラッカーの人間中心主義が心に響きます。

2　研究不正も企業の不正も、事実を隠し、嘘をついても良心がとがめないという点で誠実さ (integrity) に欠け、同じマインドに由来します。それぞれの大学の卒業生が関わっていなかったか、企業人である前に社会人であることを教えてきたか、知識だけでなく人間性を育てることに力を注いできたか、プレゼン技術やコミュニケーション能力の前に、正義や真実、人権という普遍的な価値を伝

えてきたかどうかが問われるところです。研究倫理マネジメントをしっかりするということは、学士課程教育を含めて誠実な学びと探究の精神を育てることにつながり、研究世界の問題だけではないのです。

3　新藤宗幸『官僚制と公文書―改竄、捏造、忖度の背景』(ちくま新書、2019 年 5 月)が行政学の視点からわかりやすく論じています。

4　吉村富美子『英文ライティングと引用の作法　盗用と言われないための英文指導』(研究社、2013 年) pp.3-4.

5　研究倫理に限らず、マネジメントを、定形化され、標準的な手続きがあればできると考えるのは、100 年以上前の科学的管理法の発想であり、マネジメント理論の変化を理解していません。この点は、『高等教育研究論集 1　大学の組織とガバナンス』(東信堂、2019 年、第 1 章及び第 10 章)をお読みください。

6　民主主義社会における意思決定の前提は議論であり、誰も重要性を否定しませんが、私たちは、対話(dialogue)、議論(discussion)、論争(debate)の区別をせず、常に論争をしようとしているようです。大学の授業もディベートをやりたがりますが、対話の重要性はあまり触れられていないと思います。

7　2014 ガイドラインは、「不正行為に対する対応は、研究者の倫理と社会的責任の問題として、その防止と併せ、まずは研究者自らの規律、及び科学コミュニティ、研究機関の自律に基づく自浄作用としてなされなければならない」(p.5) と述べていますが、日本学術会議「回答　科学研究における健全性の向上について」(2015 年 3 月 6 日) は、オーサーシップに関し、冒頭で「各研究分野の研究者コミュニティの合意に基づいて判断されるべきものである」のように、分野別の研究者集団が前提で、研究者全体のコミュニティについて述べていません。分野ごとの特性があるにせよ、学問研究は方法が相互に浸透しあうものであり、初めから「分野別の特性ありき」では、いろいろな分野の教員によって構成される大学の共通項などできるはずはありません(この点は、本書第 2 部第 5 章を参照してください)。戦後日本の知識人を代表した丸山真男は、社会と文化の型を、孤立したタコツボが並列するタコツボ型と、先は細かく分かれているが根元は共通しているササラ型とに分け、日本の社会組織に共通する特徴として「一個の閉鎖的なタコツボになってしまう傾向がある」(『日本の思想』岩波新書、1961 年、pp.129-138) と喝破しました。研究倫理は、タコツボごとにもあるでしょうが、ササラの根本に共通な研究倫理が大事です。

8　ロジック・モデルについては、かなり前ですが、第 2 期中期目標計画の策定に向けて、国立大学協会調査研究部が刊行した『国立大学法人計画・評価ハンドブック―次期中期目標・中期計画策定のために―』(2007 年) があり、ウェブでも入手できます(http://www.janu.jp/active/txt6-2/hyo1910_01.pdf)。

9　Council of Graduate Schools, 2006, *Graduate Education for the Responsible Conduct of Research*, p.19 以下。この冊子は、会員でなければ購入できません。

10 Council of Graduate Schools, 2006, *Graduate Education for the Responsible Conduct of Research*, pp.9-10.

11 Council of Graduate Schools, 2008, *Best Practices in Graduate Education for the Responsible Conduct of Research*, pp.39-40.

12 中内敏夫『学力と評価の理論』（国土社、1971年）などお読みください。

13 Akiko Nakada,Tomohide Ibuki,Tachi Kishi et.al,2018, "Development,Reliability, and Validity of a Tool for the Assessment of Etical Decision-making Skills among Health-related Researchers in Japan" *Toho Journal of Medicine*, Vol.4 No.1.March 2018.

第5章　研究倫理マネジメントの制度設計を行う

さて、いよいよ、大学で具体的な作業に入る段階に来ました。どんな仕事も最初の目線の高さが重要です。マネジメントの最初は制度設計です。そのために大事なことがいくつかあります。

1　レビューをする

制度設計の前提は、自分の大学の研究倫理に関する状況把握であり、レビューは、とても有効です。レビューは何も専門家を雇う必要はありません。理事・副学長など研究倫理のトップマネージャーを中心に、関係する人々による自由討議、部局の教職員も参加した情報交換でもレビューの役割を果たします。レビューの目的と形は、その大学で、すでに設定され、稼働（しているはずの）研究倫理マネジメントの有効性や課題を明らかにするものです。2014ガイドラインが出た時点での多くの大学は、理念的な規範はあるが、研究倫理教育の具体化は行われていない、研究不正の告発・調査体制はあるが、持続的な研究倫理マネジメントの体制はない、といった状況だったのではないでしょうか。政府のガイドライン制定によって、すでにある制度を更新するのは、現状をレビューして課題を明確にする良いチャンスです。

東北大学の場合は、それまでに、体制として「国立大学法人東北大学における公正な研究活動の推進に関する規程」（2013年9月24日、規第100号）を定め、総長をはじめとする責務を明記し、総長が指名する理事又は副学長を統括研究倫理推進責任者とするなど、研究倫理マネジメントを統合的に進める組織

を設置していました。

　また、「公正な研究活動のための東北大学行動規範」(2013年11月26日、役員会)、「研究成果を適切に発表するための指針」(同日、役員会)を定めており、その普及状況や課題を探る部局調査を2014年の秋に実施しました。調査票は、参考資料に添付してあります。この調査の結果、行動規範の学習状況がそう高くないこと、倫理に関する分野の違いが大きいこと、部局での共同研究のルールの整備やデータ保存の状況が不均等なことなどが把握でき、制度設計の基本報告も示すことができました。調査の結果は、『東北大学における公正な研究活動推進体制の構築について―東北大学公正な研究活動推進委員会報告―』(2015年2月24日)としてまとめ、部局長会議、教育研究評議会に報告し、全学的に2014ガイドラインを具体化する基本方針を周知することができました。レビューを行い、その報告を全学的に共有することは、具体化の第一歩です。

2　体制・規範・計画を三位一体で整備する

(1) 研究倫理の専門性と土台に

　すでに、多くの大学では、研究倫理に関する委員会など全学的な体制、行動規範や研究不正の告発・調査の手続が整備されていることと思います。全学的な体制はとても重要です。前に紹介したアメリカ大学院協議会「責任ある研究活動のための大学院教育」は、RCR教育の最上の実践の第1番目に「大学の執行部と恒久的な運営委員会か助言委員会を設置すること」をあげています。ただし、注意しなければならないのは、近年、大学運営に学長のリーダーシップが強調され、学長や理事・副学長を委員会の長にすることが、大学として研究倫理を重視しているように思いこむことです。どんな業務も専門性抜きに成り立ちません。政治的な責任と専門的な責任を区別する必要があります。

　最悪のシナリオは次のようなものです。まず、学長を長とし、理事や副学長、部局長も含めたグループを作り、体制をどうするかを議論する……、学

長や理事が制度設計に向いているとも限りませんから、研究担当理事あたり
がまとめ役になるサブ・ワーキングを設置し、そこで原案を作って親グルー
プに報告し、全学的な研究倫理マネジメント委員会の設置案を決め、評議会
などで議論して発足させる……その委員会が発足すると委員会で規範を検討
する……こうした屋上屋を重ねる（"軒下に軒を作る"かもしれません）やり方は、
組織を複雑にして責任が分散するだけでなく、制度化に時間がかかります。

　さらに、体制ができると次に規範を制定し、それからその教育計画を作る
といった手順を辿ると、うっかりすると議論の開始から実行まで 2 年間かか
るということもあるのではないでしょうか。

　もちろん、早ければ良いというものではありませんが、年度を越えると部
局から選ばれている委員が交代し、当初の議論で共通理解になったことが継
承されない、ポテンシャルが維持できないことがあります。体制、規範、実
行計画の 3 つを同時に同一集団が一体的に構想し、制度化することが重要で
す。大学での意思決定は、ボトムアップが重要ですが、検討の時間を 1 か月
取っていても、実際は会議が 1 回で、実質の検討は 1 週間もないということ
はないでしょうか。特に、学長・理事など様々な判断業務が集中するリーダー
が制度設計に参加すると、会議日程の調整だけでも一仕事です。ある制度を
作る場合、政治的に責任を取って進める手順と、専門性に基づいて制度設
計を進める手順とを混同してはなりません。アメリカ大学院協議会は、RCR
教育の最上の実践の筆頭に、「大学の執行部に恒久的な運営委員会か助言委
員会を設置すること。その委員会は経歴の立派なシニア教員、大学院生の代
表で構成すること」を上げています[1]。これは研究倫理教育に関する事柄だ
からシニアな教員と学生で構成しているとも言えますが、権限のある大学管
理者ではなく、研究倫理の専門性を重視している点は重要です。

(2) 関連する部門との連携体制

　全学的な体制で重要なのは、学内の政治的責任を有効に果たすためには、
研究戦略、教育マネジメント、コンプライアンスの部門で、理事・副学長な
どのレベルの管理職を含むことです。なぜなら、研究倫理は、教員だけでな

く大学院教育や学士課程教育にも必要であり、学生教育でも位置付けることが必要になるからです。学士課程の 1 年生は、研究活動を行う訳ではありません。しかし、アメリカの場合、1960 年代にある調査で、カレッジ入学者の 75％がごまかしを経験との衝撃的な事実がわかって以来、タームペーパーの代筆産業への対応や、レポートの盗用対策が進みました[2]。学部生の時は他人のレポートを写したり、カンニングをしたり、不正を行ったが、大学院生になって真面目になった……ということは考えにくいでしょう。

　ですから、研究倫理教育は、学士課程教育から大学院教育までトータルなビジョンが必要であり、そのために、研究戦略と教育マネジメントが連携し、大学全体の活動として意思決定を行う仕組みが必要なのです。

　また、コンプライアンス部門は、リスクマネジメントとして研究活動に発生するリスクを低減し、捏造・改ざん・盗用のような「正直さ、正確さ、効率性、客観性を保持して行われる研究活動」の逸脱と不正だけでなく、「科学・学術研究の社会的責任」が問われるような問題に対しては、大学全体の危機管理としても協調体制が必要であり、研究倫理のトップマネジメントに組み込むべきです。

　例えば、東京大学の場合は、コンプライアンス基本規則（平成 23 年 3 月 24 日、役員会議決、東大規則第 64 号）で、総長を最高責任者と定め、コンプライアンス推進に関する業務を総括するコンプライアンス総括責任者（総長が指名する理事）が、コンプライアンス事案の対応に関し、理事を統括するとしています。総括責任者のもとに研究不正、研究費不正、ハラスメント、情報倫理を、それぞれ担当理事が監督することになっています。研究不正に関しては、科学研究行動規範委員会（総長が指名する副学長が委員長）が扱うことになっており、コンプライアンスという視点で、研究不正も包括し、統合した体制になっています。

　もっとも、統合性はあるのですが、コンプライアンスとは、「法令、本学の規則、教育研究固有の倫理その他の規範を遵守することをいう」（コンプライアンス基本規則第 2 条第 1 号）ものであり、そこに研究倫理を包含しているため、「誠実性戦略（integrity strategy）」の視点が弱くないかという懸念を感じます

が[3]、統合の一つの形でしょう。

　東北大学の場合は、研究倫理マネジメントのために、公正な研究活動推進委員会を設置し（国立大学法人東北大学における公正な研究活動の推進に関する規程、第 7 条）、審議事項として、「公正な研究活動の推進に係る研究倫理推進計画の策定及び総括に関する事項」、「公正な研究活動の推進に係る体制の整備に関する事項」、「公正な研究活動の推進に係る教育及び啓発に関する事項」、「公正な研究活動の推進に係る施策の検証に関する事項」、「その他公正な研究活動の推進に関する重要事項」を審議事項とし、研究担当理事、教育担当理事、総務担当理事、法務コンプライアンス担当副学長が委員となっているため、統合性が高く、学士課程教育の問題からシニア教員まで議題とし、課題を共有できています。

　もう一つ大事なのは、研究活動を実際に行っている部局が参加する仕組みです。大学組織は、専門分野に対応した構造となり、学部や研究科もさらに細分化され、専門分野ごとで学科・専攻を作りますから、先に述べた「研究倫理は分野によって違う」（共通化はいらない、自分たちのやり方が正しい）という命題を反復再生しがちです。分野によって違うかどうかは、他の分野を知らねば言えないのに、そうした経験や知識がないのに、分野の独自性を主張する教員はかなりいます[4]。しかし、そうした行動は人間一般に見られることであり、「ガイドラインで決まっているのだから」とか、「研究不正によって本人だけでなく大学にも迷惑がかかる」といった説明（コンプライアンス型の典型的な行動です）ではなく、それぞれの専門分野での研究倫理と信じるものを、公の場で報告してもらい、対話によって共通理解を深めることが、コア・グループを形成する上で、何より重要です。

　東北大学の場合は、部局の公正な研究活動推進担当組織によって構成される公正な研究活動推進連絡会議を設け、年に 2 回開催し、全学的な指針案や計画案を提示し、意見交換を行っています。意思決定が合理的であるためには、決定する方針が、国内外の動向と研究倫理に関する研究をふまえ、部局の教員集団、学生の実情を反映する必要があります。こうした往復プロセスは、ビジョンを共有する上で不可欠です。

3　研究倫理マネジメントの情報資源を作る

　三位一体で制度設計を行い、実行プロセスに至るためにも、進め方の全体ビジョンを持つことが重要です。新しい仕事をする時に、大学で良く採用される手法は、他大学の事例をお手本に、自分の大学に合わせて焼き直しすることです。手っ取り早いのですが、お手本にした他大学も、どこかの大学の例を参考にした可能性もあります。そうすると、一番、最初に制度を作った大学は、いったいどうやったのか？という疑問と、それが良いものなのかどうか？という疑問が生じます。

　もう一つ良く取られる手法は、行政官庁の基準や通知類をそのまま学内規程にすることです。研究倫理が大学全体で取り組まれるようになった理由には、大学団体や学協会の積極的な取り組みではなく、2014ガイドラインによる行政指導があります。そのため、大学の研究倫理マネジメントは、これらガイドラインを機械的に大学の規程に置き換えることから始まり、大学の状況や必要性に対応しているかどうか、疑わしいケースもあります。

　たとえば、各大学で定めている不正行為告発の手続き規程には、「ガイドライン」の名称を付しているものが相当数あります。しかし、「ガイドライン」とは、「組織・団体における個人または全体の行動（政府における政策など）に関して、守るのが好ましいとされる規範（ルール・マナー）や目指すべき目標などを明文化し、その行動に具体的な方向性を与え、時には何らかの「縛り」を与えるもの」であり、日本語では「指針」と呼び、「ある具体的な計画を策定し、或いは対策を実施するなど行政目的を達成しようとする場合において、準拠すべきよりどころ又は準拠すべき基本的な方向、方法を行政庁が示すこと」（法令用語研究会編『有斐閣　法律用語辞典　第4版』2012年）であり、一般的に言えば拘束性のあるものではなく、各大学が不正告発手続きを定める際の目安でしかありません。各大学で定めるべきものは、具体的な手続きなのです。その手続きが「ガイドライン」の名称では、おかしいでしょう。

　ガイドランばかり作って実際の手続きはどうするのでしょうか。小さなこ

とですが、皮肉に言えば、主体的に物事を考えず、行政指導があるからやったと見えそうです。

　そもそも、どんな仕事も、上から与えられた□□文書に基づいて忠実に行なえばよいというものではありません。仕事の質□□るためには、担当している人間の判断が重要であり、良い判断を支えるの□□仕事に関する知識と理解、経験です。各種の文献・資料を揃えておくこと□□必要です。

4　集めるべき資料のタイプ

　知識と理解を深めるために理解すべき文献・資料には 4 つのタイプがあります。

(1) ガイドライン・規範類を集める

　当然のことながら、研究倫理に関する規範、ガイドライン類です。倫理とは、「人倫のみち。実際道徳の規範となる原理」(『広辞苑　第 7 版』)、「人として踏み行うべき道。道徳。モラル」(『大辞泉』)を意味しますが、「倫理」の性質として、内面的な価値の面があり、強制されず、倫理に反した場合、社会的制裁はあっても法的制裁はない場合があります。しかし、すべての倫理に強制性がないわけではありません。大学の教職員の労働条件や守るべき服務は、労働基準法第 89 条の定めにより、雇用者の定める就業規則に基づくことになっています。就業規則は、採用、勤務評定、昇任、異動、休職、退職、解雇、服務 (大学の教職員として守るべきルール) などの原則を定め、服務には、教職員が遵守すべき倫理原則も含め、教職員倫理規程で詳述しているのが普通です。倫理原則は、法人化以前の公務員規律を引き継ぐもので、秘密保持や私的利益の追求の禁止、信用失墜行為の禁止など一般的なものから、利害関係者からの利益供与の禁止など具体的なものまで多様であり、倫理規程に違反した場合、懲戒処分の対象となります (ただし、大学の倫理規程に違反しても、刑法など一般社会の法令では処罰されないこともあります)。

　つまり、倫理といっても規範化され、制裁を受けるものもあり、ひんしゅ

くを買うだけのものもあるということです。研究倫理においても同様であり、研究倫理的に見て望ましくなく、問題ではあっても不正行為と言えない倫理違反もあれば、制裁を与えるべき規範性の強い倫理違反もあります。後者を明確に把握するためには、各省庁や政府機関、学協会の倫理規定類を集めておく必要があります。

　2014ガイドラインはもちろんのことですが、特にヒトを対象にした研究では、厚生労働省が指針を公表しており、そのほか、研究資金提供団体・機関・省庁は、同様な指針を作っています。これらの資金を受けた場合には、それぞれの指針の定めに基づきますから、研究倫理担当者は、指針の存在自体を知っておく必要があります。以下に、2019年12月時点の指針のリストをあげておきます[5]。

【内閣府】
　・国立研究開発法人日本医療研究開発機構における内閣府予算に基づく事業に関する研究活動の不正行為への対応に関する指針
　・沖縄科学技術大学院大学学園補助金により行われる研究活動における不正行為への対応等について
　・食品安全委員会事務局における研究活動の不正行為への対応指針
　・地方大学・地域産業創生交付金により実施される研究活動における不正行為への対応指針

【警察庁】
　・科学警察研究所における研究上の不正への対応に関する規程

【総務省】
　・情報通信分野における研究上の不正行為への対応指針

【消防庁】
　・研究活動における不正行為への対応指針

【文部科学省】
　・研究活動における不正行為への対応等に関するガイドライン

【厚生労働省】

　・厚生労働分野の研究活動における不正行為への対応等に関するガイドライン

【農林水産省】

　・農林水産省における研究活動の不正行為への対応

【経済産業省】

　・研究活動の不正行為への対応に関する指針

【国土交通省】

　・国土交通省における研究活動の不正行為への対応

【環境省】

　・競争的研究資金に係る研究活動における不正行為への対応指針

【原子力規制庁】

　・放射線安全規制研究戦略的推進事業による競争的研究資金に係る研究活動における不正行為への対応指針

【防衛装備庁】

　・競争的資金に係る研究活動の不正行為への対応に関する指針

　また、日本学術会議「回答　科学研究における健全性の向上について」（2015年3月6日）は、2014 ガイドラインの具体化のために、文部科学省から、特定不正行為（捏造、改ざん、盗用）以外の不正行為の範囲（二重投稿・オーサーシップのあり方等）、研究者としてわきまえるべき基本的な注意義務、並びに実験データ等の保存の期間及び方法（研究分野の特性に応じた検討）、その他研究健全化に関する事項、研究倫理教育に関する参照基準、各大学の研究不正対応に関する規程のモデルについての審議依頼を受けて作成されたもので、ガイドラインの文言を理解する上で重要な文書です。文部科学省 HP「研究活動における不正行為への対応等」の「『研究活動における不正行為への対応等に関するガイドライン』に係る質問と回答（FAQ）」[6] も、ガイドラインの理解には重要です。

　これらは、第Ⅰ部で見た、プロフェッショナルな研究者として、「正直さ、正確さ、効率性、客観性を保持して行われる研究活動」のための倫理規範で

あり、「科学・学術研究の社会的責任を果たす研究活動」のための研究倫理規範としては、不十分です。たびたび紹介している日本学術会議「科学者の行動規範―改訂版－」をはじめとする行動規範や学会の倫理規程、大学の憲章類も視野に入れておくべきです。全国的な研究倫理に関する情報は、科学技術振興機構が開いている「研究公正ポータルサイト」(http://www.jst.go.jp/kousei_p/) が大変充実しており、百近い学会倫理規程へのアクセスも直ぐできます。また、国内大学や国際科学者会議 (ICSU) の研究倫理に関するホームページにアクセスでき、そこから各国の規範にアクセスできます。また、欧米の主要な機関であるイギリス・リサーチカウンシル (UK Research Integrity Office；UKRIO)、アメリカ科学財団 (National Science Foundation；NSF)、アメリカ研究公正局 (Office of Research Integrity；ORI)、アメリカ国立衛生研究所 (National Institutes of Health；NIH) にもすぐアクセスできます。

　情報収集にはきりがありませんが、ぜひ、海外の学会や大学の倫理規程にも目を通しておくことをお勧めします。私が、研究倫理に関心を持つきっかけの一つは、数理社会学会『理論と方法』第12巻第1号 (1997年) の特集「フォーラム　研究の倫理とルール」を読んだことです。その時に、引用されていた「アメリカ社会学会倫理綱領」(American Sociological Association, 1997, Code of Ethics) を読み、その厳格さと専門家としてのモラル意識の高さに感銘を受けました。これは、『高等教育ライブラリ11　責任ある研究のための発表倫理を考える』(2017年) の所収論文にも書いたのですが (第1部第4章)、この綱領は、一般原則として原則AからEを定め、Aは「専門的能力」を掲げ、「社会学者は自己の仕事において、最も高い水準の能力を維持するように努め、自分の専門技術の限界を認識しなければならない」と述べています。専門家は知ったかぶりをしてはならない、という戒めは、本質的ではないでしょうか。

　分野によっては、学会の倫理規範には粗密があり、関連する学会の規範にも目配りする必要があります。心理学関係は、ヒトを対象とする研究分野なのに、医学研究に関する分野に比べ、政府レベルの指針がなく、学会の規程も責任のある研究活動の進め方についての明確さを欠いています。ヒトを対象とする場合、人権への配慮、リスクの説明と同意、個人情報の保護という

研究実施に不可欠な要件があり、医学研究の場合は、研究倫理審査を要しますし、臨床研究法によって、さらに厳格になります（同意に関しては、第7章で詳しく述べています）。

　学会レベルの倫理規程を参照するという点では、トマス・F・ネイギー『APA倫理規準による心理学倫理問題事例集』（創元社、2007年、村本詔司・浦谷計子訳、原著；Nagy, F. Thomas, 2005, *Ethics in Plain English: An Illustrative Casebook for Psychologists*, 2nd, American Psychological Association）は、とても参考になります。日本の学会が倫理規程を定める場合には、ぜひ海外学会の情報を集めてください。もし、翻訳して全国の研究倫理マネジメント関係者が共有できるなら、関連分野全体の知見が広がるでしょう。大学のグローバル化とか声高に叫ばれ、研究とは国境を越える人類の共通財産なのですから、研究倫理も自国や自分の大学、学会の都合だけでなく、世界全体を視野に入れて考えたいものです。

(2) 研究倫理に関する関連法令を集める

　質の高い研究倫理マネジメントを行うには、研究不正や研究倫理に関するガイドライン類だけを見ていては不十分です。なぜなら、盗用の問題を扱うには、著作権について理解しておかなければなりませんし、データ保存の問題は、そこに個人情報が含まれていますから、個人情報に関する一般規定も把握しておく必要があります。

　特に、大学の倫理規程や学生が関わる場合には、学則や懲戒規程の関係も生じます。研究者の概念に大学院生はもちろん、学部学生も入れているケースがあり、不正行為の扱いは、学生処分の手続も関連します。膨大な学内規程との関連はわかりにくいものです。

　東北大学では、研究倫理活動の開始時に、『資料集　東北大学における責任ある研究活動の推進のために Version No.1』（公正な研究活動推進室監修、平成28年11月発行）を作成し、関係者の手持ち資料としました。以下に収録されている規程類の一覧を示します。大学で関連する資料集を作成しておくことは、全体像を把握するのに役立ちます。

1．東北大学における規範関係

①公正な研究活動のための東北大学行動規範

②研究成果を適切に発表するための指針

③東北大学における公正な研究倫理教育実施指針

④東北大学における公正な研究推進のための研究データ等の保存及び
管理に関する指針

⑤研究データ等の保存の期間及び方法に関するガイダンス

⑥東北大学における公正な研究推進のための共同研究等実施指針

⑦東北大学における公正な研究推進のための若手研究者支援実施指針

⑧研究活動における不正行為への対応ガイドライン

2．東北大学における各種規程

2-1 公正な研究活動関係

①東北大学における公正な研究活動の推進に関する規程

②東北大学公正な研究活動推進委員会専門委員会細則

③東北大学における公正な研究活動推進室細則

④東北大学公正な研究活動推進連絡会議細則

2-2 研究等諸活動における規範関係

①国立大学法人東北大学利益相反マネジメント規程

②国立大学法人東北大学発明等規程

③国立大学法人東北大学安全保障輸出管理規程

④国立大学法人東北大学個人情報保護規程

⑤国立大学法人東北大学における人を対象とする医学系研究の実施に
関する規程

⑥国立大学法人東北大学特定臨床研究監査委員会規程

⑦国立大学法人東北大学特定認定再生医療等委員会規程

⑧部局研究倫理審査委員会関係

・文学研究科・文学部調査・実験に関する内規

・教育学研究科：調査・実験の実施に関する研究倫理審査方針

・教育学研究科：調査・実験の実施承認申請に係る手続き等について

・教育学研究科・教育学部研究倫理に関する内規

・教育情報学研究部・教育部研究倫理に関する内規

・法学部：研究倫理に関する内規

・経済学部：当面の「競争的資金等採択・応募時における研究倫理教育」実施方針

・経済学研究科における調査実施に関する研究倫理審査内規

・工学部：センター内規

・農学部：農学研究科ヒトを対象とする研究に関する倫理委員会内規

・金属材料研究所：公正な研究活動推進委員会内規

・東北アジア研究センターにおけるコンプライアンス推進に関する内規

・東北大学病院臨床研究倫理委員会内規（最新版）

・病院臨床研究倫理委員会運営細則（最新版）

⑨国立大学法人東北大学における研究費の運営及び管理に関する規程

⑩国立大学法人東北大学におけるハラスメントの防止等に関する規程

⑪国立大学法人東北大学における公益通報者の保護に関する規程

2-3 職員に関する規程

①国立大学法人東北大学職員就業規則

②国立大学法人東北大学職員倫理規程

③国立大学法人東北大学個人番号及び特定個人情報取扱規程

④国立大学法人東北大学職員の懲戒に関する規程

⑤国立大学法人東北大学職員の訓告等に関する規程

2-4 学生に関する規程

①東北大学学部通則

②東北大学大学院通則

③学生の懲戒手続きに関する細則

④学生の懲戒等に関する取扱指針

⑤東北大学学位規程

(3) 他大学の研究倫理規範類を集める

　もちろん、他大学の研究倫理規範類も重要な資源です。不正行為の定義に
せよ、不適切な行為の定義にせよ、大学・研究機関の研究倫理規範は、2014
ガイドラインの枠にとどまらず、多様な取り組みを反映しています。「研究
誠実性に関する欧州行動規範」の2017年改訂版は、「研究を規制する価値観
や原則の解釈は、社会的、政治的、技術的な発展や研究環境の変化の影響を
受けうる。したがって、研究者コミュニティの効果的な行動規範は、定期的
に更新され、その事項において、ローカルないし国の違いを認める生きた文
書である」と述べています。**表2-5-1**に2017年の時点での主要研究大学の
不正定義一覧を示します。

(4) 関連するハンドブック類を集める

　次に必要なのは、仕事を定型化して共通のスキルなどを明確にしたハンド
ブックの類です。実務書と言われるものがそうです。しかし、残念なことに、
日本の大学において、「研究倫理マネジメント」という分野は、全く新しく、「研
究倫理」のハンドブック類は多く出版されていますが、研究倫理マネジメン
トのためのハンドブックは、今まで目にしたことがありません。

　たとえば、大学マネジメントの実践書として2009年に出版された『私立
大学マネジメント』(日本私立大学連盟、東信堂)は、690頁全23章に及ぶ大著で、
研究推進(第Ⅲ部第6章)、産官学連携と知的財産の活用・管理(第Ⅲ部第9章)
はありますが、責任ある研究活動の推進はもちろん、研究不正対応や研究倫
理審査についてまったく取り上げていません。大学の社会的責任(USR)(第
Ⅱ部第6章)は、研究倫理も概念的に含み、ここにも一言あってもよさそうで
すが、倫理綱領一般しか書かれていません。

　国立大学の場合はどうでしょうか。『国立大学法人職員必携(平成29年度版)』
(国立大学協会、平成29年7月)には、ガイドラインすら収録されていません。
けれども、新しい領域のマネジメントも、必ず既存のマネジメント・スタイ
ルや関連する分野のマネジメントが参考になるものです。『私立大学マネジ
メント』のUSR(大学の社会的責任)マネジメント(第Ⅱ部第6章)も参考になり

ます。

　組織としての誠実さを追求する 1 つの形として研究倫理があるのですから、企業倫理のハンドブックも役立ちます。リン・シャープ・ペイン『ハーバードのケースで学ぶ企業倫理　組織の誠実さを求めて』(慶應義塾大学出版会、1999 年：原著 Lynn Sharp Paine, 1997, *Cases in Leadership, Ethics, and Organizational Integrity: A Strategic Perspective*, The McGraw-Hill Companies, NC.) は、具体的で示唆に富みます。

　研究倫理マネジメント全般ではありませんが、治験研究・臨床研究のための倫理審査は、とても重要な役割を果たします。医学研究の領域のため、医学部や病院にとっては既知のことですが、全学的な研究倫理マネジメントでは部局任せになります。笹栗俊之・池松秀之編『臨床研究のための倫理審査ハンドブック』(丸善出版、2011 年) は、手順と資料が豊かな 1 冊です。第 7 章で述べますが、倫理審査は医学系だけでなく、教育学・社会学・心理学でも広がっており、機関での倫理審査 (Institutional Review Board: IRB) をどう運営するかという広い視点が求められます。ロバート・J・アムダー、エリザベス・A・バンカート『IRB ハンドブック　第 2 版』(中山書店 2009 年、栗原千絵子・斉尾武郎訳、原著、Robert J. Amdur, Elizabeth A.Bankert, 2007, *Institutional Review Board Member Handbook*, 2nd, Jones and Ballett Publishers, Inc.) は、倫理審査の具体的な形と原理を理解する上で有益で、あとがきの 4 ページを読むだけでも価値があります。

(5) 研究倫理に関する研究書、解説書や情報を集める

　各種のガイドライン類を読みこなすには、研究倫理に関する基本的な文献を集めて関係者で勉強をしておく必要があります。

　まず、ニコラス H. ステネック『ORI 研究倫理入門』(丸善株式会社、山崎茂明訳、2005 年) がわかりやすく全体像を示しています。日本の文献では、全国的なスタンダードを意識した日本学術振興会「科学の健全な発展のために」編集委員会編『科学の健全な発展のために―誠実な科学者の心得―』(丸善出版、2015 年、英語版 *For the Sound Development of Science The Attitude of a Conscientious Scientist*) が、研究倫理に関する各種の事項を扱って有益です。

　また、黒木登志夫『研究不正　科学者の捏造、改竄、盗用』(中公新書、2016 年)

は、生命科学系が中心ですが、豊富な事例がわかりやすい問題提起の書です。

　東北大学高度教養教育・学生支援機構『高等教育ライブラリ9　研究倫理の確立を目指して－国際動向と日本の課題－』（編著、東北大学出版会、2015年）、『高等教育ライブラリ11　責任ある研究のための発表倫理を考える』（東北大学出版会、2017年）は、全国調査や国際動向にも触れた研究書で、東北大学で行われたセミナーをもとにした論文も含まれています。白楽ロックビル訳『グリンネルの科学研究の進め方・あり方　科学哲学・新発見の方法・論文の書き方・科学政策・研究者倫理・遺伝病・生命倫理・科学と宗教』（共立出版、2009年、原著 Frederick Grinnell, 2009, *Everyday Practice of Science: Where Intuition and Passion Meet Objectivity and Logic*, Oxford University Pressing）は、長年研究倫理に取り組んできた論者の翻訳になる視野の広い1冊です。

　全国的な研究倫理教育イベントは、先に紹介した JST「研究公正ポータルサイト」で紹介されており、ここから情報を得るのが良いでしょう。HP「白楽ロックビルのバイオ政治学　研究倫理（ネカト）」（https://haklak.com/）は個人の HP ですが、更新が早く、いろいろな情報が入手できます。

　ウェブ教材としては、APRIN e ラーニングプログラム（大学間連携事業をもとにスタートし、現在は、一般財団法人公正研究推進協会が運営、https://www.aprin.or.jp/）は、多くの大学が契約し、大学として受講を進めているプログラムであり、JST（科学技術振興機構）の THE LAB（https://lab.jst.go.jp/index.html）は、ロール・プレイで研究不正発生のケースを学べます。AMED（日本医療研究開発機構）は、研究公正高度化モデル開発支援事業に取り組み、各種のセミナー等が開講されています。『事例から学ぶ公正な研究活動～気づき、学びのためのケースブック～』（国立研究開発法人日本医療研究開発機構、2017年）は、医学研究の事例中心ですが、参考になります。

　このほか、分野を超えた研究倫理としては、新田孝彦・蔵田伸雄・石原孝二『科学技術倫理を学ぶ人のために』（世界思想社、2005年）、研究倫理研究の先達山崎茂明『科学者の不正行為―捏造・偽造・盗用』（丸善出版、2002年）、同『科学者の発表倫理　不正のない論文発表を考える』（丸善出版、2013年）、同『科学論文のミスコンダクト』（丸善出版、2015年）、吉村富美子『英文ライティ

ング引用の作法　盗用といわれないための英文指導』（研究社、2013 年）などが
有益です。

　分野別では、ライフサイエンス・医学研究では、中山健夫・津谷喜一郎編
著『臨床研究と疫学研究のための国際ルール集』（ライフサイエンス出版、2008
年）、青木清・町野朔編『ライフサイエンスと法政策　医科学研究の自由と規
制―研究倫理指針のあり方―』（上智大学出版、2011 年）、樋口範雄編著『Jurist
増刊　ケース・スタディ　生命倫理と法』（第 2 版、有斐閣、2012 年）、神里彩子・
武藤香織『医学・生命科学の研究倫理ハンドブック』（東京大学出版会、2015 年）、
田中智之・小出隆規・安井裕之『科学者の研究倫理―化学・ライフサイエン
スを中心に』（東京化学同人、2018 年）などがありますが、ステファン・ロッ
ク、フランク・ウェルズ、マイケル・ファースイング『生物医学研究におけ
る欺瞞と不正行為』（薬事日報社、2007 年、内藤周幸訳、原著；Stephen Lock, Frank
Wells and Michael Farthing, 2001, *Fraud and Misconduct in Biomedical Research*,3rd,BMJ Publishing
Group）は、不正行為の実例が詳細で、生物医学以外の分野でも参考になりま
す。榎木英介『研究不正と歪んだ科学　STAP 細胞事件を超えて』（日本評論社、
2019 年）は不正を生み出す環境と文化に鋭く迫ります。澤井努『ヒト iPS 細胞
研究と倫理』（京都大学学術出版会、2017 年）は生命倫理学の立場から深い考察
を行っており、マネジメントに不可欠ではありませんが、田代志門『研究倫
理とは何か　臨床医学研究と生命倫理』（勁草書房、2011 年）とともに、研究倫
理に関わる研究者としては手元に置きたい研究書です。

　臨床研究では、玉腰暁子・武藤香織『医療現場における調査研究倫理ハン
ドブック』（医学書院、2011 年）、石垣靖子・清水哲郎編著『臨床倫理ベーシッ
クレッスン』（日本看護協会出版会、2012 年）、牧江俊雄『被験者の人権と臨床研
究・治験～そして、GCP と新たな倫理指針～』（薬事日報社、2015 年）があります。

　化学では、J. コヴァック『化学者の倫理　こんなときどうする？研究生活
のルール』（化学同人、2005 年、井上祥平訳、原著 Jeffrey Kovac, 2004, *The Ethical Chem-
ist Professionalism and Ethics in Science*, Pearson Education,Inc.）

　人文・社会科学では、眞嶋俊造・奥田太郎・河野哲也編著『人文・社会科
学のための研究倫理ガイドブック』（慶應義塾大学出版会、2015 年）、河原純一

郎・坂上貴之編著『心理学の実験倫理「被験者」実験の現状と展望』(勁草書房、2010年)、安藤寿康・安藤典明編『事例に学ぶ心理学者のための研究倫理　第2版』(ナカニシヤ出版、2011年)は有益です。

　技術倫理は蓄積が厚い分野です。米国NSPE倫理審査委員会編『続　科学技術者倫理の事例と考察』(丸善株式会社、2004年、日本技術士会訳、原著 National-al Society of Professional Engineers, 2004, *Opinions of the Board of Ethical Review 1997 through 2002 Cases*)、チャールズ・E・ハリス・Jr、マイケル・S・プリチャード、マイケル・J・ラビンズ『第3版　科学技術者の倫理　その考え方と事例』(丸善株式会社、2008年、日本技術士会訳、原著 Charles　E. Harris Jr., Michael S. Pritchard, Michael J. Rabins, 2005, *Engineering Ethics: Concepts and Cases*, 3rd, Wadsworth)[7]、日本技術士会プロジェクトチーム技術者倫理研究会・NPO法人科学技術倫理フォーラム編『技術者倫理　法と倫理のガイドライン』(丸善株式会社、2009年)、直江清隆・盛永審一郎編『JABEE基準対応　理系のための科学技術者倫理』(丸善出版、2015年)があります。

　科学研究と社会との関係における倫理には、様々な角度からの文献がありますが、藤垣裕子『専門知と公共性　科学技術社会論の構築へ向けて』(東京大学出版会、2003年)、松本三和夫『知の失敗と社会　科学技術はなぜ社会にとって問題か』(岩波書店、2012年)は、科学そのものを考える視点を提供してくれます。

　情報倫理と著作権はじめ知的財産の理解は重要です。サラ・バーズ『IT社会の法と倫理　第2版』(ピアソン・エデュケーション、2007年、日本情報倫理協会訳、原著、Sara Baase, 2002, *Social, Legal, and the Internet (2nd)*, Prentice Hall)は詳細です(2017年に原著第5版が出ていますが、残念ながら翻訳はありません)。

　著作権や知的財産についての出版は多いのですが、山口大学大学研究推進機構知的財産センターは、教育関係共同利用拠点(知財教育)の認定を受け、豊富な教材を公開しています。ウェブからだけでも多数の教材が手に入ります(http://kenkyu.yamaguchi-u.ac.jp/chizai/?page_id=2466)

注

1　Council of Graduate Schools, 2006, *Graduate Education for the Responsible Conduct of Research*, p.20.

2　Gallant, Tricia Bertram, 2008, *Academic Integrity in the 21 Century: A　teaching Learning Imperative: ASHE Higher Education Report*, Volume 33, Number 5.

3　アメリカ大学院協議会「責任ある研究活動のための大学院教育」（2006 年）は、研究倫理教育の運営委員会を研究科長が作る時に、自身がコンプライアンスの主責任者でもある場合があるが、委員会の責任は教育についてであることを明確に定めるべきで、コンプライアンス・プロセスとは全く結びついていないことを、しっかり説明しなければならない、と述べています (p.21)。日本の大学運営には、この 20 年間、さまざまな制度や概念が導入されてきましたが、既存の運営の仕組みや概念とどういう関係にあるのかが考察されないまま、ひたすら右から左へと入れ込んできたという特徴があります。その結果、本来関係のある活動や制度が切り離されたり、原理的考察を欠いた制度化が、次の段階の関連する制度化を妨げたりすることがあります。2014 ガイドラインの実質化として進められている国レベルの研究倫理マネジメントは、コンプライアンス型で、それ以前に、企業統治の観点からのコンプライアンスが導入されていたので、研究倫理マネジメントもコンプライアンス概念で処理する発想になりやすいのです。研究倫理推進のある部分は、コンプライアンス戦略で対応できます。しかし、研究倫理は、コンプライアンスにハマらない性格があり、コンプライアンスの下位領域とするのは問題もあります。

4　文系教員である私が遭遇してきた事例などを含め、本書第 1 部第 4 章をお読みください。

5　内閣府 HP (http://www8.cao.go.jp/cstp/fusei/index.html)。

6　文部科学省 (http://www.mext.go.jp/a_menu/jinzai/fusei/1352820.htm)

7　2013 年には第 5 版が出ています。

表 2-5-1　主要研究大学の研究不正定義一覧

	特定不正行為	不正行為
北海道大学	定めなし	FFP、二重投稿、不適切なオーサーシップ及び証拠隠滅、妨害行為
東北大学	FFP	研究倫理の共通事項からの著しい逸脱行為があり、不正行為として審査委員会が大学として対応が必要であると判断したもの
筑波大学	定めなし	FFP 及びそれ以外で科学者の行動規範及び社会通念に照らして研究者倫理からの逸脱のはなはだしいもの
東京大学	定めなし	FFP 及び証拠隠滅、妨害行為
東京工業大学	FFP	定めなし
一橋大学	FFP	FFP、二重投稿、不適切なオーサーシップ等、研究活動上の不適切な行為であって、科学者の行動規範及び社会通念に照らして研究者倫理からの逸脱の程度が甚だしいもの
早稲田大学	定めなし	捏造、改ざん、作為的な行為によって恣意的に取得した試資料等の利用、盗用、試資料の不正取得その他の不正行為 前各号に掲げるもののほか、不正な手段により試資料等を取得、公表もしくは伝達すること
慶應義塾大学	定めなし	捏造、改ざん、盗用及び同じ研究成果の重複発表、論文著作者が適正に公表されない不適切なオーサーシップ
名古屋大学	定めなし	FFP
京都大学	定めなし	FFP
大阪大学	FFP	FFP、二重投稿、不適切なオーサーシップ等、研究活動上の不適切な行為であって、科学者の行動規範及び社会通念に照らして研究者倫理からの逸脱の程度が甚だしいもの
神戸大学	定めなし	FFP 及びそれ以外の不適切な行為であって，科学者の行動規範及び社会通念に照らして研究者倫理からの逸脱の程度が甚だしいもの
広島大学	定めなし	FFP 及び証拠隠滅、妨害行為
九州大学	定めなし	FFP、虚偽の記述等又は捏造、改ざん若しくは盗用に準ずる行為及び証拠隠滅、妨害行為

＊ FFP：捏造、改ざん、盗用

＊＊筑波大学研究公正規則における科学者の行動規範が何を指すかは規定されていない。

発表との関連	不適切な行為	調査の対象	根拠規定
研究活動上の行為	定めなし	不正行為	国立大学法人北海道大学における研究活動上の不正行為に関する規程 ,2015 年 7 月改正
発表された研究成果の中	定めなし	特定不正行為及び不正行為	研究活動における不正行為への対応ガイドライン、2015 年 3 月改正
発表された研究成果に限定せず	定めなし	不正行為	筑波大学研究公正規則、2016 年 7 月改正
研究成果の作成及び報告の過程	定めなし	不正行為	東京大学科学研究行動規範委員会規則、2016 年 1 月 28 日改正
発表された研究成果に限定せず	二重投稿（二重出版）、サラミ出版（分割出版）、不適切なオーサーシップ	特定不正行為	国立大学法人東京工業大学における公正な研究活動に関する規則、2015 年 3 月制定
発表された研究成果に限定せず	定めなし	特定不正行為	一橋大学における公正な研究活動の推進に関する規則、2015 年 11 月 4
発表された研究成果に限定せず	定めなし	不正行為	研究活動に係る不正防止および不正行為への対応に関する規程、2016 年 1 月 28 日改正
発表された研究成果に限定せず	定めなし	不正行為	研究活動における不正行為に関する調査ガイドライン、2010 年 2 月 19 日制定
発表された研究成果に限定せず	定めなし	不正行為	名古屋大学における研究上の不正行為に関する取扱規、2015 年 9 月 30 日改正
発表された研究成果に限定せず	定めなし	不正行為	京都大学における公正な研究活動の推進等に関する規程、2015 年 2 月 24 日制定
投稿論文など発表された成果の中	定めなし	特定不正行為	大阪大学における公正な研究活動の推進に関する規程、2016 年 4 月 1 日施行
作成又は報告の過程	具体的に明記せず	不正行為	神戸大学における学術研究に係る不正行為の防止等に関する規則、2016 年 9 月 30 日改正
研究成果の作成及び報告	定めなし	不正行為	広島大学における研究活動に係る不正行為への対応に関する規則、2014 年 9 月 22 日改正
発表された研究成果に限定せず	定めなし	不正行為	国立大学法人九州大学の適正な研究活動に関する規程、2015 年 11 月 27 日改正

第 6 章　コンプライアンス・アプローチを進める

1　研究倫理に関する基本的な規範を定める

　コンプライアンス戦略として研究倫理マネジメントを進める上で、まず必要なのは、「正直さ、正確さ、効率性、客観性を保持して行われる研究活動」と「科学・学術研究の社会的責任」双方を包括することを基本として研究倫理規範を定めることです。

　倫理規範の名称は、「北海道大学における科学者の行動規範」(2009 年 6 月 23 日制定)、「公正な研究活動のための東北大学行動規範」(2013 年 11 月 26 日、役員会)、「筑波大学における研究の公正な推進のための研究者行動規範」(2007 年 1 月 18 日)、「東京大学の科学研究における行動規範」(2006 年 3 月 17 日、役員会 議決) など「行動規範」の名称を取ることが多いようです。これは、日本学術会議の「科学者の行動規範」制定をきっかけに定めたことによると思われます。

　一方、名古屋大学「学術憲章」(2000 年 2 月 15 日)、九州大学「学術憲章」(2016 年 2 月 8 日最終改正)、「東京大学憲章」(2003 年 3 月 18 日評議会)、のように憲章の形で研究倫理を含んでいるものもありますし、「九州大学研究者のための行動基準」(2015 年 8 月 18 日最終改正)のように基準性を強めているものもあります。

　憲章(チャーター)とは、次のように多義的です。

①契約的性質をもつ国家の根本法に付される名称. 例えば、13 世紀イギリスの大憲章(マグナ・カルタ)

②国家間の文書による合意で、特に多数国間の条約に付される名称。例えば、国際連合憲章

③公的な主体が一定の理想を宣言する重要な文書に付される名称．例えば、昭和26年の児童憲章

（法令用語研究会編『有斐閣法律用語辞典』第4版、2012年）

　日本の場合には、③の意味で使われており、宣言に近く、法的拘束力はなく、規範性に乏しいといえるでしょう。ただし、すでに憲章があれば、あらたに規範を定める時に、それとの関係が当然論議されるでしょうから、名古屋大学の場合には、あえて規範的なものは定めず、「名古屋大学における公正研究遂行のための基本方針」と、より具体化した規定にし、九州大学の場合には、行動基準にしたようです。

　憲章、規範、綱領など、どのような表現と形態を取るにせよ重要なのは、①望ましく責任ある研究活動の推奨、②不適切な研究活動の定義と禁止、③研究不正行為の定義と禁止、④責任ある研究活動を行う義務について、一体的かつ構造的に記載することです。大まかに言えば、各大学の倫理規範の構造は、あるべき研究活動については、日本学術会議「科学者の行動規範」をお手本に、研究不正行為の定義と処理については、2014ガイドラインをお手本に、という形で策定されています。

　政府が望ましい研究活動を定義することは、学問研究の性格上行うべきではないので、ある意味、当然なのですが、その結果、責任ある研究活動、不適切な研究活動、研究不正行為の関係が、大学の倫理規範からは見えにくくなっています。2014ガイドラインは、もともと不正行為への対応の基本を示すのが目的であり、責任ある研究活動の逸脱行為としての不正行為があるという関係があまり述べられていません。せめて、冒頭に日本学術会議「科学者の行動規範」を例示するなどあれば、関係が明確になるのですが。

　大学で制定する規範類に研究倫理の全体構造を示すためには、上の4つの事項を記載することが重要です。国内大学の憲章や規範類は、その時々の状況で作成される傾向があり、あまりよいモデルはありません。東北大学の場

合は、「研究誠実性のための欧州行動規範」(2011年3月)を参照しました。

　なお、理念を含む規範類を作成する時には、専門分野の文化的差異が出る
ものです(あくまでも私の個人的経験からの観察ですが)。人文・社会科学系の教
員は、長めに原理的に描き、説明的な文書を好みます。工学など応用系の教
員は、簡略に結論だけを求めます。長々と書かれたものは、読まれない危険
がありますし、短すぎるものは、心に響きません。規範は論文でもないし標
語でもないのですから、どこかに収斂するとしても、解説や注釈も同時に作
成し、審議と決定過程で一体のものとしておくと、初心をのちの世代が理解
するのに便利です。

2　制度設計にあたっての基礎概念

(1) 不正行為の概念を定める

　社会的責任については、第2部第1章、第2章で述べたので、ここでは研
究不正行為について述べます。2014ガイドラインは、捏造、改ざん及び盗
用を「特定不正行為」と定義する一方、「研究機関における研究活動の不正行
為への対応に関するルールづくりは……〔文部科学省関係の資金による研
究活動での捏造、改ざん、盗用〕に限定するものではない」(p.10)と述べ、不
正行為を、いわゆるFFPに限定しないことを示しました。国際的には、FFP
が不正行為であることは共通していますが、オーストラリア、中国、クロア
チアなどでは、ゴースト・オーサーシップも不正とみなし、クロアチア、フィ
ンランド、インド、オランダなどでは、他人の研究の歪曲も加えています。
このように、不正の概念が広いことから見て2014ガイドラインが定義を変
えたことは妥当でしょう。

　ただし、2014ガイドラインは、「科学コミュニティにおいて、各研究分野
において不正行為が疑われた事例や国際的な動向等を踏まえて、学協会の倫
理規程や行動規範、学術誌の投稿規程等で明確にし、当該行為が発覚した場
合の対応方針を示していくことが強く望まれる」と、大学よりは、学会に向
けた提起になっています。**表2-6-1**は、2014年に行った東北大学公正研究

表2-6-1　東北大学における部局別研究不正事項

	捏造	改竄	盗用	重複発表	サラミ出版	不適切なオーサーシップ	研究費の不正使用	研究搾取	プライバシーの侵害	利益相反	インフォームドコンセントのない研究
文学研究科	○	○	○				○	○	○	○	
教育学研究科	○	○	○				○	○	○	○	○
法学研究科	○	○	○				○	○	○	○	
経済学研究科	○	○					○				
理学研究科	○	○	○				○				
医学系研究科	○	○	○				○			○	○
歯学研究科	○	○	○			○	○	○	○	○	○
薬学研究科	○	○	○				○				
工学研究科	○	○	○				○				
農学研究科	○	○	○			○	○				○
国際文化研究科	○	○	○				○				
情報科学研究科	○	○	○				○				
生命科学研究科	○	○	○				○				
環境科学研究科	○	○	○	○	○		○		○		
医工学研究科	○	○	○				○				
教育情報学	○	○	○								
金属材料研究所	○	○	○	○	○		○				
加齢医学研究所	○	○	○				○	○			
流体科学研究所	○	○	○				○		○		
電気通信研究所	○	○	○								
多元物質科学研究所	○	○	○								
災害科学国際研究所										○	
高度教養教育・学生支援機構	○	○	○								
学際科学フロンティア研究所	○	○	○	○			○	○			
学術資源研究公開センター資料館	○	○	○	○	○		○	○		○	○
サイクロトロン	○	○	○						○		○
NICHe	○	○					○	○	○		
サイバーサイエンス	○	○	○								
AIMR	○	○									
メディカルメガバンク	○	○	○	○	○	○	○	○	○	○	○
国際集積エレクトロニクス	○	○	○	○			○	○		○	

推進委員会専門委員会による部局別調査で、各部局の研究不正の定義を聞き、集計したものであり、ここからも研究不正概念の多様さが窺えます。FFP にのみ不正を限定している部局は1つだけですが、各部局を越えて共通するのも FFP のみです。この多様さは、それぞれの部局の研究分野の慣行等に規定されていると思われますが、仮にそれぞれの学会で研究不正の定義を行い、それが多様であると、機関単位で研究不正を定義することとどう統合するかが、難しい問題になります。例えば、教員が学会で二重投稿を行ったことがわかり、学会の処分を受けることになった場合、教員の所属する大学が FFP にのみ限定していたなら、学問世界で問題になっているのに、大学では不問に付すことになります。また、共同研究発表の場合、大学によって定義が異なっていたら、大学によっては、制裁に違いが出ます。学会と大学との違い、大学間での違いは絶対にまずいとは言えませんが、違ってよい理由は何かという説明は必要でしょう。

　また、あらゆる研究不正を必ず処分すべき、とも言えません。一番重要なのは、真実でない結論や実験結果が流布したり、過去に発表された成果をまた繰り返して、それが最新の成果と誤解するようなことになったりするのを防ぐことです。研究成果が真正のものでないということが明確になり、誠実でない研究態度が問題であるということが、共有されることがまず重要です。

　不正とは言えない不適切な行為であっても、それが累積して常習化しているとしたら、特定不正行為に該当しないといって済ませるわけにはいきません。共同研究で沢山の論文を書く研究者の場合、不適切なオーサーシップが全くないということもないでしょうが、300本の論文の内、10本程度まずいものがあるというケースと、200本の論文の内、180本不適切なものがあるというケースを同等に扱う訳にはいかないでしょう。「研究誠実性のための欧州行動規範」(2011年版)は、「軽微な不品行(minor misdemeanors)は公式な調査には至らないが、しばしば起こりうるとダメージになるので、教師とメンターは正すべきである」と述べています。

　こうした問題があるので、2014 ガイドラインが、FFP を特定研究不正行為と定義し、研究不正行為の定義を、大学の判断で広げられるようにしたの

は、理のあることで、主な研究大学は、FFP 以外にも拡大しています（第2部第5章　表2-5-1）。不正行為の定義を決める時には、関連する情報収集が不可欠です。

(2) 不正行為認定と処分の関連性

　定義を決める際に、留意しなければならないのは、「特定不正行為以外に、研究者としてわきまえるべき基本的な注意義務を著しく怠ったことが疑われる等、研究倫理の共通事項からの著しい逸脱行為があり、不正行為として審査委員会が大学として対応が必要であると判断したもの」というように、審査委員会の判断によって不正行為を定義するような定めには、法律家が難色を示す傾向があることです。制度設計の際には、弁護士も参加するケースがありますから、関係者の専門文化の違いがもたらす意見の相違を相互に理解しておくと無駄な対立を回避できます。

　研究倫理の性格から考えると、不正とまで言えない行為でも常習的で累積すると悪質なものは、倫理に悖り、不正な行為と言わざるを得ません。法律家が懸念するのは、不正認定後にとられる法的措置、具体的には処分と関連しています。

　2014 ガイドラインは、告発に相当の理由があるとみなされるものを本調査の対象とし、被告発者が「自己の責任において、当該研究活動が科学的に適正な方法と手続にのっとって行われたこと、論文等もそれに基づいて適切な表現で書かれたものであることを、科学的根拠を示して説明しなければならない」（第3節　4-3-(2)「特定不正行為の疑惑への説明責任」）という責任を負わせ、「特定不正行為に関する証拠が提出された場合には、被告発者の説明及びその他の証拠によって、特定不正行為であるとの疑いが覆されないときは、特定不正行為と認定される」という認定手続きを採用しています。

　つまり、本調査での研究不正の認定に際し、その証拠を打ち消すだけの挙証責任を被告発者が負っているのです。法律家が懸念するのはその先です。研究不正が認定された場合、次は不正に照応した処分をどうするかという処理に移り、免職、停職、休職、減給といった懲戒も検討の対象となります。

被告発者が、自分が不正をしていないことを客観的には証明できないものの、一貫して否認し、懲戒処分を受けたのちに、裁判で争う道を選んだ場合、処分の正当性を大学側が証明しなければなりません。挙証責任の主体が逆転することになります。

　こうしたことを想定すると、法律家の立場としては、審査委員会の判断で行った認定が裁判所で妥当と判断されるように、明文上定義されていないものを払拭したいと考えるものです。日本は、実定法体系が整備されており、裁判官を含む法律家の判断は、法令や規範、指針類の明文化された規則類の解釈として行われますので[1]、こうした思考になるのは避けられません。

　しかし、裁判での争訟から逆算して、不正に基づく処分がひっくりかえらないように定義を行うのも、本筋からずれていると思わざるを得ません。研究不正は、法律上の問題ではなく、責任ある研究活動を行わず、間違った見解や真実を歪めることであり、誤りを明確にすることが不正認定の目的であり、処分それ自体が目的で調査するのではありません。不正認定に対し、必ず懲戒処分すべきということもないでしょう。機能的にも、研究不正の調査委員会と懲戒のための委員会とは別なものです。懲戒の必要性は、計画性や規模などを勘案した上で検討すべきで、両者は関連していますが、直結するものではありません[2]。文部科学省への報告でも、不正には該当するが、懲戒処分には該当しないという事例もあります。

(3) 基本的注意義務違反も研究不正である

　2014 ガイドラインでは、不正の成立要件に大きな変化が生じたことに注意を払う必要があります。2006 年のガイドラインでは、一見研究不正のように見えるケースでも、「故意によるものではないことが根拠をもって明らかにされたものは不正行為には当たらない」とされていました。これは、アメリカ連邦政府規則 (NSF's Regulation on Research Misconduct (45 CFR § 689); National Science Foundation (U.S.)) の「(b) 研究ミスコンダクトは、単なる誤り (honest error) や意見の相違を含まない」ことに則ったもので、データ処理の間違いや誤読は起きうるものですから、こうした留保事項は必要です。

ところが、「単なる誤り (honest error)」を「悪意のない」と訳する例[3]があったため、「研究不正 (Research misconduct)」の定義に「悪意のない間違い及び意見の相違は含まない」との見解が生まれ、不正の告発に対し、「悪意はなかった」と抗弁したり、STAP 細胞事件では被告発者から「故意ではない (うっかりミス)」と弁解したりする例が出ました。従前の定義では、FFP は故意に行われるものとされていますから、調査する側としては、故意ではなく過失であるという被告発者の主張を否定するのが難しい事例もあります。

こうしたこともあってか、2014 ガイドラインは、「故意又は研究者としてわきまえるべき基本的な注意義務を著しく怠ったことによる、投稿論文など発表された研究成果の中に示されたデータや調査結果等の捏造、改ざん及び盗用」も不正行為であるとしました。

「故意」とは、刑法上「罪を犯す意思」を言い、刑法第 38 条第 1 項は「罪を犯す意思がない行為は、罰しない」と定めています。しかし、法律上、犯罪の構成要件は、主観的意図として罪を犯す意識の有無だけで判断されず、「未必の故意」という概念があるように、結果が起きうると認識しながら何もしない場合も故意とみなされます。

また、故意でなく、過失であっても犯罪になります。刑法第 38 条第 1 項は、続けて、「ただし、法律に特別の規定がある場合は、この限りでない」と規定しており、過失傷害罪 (第 209 条)、過失致死罪 (第 210 条)、業務上過失致死傷罪 (第 211 条 1 項)、失火罪 (第 116 条) などがあります。悪気はなくとも、悪い結果を避けるために注意する義務があり、その義務違反が処罰の要件となっているのです。研究者としての専門性は、正しい研究手続きに基づいて研究を行い、誤りを避ける義務があります。2014 年ガイドラインでは、それを「基本的注意義務」として明確にし、「善良な管理者の注意義務 (善管注意義務)」と結び付けられています。

「善管注意義務」とは、「民事上の過失責任の前提となる注意義務の程度を示す概念で、その人の職業や社会的地位等から考えて普通に要求される程度の注意」(法令用語研究会『法律用語辞典』第 4 版、有斐閣、2012 年) を意味し、これが欠けた場合には、不法行為などの効果が生じます。「競争的資金の適正

な執行に関する指針」(2012年10月17日改正、競争的資金に関する関係府省連絡会申し合わせ)では、すでに取り入れられていました。高度な専門知識を有し、その誤用によっては深刻な誤りが生じる場合は、専門家はその行為について誤りが生じないように注意を払う責任と義務が生じます。その義務を果たさないときには、不正行為として扱うとしたのです[4]。

　研究不正と見なされてもやむを得ない注意義務違反とは、日本学術会議「回答　科学研究における健全性の向上について」(2015年3月6日)が主にデータの扱いに関することに焦点を絞っていますが、それに限りません。人権に配慮した研究計画、利益相反関係の明確化と排除など研究過程の全部にまたがるものです。研究者として守るべき注意義務の定めは、違反の程度によって不正行為になりますから、大学の規程で具体化されて明確にすべきです。

(4) 不正行為は発表された成果に限るか

　不正行為の定義に関し、ガイドラインには不可思議な点もあります。例えば、ガイドラインが、不正行為を「投稿論文など発表された研究成果に関する行為」に限っているのは、要注意です。「『研究活動における不正行為への対応等に関するガイドライン』に係る質問と回答(FAQ)」でも、「Q3－9　研究活動における不正行為は、『公表前』の研究成果に関する行為も含まれうるのでしょうか」という問いに、「A3－9　本ガイドラインの対象となる特定不正行為は、投稿論文など発表された研究成果に関する行為に限ります。投稿論文については、論文が掲載された時点を発表とみなします。したがって、論文を投稿したものの出版社によって掲載を拒否された研究成果など、公表されていないものについては、本ガイドラインの対象外となります」と回答しています。

　しかし、研究不正は発表されたものに限定されるのではなく、研究活動の全部にわたって許されないとするのが普通でしょう。学会誌に投稿された論文に捏造・偽造・盗用などの不正があれば、学会誌編集委員会は、それを不正として認定し、処分を与えるのが当たり前のことです。「日本教育工学会不正行為に対する対応と防止に関する規則」は、投稿論文に不正が発覚した

場合、当該論文の著者全員の論文誌への投稿を禁止し、当該論文の著者に対する厳重注意を行い、学会が受けた被害の全額、あるいは、一部を著者に請求することを定めています。

「日本消化器内視鏡学会投稿規定」は、当該論文を受け付け拒否とし、筆頭著者および共著者に対して厳重注意を行い、筆頭著者および共著者ともに3年間本誌への投稿を禁止とすると定めています。また、編集委員会の判断で、著者の雇用主、所属団体へ通知、あるいは調査を依頼することがあるとしています。しかし、F&Qのままに規定を作った大学では不正と認識しないのですから、学会の判断と大きなずれが生じることになります。

アメリカ研究公正局のHPでは、「研究不正は、研究の計画、実行、解析、及び研究結果の報告における、捏造、改ざん及び盗用」と定義し、国内の大学でも、「東京大学科学研究行動規範委員会規則」第2条（2006年3月17日、役員会議決、東大規則第79号）は、「『不正行為』とは、研究成果の作成及び報告の過程において、故意又は研究者としてわきまえるべき注意義務を著しく怠ったことによる、次に掲げる行為をいう」（圏点筆者）と定義し、発表（報告）に限定していません。

「東京工業大学における公正な研究活動に関する規則」（2015年3月6日、規則第16号）も、発表された研究成果に限定していませんし、私が調べたところ、北海道大学、筑波大学、一橋大学、早稲田大学、慶応義塾大学、名古屋大学、京都大学、神戸大学、広島大学、九州大学など国内の主な研究大学も、研究不正を発表されたものに限定せず、プロセスも含んでいます。

「発表された研究成果に関する行為」に限定する結果、学位論文の不正についても、おかしなことになります。「Q3−4　学位論文における不正行為は本ガイドラインの対象ですか」という質問に対する回答は、「A3−4　本ガイドラインは、研究活動における不正行為への対応等を定めたものであるため、大学院の教育の一環として作成される学位論文における不正行為は、本ガイドラインの対象とはなりません。ただし、例えば学位論文のもととなった論文や学位論文を基礎として作成された論文など学位論文そのものではない関連する論文が、雑誌等により公表されたケースにおいては、その限

りではありません」となっています。これでは、学位論文そのものが捏造に基づくものでも、発表するまで不正ではないと述べているようです。そもそも、学位論文が研究活動の結果でないかのような説明は不可解というほかありません。公表までは不正ではなく、公表したとたんに研究不正として告発の対象になるというおかしな話になります。研究プロセスを明確にし、そこに過失や意図せざる不正が発生しないように、研究者自身が留意することが何より重要です。東京大学科学研究行動規範委員会「分子細胞生物学研究所・旧K研究室における論文不正に関する調査報告（最終）」（2014年11月26日）は、「画像の『仮置き』をはじめとする特異な作業慣行、実施困難なスケジュールの設定、学生等への強圧的な指示・指導が長期にわたって常態化……このような特異な研究慣行が、不正行為の発生要因を形成」と指摘しています。論文投稿を迅速に進めるために、あらかじめこうありたい結果をデータとして入れ込み、それを「仮置き」と称していたました。プロセスにおいてデータの捏造が行われていたことを深刻に受け止めるべきです。

(5) なぜ、研究成果発表へ限定したのか

　このガイドラインの見直しを検討した「『研究活動の不正行為への対応のガイドライン』の見直し・運用改善等に関する協力者会議」（2013年11月設置）の議事要旨を読んでも、この点を議論した形跡がありません。それ以前のガイドライン（研究活動の不正行為に関する特別委員会「研究活動の不正行為への対応のガイドラインについて―研究活動の不正行為に関する特別委員会報告書―」2006年年8月8日）の定義「本ガイドラインの対象とする不正行為は、発表された研究成果の中に示されたデータや調査結果等の捏造と改ざん、及び盗用である」（圏点筆者、第Ⅱ部 競争的資金に係る研究活動における不正行為対応ガイドライン Ⅱ 研究活動の不正行為等の定義、p.12）をそのまま引き継いだようです。

　ところで、この特別委員会報告書は、2部に分かれ、「第Ⅰ部 研究活動の不正行為に関する基本的考え方」では、「具体的には、得られたデータや結果の捏造、改ざん、及び他者の研究成果等の盗用に加え、同じ研究成果の重複発表、論文著作者が適正に公表されない不適切なオーサーシップなどが不

正行為の代表例と考えることができる。こうした行為は、研究の立案・計画・実施・成果の取りまとめの各過程（競争的資金等の支援を受ける場合は、この他に経費支援申請や経費支援者への報告がある。）においてなされる可能性がある」（圏点筆者）と述べ、研究不正を研究成果の発表に限定しない立場を取っていたのです。

　ところが後半の「第Ⅱ部 競争的資金に係る研究活動における不正行為対応ガイドライン」では、「研究成果の中に示された」と限定されており、同じ報告書で2つの異なった定義が採用されていたのです。

　特別委員会の配布資料を見ると、第6回（2006年6月23日）までは、「本ガイドラインの対象となる不正行為は論文作成及び結果報告におけるデータ、情報及び調査結果等の捏造と改ざん、及び盗用に限られる」と少し広い立場を取っていたのですが、第7回（2006年8月8日）には、「論文作成」というプロセスに関する部分が削除された案になってしまいました。第6回の会議で修正が行われたことになりますが、その議事録は当初公開されておらず、その後、議事録ではなく議事要録が公開されましたが、やはり削除について論議していません。経緯と理由はわかりませんが、私の経験では、プロセスを含めるべきではないかという意見を研究倫理の講演で述べると、「プロセスまで広げると、他の研究者の足を引っ張る告発が出てくる恐れがある」、「告発が殺到して処理ができないのではないか」という意見が返ってきたことがあります。こうしたことへの配慮があったのではないでしょうか。

　しかし、何を不正行為とみなすかは定義の問題であり、処理が難しいからといって、不正の定義を変えるべきではありません。実際、ある大学での事案ですが、博士課程の大学院生が、後輩院生の実験データを、何の断りもなく博士論文に使い、最終審査に入った時に副指導教員が気づき、研究科で調査が行われたことがありました。まさに盗用に他ならないのですが、その大学の規定では、「発表された研究成果における捏造、改ざん、盗用」を特定研究不正行為と定義していたため、悪質ではあるが不正行為と認定せず、実質処分は、行われませんでした。この事案が他の研究大学なら、不正行為として処分されることになります。どちらが、「責任ある研究活動」を進める

立場なのか、制度作りの際には、十分な議論をする価値があります。

3　研究成果発表のルールを作る

(1) 責任ある研究成果発表のための原則を明示する

　研究者としてわきまえるべき注意義務を明確にするためにも、研究成果発表のルール作りは、各大学で取り組むべき課題です。上に述べてきたように、研究過程を含めて不正を禁止し、二重投稿・二重出版が研究のオリジナリティを歪め、業績を水増しするなど、不正な発表であることは、学問世界ですでに共通理解になっていると考えられるからです。

(2) 二重投稿・二重出版についても定める
①二重投稿は査読論文だけの問題か

　二重投稿・二重出版がいけないことは研究者が理解していても、何が該当するかついては、見解が異なりますので注意が必要です。もう10年以上前ですが、私がある学会の理事会で二重投稿禁止のルールの原案を提案したとき、二重投稿とは学会誌掲載論文のことを指し、大学の紀要論文をそのまま学会誌に投稿しても二重投稿にならない、という意見や、科研費の報告書に掲載した論文も二重投稿に当たるのか、といった意見が出て、具体論になると見解が相当違うと感じました。国際医学雑誌編集者委員会(International Committee of Medical Journal Editors: ICMJE)「医学雑誌の学術研究の実施、報告、編集、出版に関する勧告」(Recommendations for the Conduct, Reporting, Editing, and Publication of Scholarly Work in Medical Journals, 最新改訂 2017)[5] は、これらを重複出版(Overlapping Publications)と定義し、「著者は、使用言語が同じであれ別であれ、同一原稿を複数の雑誌に同時に投稿すべきではない。この基準の根拠は、複数の雑誌に同時に投稿された論文の掲載権について、雑誌間で紛争となる可能性があること、また複数の雑誌が気づかぬまま、また必要もないのに同一原稿の査読と編集を行い、同じ論文を掲載してしまう可能性があることである」と述べています。

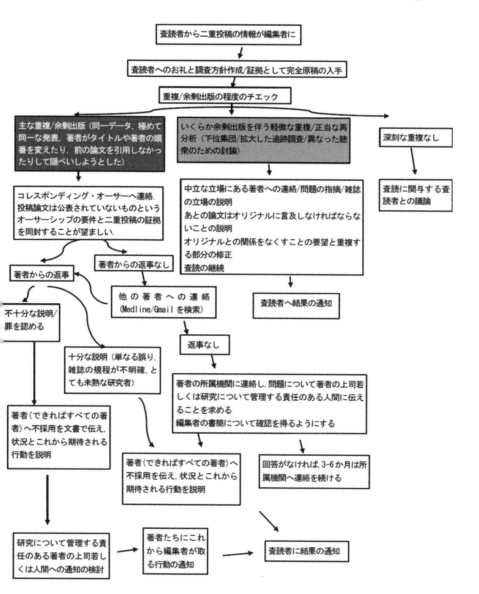

図 2-6-2　二重投稿・出版の疑義に対する編集者の対応マップ

（COPE, What to do if you suspect redundant (duplicate) publication: http://publicationethics.org/files/redundant%20publication%20A_0.pdf. 2016.12.21 アクセス）

　参考までに、出版倫理委員会 (COPE) の HP にアップされている二重投稿に対する編集者の対応マップを示します。COPE の HP には、各種の不正行為に対する対応マップがアップされており、とても参考になります。

　また、「多重出版 (duplicate publication、注：二重出版のことです) とは、すでに掲載された論文と内容が大幅に重複する論文を、その過去の論文について明確に言及することなく掲載することである」と述べています。

　ICMJE は、医学雑誌編集者の集まりですから、学術雑誌について述べているのですが、その言わんとすることは、すでに発表されたものを再度投稿ないし出版することで、オリジナリティを読者が誤解することにあります。したがって、最初の論文が発表された形が、学界全体に対して出版ないし発表に該当しうるかどうかが論点になります。

②発表要旨集は二重投稿になるか

　例えば、学会の大会では事前に発表要旨集 (Proceedings) を作成し、当日発表を行うのが普通です。この場合、発表申し込みを審査し、一定水準にあるものを発表と認め、発表要旨集を論文集と見なす学会があります。この場合は、既に要旨集掲載をもって業績としているのですから、それとほぼ同一の論文を他の学会誌に投稿したりすれば、二重投稿 (発表) になります。理系や情報系の学会など、少しでも早い発表によるオリジナリティが尊重される学会は、この形が多いようです。

　他方、発表要旨集にそこまでの位置づけを与えていない学会の場合は、要旨集の掲載発表原稿をもとに論文化しても、二重投稿にはならないことが慣行として成立しています (ただし、要旨集の記述を引用なく自分の論のように扱えば、盗用になるでしょう)。文系学会はある程度の字数がないと説明できないので、学会発表と論文としての発表は区別されているようです。

　また、研究会で詳細なレジュメによる発表を行い、それをもとに論文を執筆した場合、形式的には二重発表になりそうですが、研究会は限られた研究者の集まりで、広く学界に発表したわけではありませんので、二重発表とは考えられません。

　要するに、二重投稿 (出版) か否かは、最初に発表されたものの内容、発表

された形、刊行部数と頒布の形態などによって判断されるものであり、学会誌や大学の紀要編集のルールによるので、大学では、研究者が全体の原理と学会誌の編集方針を理解し、間違った行動をとらないようにすることが重要です。研究者は、学会誌投稿の際は、採否に関わりますから、かなり神経を尖らせますが、大学の紀要に論文を投稿する場合は、ルーズになる傾向があります。私の経験では、査読制を引いている大学の紀要編集委員会から査読を頼まれ、読んでみたところ、つい最近出た一般雑誌のエッセイをそのまま紀要に投稿している原稿だったので愕然としました。投稿者はその分野でよく知られた教授であり、悪気はないのでしょうが、二重出版についての理解が不十分である例です。

③異なる学会での発表も二重発表になるか

　文系の問題で講演すると 3 回に 2 回はこういう質問が出ます。学会発表の申し込み条件を良く読めば、「未発表のもの」という条件が付いているはずです。その場合の「未発表」とは、当該学会のみを指しているわけではありませんから、当然二重発表になります。

　例えば、ある学会の研究者が他学会で発表された研究とほぼ同一の内容を注釈なしに発表すれば、「盗用」の疑いがあり、悪くとも「先行研究の無視」として非難は免れないでしょう。学問世界における発表とは、学会の壁を越えて成立しており、「この学会では初めてだから二重発表ではない」と言えないことは明白です。

④既発表論文をまとめて出版すると二重出版になるのか

　これも文系の研究者からよく出る質問です。学術誌や大学の紀要で発表した論文を数年後にまとめて図書として出版するのは、よくあることです。そのために、「文系と理系では違う」と思う方が多いようで、ネットでこの問題を議論した時、ある研究者が「文系は違う」と一方的に断定し、議論を打ち切ってしまったのには辟易しました。理系でも、既発表論文をもとに教科書を出版することもありますから、事情は同じです。しばしば引用している国際医学雑誌編集者委員会（ICMJE）「医学雑誌の学術研究の実施、報告、編集、出版に関する勧告」（最新改訂 2017、以下 ICMJE 統一投稿規定）[6] は、「容認され

る二次出版」の項目で、「他誌やオンラインですでに出版されている内容を二次出版することは、特にできるだけ多くの読者に重要な情報を届けることを目的とするとき、正当かつ有益である場合がある（政府機関や専門学会によって同一言語または他言語で作成されたガイドラインなど）。その他さまざまな理由による二次出版も、以下の条件を満たしていれば正当とみなされる場合がある」と述べ、次の条件として、①著者が両方の雑誌の編集者から承認を得ていること、②一次出版の優先権を尊重するため、一次出版と二次出版との間隔を、双方の編集者と著者が交渉して取り決めること、③二次出版の内容が、一次出版のデータおよび解釈を忠実に反映していること、④読者、同じ分野の研究者、文献情報提供サービスに対し、全体あるいは一部が他所に掲載された論文である旨を告知し、一次出版の参照情報を示すことといった条件を示しています。私は、このルールは文系の場合にも良く合致していると思います。ICMJE統一投稿規定など国際的な規範は、新たなルールを創造するのではなく、すでにあるルールを集積・整理してなりたっているのですから、当たり前のことと言えば、当たり前なのですが。

　ごく稀ですが、今まで、気が付いた例として、過去出版した図書の1章を別な図書に注記なしで再録したケース、同時期に同じ内容を別な出版社からの図書に使ったケースがありました。単行本を出すのですから、それなりの実績を持つ研究者です。10年以上前のことですから、特に問題とはならなかったようですが、同じ内容を読まされる読者のことを考えると、二重出版はムダ金を使わせることにもなります。

(3) サラミ出版について

　サラミ出版という言葉も、はじめは、何のことかと思われていましたが、かなり広がったのではないでしょうか。日本学術振興会科学の「健全な発展のために」編集委員会『科学の健全な発展のために―誠実な科学者の心得―』(2015年)は、「一つの研究を複数の小研究に分割して細切れに出版することは、『サラミ出版』または『ボローニャ出版』と呼ばれています。サラミもボローニャも薄く切って食べるソーセージの種類です。これも二重投稿・二重出版

と同様に、業績の水増しになるだけでなく、全体としての研究意義の把握がしにくくなり、他の科学者に無用な手間暇をかけさせるといった点からも問題です。もし、一連の情報が一つの論文にまとめられていたのなら、他の科学者はもっと容易に研究の意義を把握できるからです」(p.70) と説明しています。

サラミ出版は、イギリスで研究評価（RAE: Research Assessment Exercise）が導入後、論文数稼ぎのために増加したと言われており、日本核医学会、消費者行動研究学会などは、学会として禁止しています。大学で定める学位論文の要件には、学会誌での査読論文複数を掲げることもあり、1つの調査から複数論文を執筆して異なる学会誌に投稿して学会論文を「稼ぐ」ことがありますから、大学の研究規範に定めるだけでなく、研究科の学位論文の審査要領などで明記し、研究指導者は注意して指導しなければなりません。

何がサラミ出版に該当するかは、複数の論文の内容を精査してわかることであり、判定は結構難しいものです。法学系の研究者から、「法学では学部の紀要に論文を連載し、まとめて出版することが普通だが、サラミ出版になるのか」という質問をよく受けます。法学に限らず、根拠となる文献、史資料の引用が長くなる論文は、まとまりのある部分を連載し、最終的にまとめて出版することが多く、分割しているからサラミ出版というわけではありません。

私の経験では、ある紀要の編集委員長をしていた時、研究者へのインタビューを行い、そのインタビューから帰納される要点を論文の論証部分の一部に使って投稿し、それとは別にインタビューの記録をまとめて報告として投稿したものを査読したことがあります。インタビュー記録を読むと、内容それ自体にほとんど価値はなく、意味のある内容は、論文の根拠として使えば十分であり、これはサラミ出版になると判断し、投稿者にもそのように伝え、取り下げてもらいました。もし、インタビュー記録の内容に独自の情報と価値があり、単独の報告として成り立つものであれば、サラミ出版とは判断しなかったでしょう。

サラミ出版は、FFPや二重投稿に比べ、内容をより精査した上での判断が

いっそう重要になります。また、2つの投稿を1人の査読者が読むから統合的な判断ができますが、時間差があり、別な発表媒体を使う場合には、判断が難しくなります。

(4) オーサーシップについて
①研究不正の温床ともなるオーサーシップの乱れ

　FFPのような研究不正は、オーサーシップの乱れと結びついており、不正発生の温床になっているのではないかと考えられます。オーサーシップが乱れているということは、実験も行わず、論文の執筆に責任を持たない研究者がいるということであり、執筆者の誰かが問題のある記述をしても、研究グループ内の自浄能力が働いていないことを意味しているからです。

　たびたび紹介している東京大学分子細胞生物研究所論文不正事件の場合、筆頭著者が転出してから論文が執筆され、筆頭著者が論文の内容を知らないことが多々あり、安易に共著者に名前を連ねるといった慣習が存在したことが指摘されています[7]。

　不正論文の世界記録という恥ずかしいフレーズが付く東邦大学医師大量捏造論文事件の場合、実験すら行わず、机上で論文が作りだされ、不正論文は172本を数えました。そのほとんどがオーサーシップの資格を満たさないのに他の研究者を共著者とし、ある教員とは、専門が異なるが業績を増やすために互恵関係を作り、相互にゴースト・オーサーとなっていました[8]。

　山中伸弥京都大学教授がiPS細胞の作製でメディアに取り上げられているとき、東京大学医学部特任研究員Mo氏がiPS細胞を使って心不全患者を治療したと虚偽発表をし、問題になりました。このケースも、共著者であった附属病院教員が事実上ゴースト・オーサーであったことも指摘され[9]、元指導教員の東京医科歯科大学教授も、実際の研究に関与せず、ラスト・オーサーになり、非専門分野であるにもかかわらず共著者として名を連ねていることも問題となり、処分を受けました[10]。

　これらの事例を見ても、オーサーシップの乱れは、責任ある研究活動が行われておらず、捏造・偽造が発覚しにくい状況をもたらしていると言えます。

　さらに、指導学生や若手研究者の実験結果を教員が勝手に使う研究搾取も、実際に研究を行った研究者のオーサーシップが尊重されていないから発生している問題です。

　一方、研究倫理の分野でオーサーシップが広く問題になっているにもかかわらず、オーサーシップに関する原則を明記することには難しい問題があります。ICMJE 統一投稿規定は、オーサーシップを、① 構想と研究デザイン、もしくはデータ取得、またはデータの解析と解釈に対する実質的貢献、② 論文の起草、または重要な知的内容に対する改訂への貢献、③ 掲載されることになる版の最終承認、④研究のあらゆる部分について、正確さと誠実さに関する疑問に適切に説明できることに同意することを要件としています。

　しかし、このオーサーシップの定義は、共同研究の参加者が多く、一堂に会することもない状況では、現実には、難しいようです。一方で、国内の研究者 3,499 人対象調査では、15％しか ICMJE 基準（2013 年以前）を満たしていないことがわかりました[11]。北仲千里・横山美栄子（2016）による海外での研究をメタ分析では、過半数以上が要件を満たしているのとは大きな違いがあることも分かっています[12]。

②オーサーシップとは何か

　そもそも、オーサーシップとは何でしょうか。その意味は、第 1 に、研究成果に対する責任（だから、成果が真正なものであることを保証する）、第 2 に、研究に貢献した表示（研究の立案、理論の構築、試作品の開発、仮説の検証について重要な貢献を果たし、最終発表版の論文を確認し，承認）、第 3 に、その結果、研究者の評価（著者であることは、研究者の能力と業績を示す）につながります。実際に研究に貢献していないのに著者となることは（ギフト・オーサーシップ、ゲスト・オーサーシップ）、研究者の業績評価を歪め、人事評価を正しく行えないことになります。研究に貢献している研究者を著者としないのは、研究搾取にもなります。

　責任あるオーサーシップも、大学・研究規範で定めるべき重要事項です。国際的な学術誌編集者の集まりである COPE（Committee on Publication Ethics）の議長 Elizabeth Wager と医学ジャーナル Lancet の上級編集者・COPE の副議

長 Sabine Kleinert が、第2回研究誠実性に関する世界会議 (World Conference on Research Integrity, 2011, シンガポール) で、行った報告では、①共同研究では、著者と謝辞の基準を研究の開始時に決めておくこと、② 理想的には、特定の分野におけるオーサーシップの基準は、研究機関、専門職団体、学術団体、資金提供者によって合意され、公表され、一貫して適用されるべきでこと、③ジャーナル編集者は、自分の分野に適したオーサーシップ基準を公表し、広めるべきだが、オーサーシップの紛争において判定することは期待できないので、研究機関がオーサーシップと謝辞について公正かつ適用される基準を促進すべきであること、④必要に応じて、機関はオーサーシップの紛争を裁定し、プロセスが適切であることを確認すべきこと、⑤ 研究者は、オーサーシップ基準を満たす個人のみが著者として報われ、著者に値する者が省略されないことを保証すべきである。機関やジャーナル編集者は、ゲスト、ギフト、ゴースト・オーサーシップが起きない実践を奨励すべきである、としています。不適切なオーサーシップの定義についてはいろいろな文献に書かれていますから、改めて述べる必要はないでしょう。

③オーサーの増大という現象

　ところで、研究倫理の問題を理系の研究者と議論して、一番、難しいのは、オーサーシップの問題であり、共同研究の規模が大きくなり、論文当たりの執筆者数が増加していることです。山崎茂明『科学論文のミスコンダクト』(丸善出版、2015 年) は、PubMed 収載記事の平均著者数が 1970 年代前半には 1.90 名だったのが，2010 年には 4.98 名に増加したこと、論文の最大著者数記録が 1990 年代後半に 230 名だったのが、2010-2011 年には、3,172 名の論文が出現したことを報告しています (p.53)。その後、数学者の佐藤健太郎氏が、2015 年に発表された G. Aad らの論文 (Combined Measurement of the Higgs Boson Mass in pp Collisions at $\sqrt{s}$=7 and 8 TeV with the ATLAS and CMS Experiments," *PHYSICAL REVIEW LETTERS*, Vol.114-19, 15 May 2015) が、5,154 名の著者によることを紹介していました (「数字の科学 22」『文藝春秋』2018 年 6 月号)。現物を見てみると、本文 7 ページ半，引用文献 2 ページ，執筆者リスト 15 ページ半，所属機関リスト 9 ページというものです。お分かりのようにヒッグス粒子に

関するもので欧州原子核研究機構での2つの国際チームによる共同研究ですが、5,000名を超える著者が、その内容に責任を負えるものでしょうか。研究の巨大化が進み、オーサーシップの定義がどこまで妥当性を持つか、という状況に来ているかもしれません。私も、アメリカ国立衛生研究所（National Institutes of Health）のウェブサイトで調べたところ、2000-2004年の間に、著者数5,399名の論文があったことがわかりました。残念ながら、具体的な論文をまだ見つけていません。

(5) なぜ、論文の著者数が増加するのか──研究評価の影響

　論文の著者数が増加し、研究内容に責任を持てなくなっていることの問題を理系の研究科の講演で指摘すると重たい反応が返ってきます。時に反発もあります。共同研究の規模が大きくなり、複数の研究室が分担して行われ、若手の研究者は研究全体を理解できず、与えられた部分の実験をこなすだけといったケースもあるようで、参加する研究者のモチベーションを維持するためにも、また、業績をあげて就職に結びつけるためにも、著者に加えることは意味があり、参加する研究者の権利でもあります。こうした事情もあり、オーサーシップの問題は複雑で、多いからといって問題と即断できません。

　他方、オーサーシップの定義をはみ出すような著者数の増大には、研究業績の評価が学術論文の数に傾き、特にインパクト・ファクター（IF）[13] の高い国際学術雑誌の査読論文が重視されていることに一因があります。IFとは、その雑誌が1論文当たり平均何回引用されたかを算出したもので、雑誌の重要性を示すものです。

　IFは、アメリカの言語学者であるユージン・ガーフィールド博士が提唱したものですが、図書館などで購入する尺度を目的にしたもので、博士自身が研究論文の評価に使うことを戒めています。共同研究に多くの研究者が参加し、投稿論文に多数の著者が名を連ねるのは、大学や研究室の戦略となり、慣行となることは不思議ではありません。

　政府の方針自体も、研究評価における数量化を過度に採用しています。第5期科学技術基本計画（2016～2020）の8つの目標値は、「我が国の総論文数

を増やしつつ、我が国の総論文数に占める被引用回数トップ 10 ％論文数の割合が 10 ％となることを目指す」(基本計画、p.30) とし、共同研究と共著論文の増加を謳っているのですから、論文数を稼ぐことに大学が反応するのは、当然です。研究評価のあり方から発表のルールを明確にしていくことが大事です。研究評価に関するサンフランシスコ宣言[14] (2012 年 12 月) は、「一般勧告　1. 雇用，昇進や助成決定をおこなう際に，個々の研究論文の質をはかる代替方法として，インパクトファクターのような雑誌ベースの数量的指標を用いないこと」と述べています。

　ところが、日本の高等教育政策では、こうした国際的な研究評価の動向の理解が十分ではありません。例えば、大学評価・学位授与機構研究開発部「理学系の教育・研究水準の評価にかかる参考例」(2015 年 1 月 7 日) は、「著名な学術雑誌への掲載 (適切な場合には，インパクトファクターなどの指標を学術雑誌の国際的な評価に関する参考資料として用いることもありうる)」と述べていますが、どのような場合が適切か明示しておらず、大学では迷うでしょう。文部科学大臣決定「文部科学省における研究及び開発に関する評価指針」(2017 年 4 月 1 日) も、「IF 等は，掲載論文の質を示す指標ではないことを認識して，その利用については十分な注意を払うことが不可欠である」と述べていますが、どんな注意が必要かわからず、中途半端な内容です。

　私は、教育学部というミニ総合学部や全学教育共同利用施設で教員として勤めてきた結果、数学・物理学・化学・生物学など自然科学分野の教員人事に人事選考委員や教授会での最終選考に関与し、様々な業績評価のスタイルがあることを興味深く見てきました。特に、研究大学で採用人事に加わった時には、理系の委員から、海外学術誌の査読論文、国内学術誌の査読論文、大学の紀要論文、その他に区分してそれぞれ点数をつけ、合計点で足切りしよう、という方法が提案されたことにびっくりしました。確かに、理系の場合、30 代半ばで 50 本を超える査読論文も珍しくなく、いちいち読んでいて評価しては時間がかかるので、面接候補を絞るまでをスピーディにするのは、さすがに理系の発想だと感心しました。

　しかし、こうした手法だけに頼ると、中身を読まずに候補者を絞っていく

ことになります。候補者も数を稼ぐようになります。論文の著者数が多いため、採用人事のための論文リストを作成すると著者名をすべて書ききれず（すべて書くと一つの論文に1ページが必要）省略した業績目録に、当の本人名が載っていないこともあり、質問すると、その部局では、前からそういう慣行になっていると知りました。それがまずいとは一概に言いませんが、その人が書いたかどうか明示されない資料をもとに業績評価をするのは、釈然としません。文系でも共同研究が多い社会学の調査系列の研究者の業績も似たところがあります。しかし、共同研究が多いということは、力のある中心的研究者が研究資金を調達し、大学院生やポスト・ドクトラルのいる博士課程を持つ研究科の力であり、その研究者の固有の力量やアイディアを研究業績が反映していない可能性があります。私は、若手教員の採用の際には、業績が生み出された背景にある研究環境まで視野に入れ、この人を採用した場合、新しい職場で力を発揮できるポテンシャルがあるかどうかを判断基準の一つにするように心がけてきました。当然、その人の業績をしっかり読み、狭いテーマだけに特化していないかなどを判断することが重要です。

　この話をある理系大学院でしたところ、「うちはしっかり読んでいます」と返事が返ってきました。安心するとともに、私の経験では、人事選考委員の中には、まれに「論文を読まない（読めない）」人がいるのも事実で、それも不思議ではありません。あまり言いたくありませんが、その研究者が書いたものを読み、実際に一緒に仕事してみると、まったく違うことがあります。学会誌のネーミングや数だけに囚われない研究評価が重要と思います。話が脱線してしまいましたが、責任ある研究活動の問題は、研究評価のあり方が関連することを視野に入れておきたいものです。

(6) 論文盗用防止と画像改ざん防止について

　生命科学系の研究不正は、異なる実験結果の画像を張り合わせるなど改ざんが特徴になっています。大隅典子「生命科学系論文の作法」（『高等教育ライブラリ11　責任ある研究のための発表倫理を考える』（北大学高度教養教育・学生支援機構編、東北大学出版会、2017年）は、生命科学の研究プロセスを詳しく述べ

ています。画像技術の発展が、論証根拠として扱われることから、どこまできれいに画像を提示するかが論文採択の要素になっているという背景がありそうです。

　したがって、画像処理についても、行き過ぎて改ざんにならないように正しい画像処理のあり方も大学院における研究指導の一環に位置づけるべきで、コンプライアンス的には、論文執筆や発表に当たっては、適正な画像処理技術を使うように明記することが重要です。論文盗用の防止・摘発には、iThenticate などのソフトがすでに実用化されており、かなりの大学が学位論文審査に導入しています。ただ、7 〜 8 年前に中国に研究倫理調査で訪問した際、すでに大学では盗用検出ソフトが導入されていましたが、事前に同様のソフトでチェックし、盗用と判定されないように文章変更をアドバイスする会社があると聞きました。中国人研究者が「上有政策下有対策」(上に政策あれば下に対策あり) と教えてくれました。ソフトは、盗用の有無を判定してくれるわけではなく、既出論文との同一性を画面で示しながらパーセンテージで表示するだけですから、判断は人間自身であり、どの程度一致しているかが重要な要素なので、パーセンテージを下げるように工夫できるわけです。事前チェックの結果、同一性が下がったとしても、それで盗用ではなくなった、と言い切れるのでしょうか。日本の各大学の盗用ソフト使用に関しては、チェックの主体が、主査ないし審査員 (東京大学理学研究科、早稲田大学など)、指導教員 (金沢医科大学、兵庫医科大学、東北大学)、申請者 (自治医科大学) とバラバラです。申請者が自分で行う場合、本当に防止策になるのかどうか、いろいろな経験を収集しながら決めるべきでしょう。

　また、生命科学などでは、文章ではなく、画像の盗用や改ざんが重要な問題です。東大発ベンチャー LPixel の画像不正検出ソフト「LP-exam」もありますが、これも、加工検出を回避する方法と、それを回避する方法が HP で公表されています (https://media.dmm-make.com/item/3973/)。この事例が示すように、電子的なチェック方法は対策をも生み出すので、常に技術の変化に対応できるように情報収集や分析を行う部門や担当者が必要だということです。コンプライアンスの質を維持するには専門性が必要です。

　当然のことながら、画像処理の適切な方法をまず定め、共有することが優先的事項です。国立研究開発法人日本医療研究開発機構『適正な画像処理方法〜雑誌の投稿規定の解説〜』(2017年11月)が出版されています。これは、生命科学以外でも参考になります。

4　データ保存のルールを作る

(1) データ保存の論点

　データ保存ルールは、2014ガイドラインが示す新しい課題であり、日本学術会議「回答　科学研究における健全性の向上について」が、その詳細を定めているので、原理的な問題について繰り返す必要はないでしょう。東北大学でのルール化の過程では、①保存するデータの範囲と決定方法、②データ保存の主体はどこか、研究者個人か、研究室か、部局か、全学か、③データ保存の形式と媒体は何か、④個人情報の扱いをどうするか、といったことが論点になりました。

　データ保存の議論をすると、あらゆるデータを保存しなければならないかのような意見も出るときがありますが、データ保存の趣旨は、研究プロセスを明確にし、発表論文が正しい手続きで行われたことを、まず研究者自らが明確にし、事後に、疑われた時には、説明できることが目的です。ですから、対象となるデータは、個々の発表論文に関するもので、所有するデータすべてを保存する話ではありません。

　逆に、保存するデータを、研究者の判断で重要と考える論文のデータに限るようにしようとした意見もありました。不正の疑惑をかけられた時に、それは大した論文ではないのでデータはありません、では済みません。負担を軽減化しようとするあまり、本筋を誤った議論も出ますので、研究倫理のマネジメントをリードする人は、ぶれてはなりません。普段、しっかり手順を尽くしていれば、それを10年間保存すればよいだけのことなのです。

　私の例を挙げると、外付けHDDに「研究」というフォルダーを作り、その中に発表予定論文のフォルダーを作り、メモや草稿、関連する資料を保存

していきます。論文が完成しても、そこで使った資料などを使う可能性がありますから、そのまま残し、年度ごとに整理していきます。日常的な研究活動の中に入れておくと、消失の危険性があるので、バックアップを絶えず取ります。自宅と研究室のパソコンに保存し、容量の大きなUSBを使って日常の作業を行い、在職時は研究室と自宅でバックアップを取ることで、データ保存は十分と思ってきました。

　文献研究を主にする方からは、図書館の資料全部を保存するのかなどという質問（？）が出たこともありますが、根拠となる文献書誌情報と引用部分が、論文にしっかり書かれていれば、事後検証には足ります。

　ただ、文献研究で生じやすいのは盗用であり、それには、パソコンやHPの発達も関わっているように思います。私は1971年に大学進学しましたが、当時、ようやく質の低いコピーが出始めた時代で、しかも高価ですから、文献研究の場合は、原史料や論文を文献カードやノートに書き写してメモを作り、それを読んで構想を練って、手書き原稿で論文を書くという手順でした。書き写す段階で、しっかり原文を丸ごと記載し、ページ数を書いた上で、自分のコメントを区別して書くという手順を取らないと、論文は書けません[15]。

　しかし、現在はWebの情報が豊かで、コピーペーストで情報を簡単に集めることができます。私自身、法令の引用は、Webで探して必要部分をコピーペーストし、メモを作ります。国会の議事録もコピーペーストで簡単にメモができます。そうして集めたデータに自分のコメントを加え、次第に整理・加筆しながら論文に仕上げたりするのですが、こうしたやり方を取ると、他人の論文の主張と自分の見解とを混同しやすくなります。研究過程で注意するようにしなければなりません。

　もちろん、これは規範を設けて注意を払うことも可能ですが、本質的には研究指導の場で行われるもので、インテグリティ戦略がより重要です。

　データ保存の主体は誰かも重要な問題です。研究者個人ではなく、組織として保存する方が継続性に勝ります。

　しかし、私の例でわかるように、研究者個人がすでに発表した論文だからといって日常的な研究活動からデータを取り出し、他人の管理に移すような

ことは、研究者の性から見て簡単にやれるものではなく、その手続きも煩雑になり、管理を担う部門の負担が拡大するだけで意味がないと思います。

けれども、同じ研究分野の研究者で組織される研究所や、企業との連携など知的財産の保護も関連する組織の場合は、データ一括管理の意味は大きいでしょう。それぞれの組織の分野や様態によって、保存主体は変わりますので、現実に合わせた仕組みを明文化することが大事です。

なお、研究者個人が管理するといっても、当該研究者のみがわかっている状態も良いとは言えませんから、研究室単位でどのように保存がされているかを把握することが重要です。研究者個人の責任と組織の責任を、うまく区分してルールを定めることが重要です。

(2) データ保存の媒体

データ保存の形式は、まだ試行的でいろいろ経験を積み上げることが必要です。実験データ等が 10 年、試料は 5 年と 2014 ガイドラインで定めている以上、各大学ではそれに準拠せざるを得ません。東北大学では、情報技術の専門家も制度設計の段階で加わり、議論しましたが、デジタル化したデータの保存媒体が、10 年確実に維持できるとは言えないのが、今の技術のようです。DVD への保存は一番低コストですが、研究室のパソコンで焼き付けるレベルでは数年持つかどうか不安定で、HDD も、書き換え回数によって 5 年程度でクラッシュが起きることもあるようです。日常的な研究活動から切り離しておけば多少長持ちはするでしょう。私も、つい最近、頻繁に更新しているポータブル HDD が 5 年持たずにクラッシュした経験がありますので、外付け HDD を 2 つセットし、日常用と保存用で分けています。

そこで、クラウドで保存する方がよい、民間では信頼性がいまいちだから、大学でクラウドを持つべき、といった意見も議論のプロセスで出ましたが、果たして大規模なクラウドを持つことが、費用対効果の視点から見るとどうか、という論点もあります。これらを視野に入れ、それぞれの大学の分野別特性も視野に入れて、ルールを定めることが必要です。

(3) 個人情報保護との関係

　忘れてはならないのは、データ保存と研究の結果得られた個人情報保護の関係です。医学系の場合は、厚生労働省の指針で個人情報の保護と保存が明確になっていますから、それを具体化すればいいのですが、社会学や心理学で行われるインタビュー記録等は、特に指針もなく、前に述べたように、学会で細かなルールがあるわけではありません。研究倫理についての講演の後の質疑で、心理学関係の研究者から、「個人情報保護のために、論文発表が終わったらデータは削除しています。これでいいでしょうか」と聞かれたことがあります。これではいいはずはないのですが、当該部局では、研究で得られた個人情報の保存や保護について、何らの定めもがないとのことでした。社会科学系の研究所で、「匿名を前提にインタビューをして、論文で発表もしたが、元データをどうしたらよいか」という質問を受けたこともあり、データ保存をしっかりしていないことがわかりました。

　個人情報については、「個人情報の保護に関する法律」（最終改正2016年5月27日公布）があるので、それへの対応で済んでいるように思われますが、同法は第76条で「大学その他の学術研究を目的とする機関若しくは団体又はそれらに属する者」が「学術研究の用に供する目的」で個人情報を取り扱う場合、「第4章　個人情報取扱事業者の義務等」を適用除外していますので、情報の取得や管理など、この法律の個人情報保護の主なルールは適用されません。

　国立大学の場合は、「独立行政法人等の保有する情報の保護に関する法律」の別表で「独立行政法人等」に含まれており、「個人情報の保護に関する法律」と「独立行政法人等の保有する個人情報の保護に関する法律」（最終改正2019年6月14日公布）に基づいて、それぞれの大学の個人情報保護規程を作成しています。しかし、ところで、「独立行政法人等の保有する個人情報の保護に関する法律」の各条文を読んでも、研究者が研究活動で得た学術上の個人情報を適用にしているか、除外にしているかわかりにくいのです。結論からいえば、学術情報は除外されています。同法は、「保有個人情報」とは、「独立行政法人等の役員又は職員が職務上作成し、又は取得した個人情報であって、

当該独立行政法人等の役員又は職員が組織的に利用するものとして、当該独立行政法人等が保有しているもの」(第 2 条第 5 項) を指し、「独立行政法人等の保有する情報の公開に関する法律」(2006 年法律第 140 号、最終改正 2019 年 11 月 28 日公布) 第 2 条第 2 項に規定する法人文書に記録されているものに限っています。ここだけ読むと、国立大学の教員は、国立大学法人職員ですから、「職務上作成し、又は取得した個人情報」とは、研究で得た情報を含んでいそうです。独立行政法人に調査研究を行うものもあり、学術情報も適用を除外していません。そこで、各大学の個人情報保護規程が、学術情報を含むものとして定めているかどうかが問題ですが、学術情報は研究者が作成・利用するものなので定めていないのが普通だと思われます。

　つまり、医学研究のように指針で定めているもの以外は、学術情報としての個人情報を保護と保存双方の視点から定めているルールはないと思われます。データ保存する場合、個人情報保護を明確にし、流出しないようにルール化しておかなければなりません。

注

1　これに対して、イギリスやアメリカなどは、コモン・ローの世界であり、実定法ですべてを定めるのではなく、慣習法や判例、正義など社会の一般原理も、判決を下す根拠になります。アメリカの裁判は、丁々発止で検察官と弁護士がやり合い、陪審員を道理で説得しようとし、リーガル・サスペンスなる小説分野が生まれます。

2　ただし、大学での不正調査にも懲戒処分の審議にも、理事・副学長クラスが入ることが多いので、どうしても両方を結びつけて考えがちです。

3　理化学研究所は、「科学研究上の不正行為への基本的対応方針」(2005 年 12 月 22 日、理事会決定) を定める際、honest error を「悪意のない」と訳し、これが誤解の根源になったと、山崎茂明氏は指摘しています (「公正な研究発表を目指して」(2014 年 12 月 5 日、千葉大学附属図書館：アカデミック・リンク・セミナー (http:// alc.chiba-u.jp/seminar/handout_20141205_yamazaki. pdf：2018. 03.05)。

4　もっとも、2014 ガイドラインは、善管注意義務違反であることから生じる誤りを、故意である「捏造、改ざん及び盗用」であると定義しているために、矛盾が生じています。「研究者として注意すべき義務違反によって、真正なデータではないものを使用し、誤った結論を導くものや、他者のデータ、発見、記述を

自分の論文と見なすような研究発表は、研究不正と見なす」(圏点筆者)として定義したほうが、すっきりするのかもしれません。

5　日本語翻訳には HONYAKU Center (https://www.honyakucenter.jp/usefulinfo/uniform_requirements2018.html) などがありますが、数年ごとに改訂され、翻訳のスピードが追い付かないことがありますので、原文も見てください (http://www.icmje.org/)。また、日本医学会も「医学雑誌編集ガイドライン」(2015年3月、日本医学雑誌編集者会議) を策定しています。

6　HONYAKU Center New Standards in Translation(https://www.honyakucenter.jp/usefulinfo/uniform_requirements2018.html, 2019.12.19 アクセス)。

7　東京大学科学研究行動規範委員会 (2014).「分子細胞生物学研究所旧K研究室における論文不正に関する調査報告 (最終)」(http://www.u-tokyo.ac.jp/public/public01_261226_j.html、2016.12.10 アクセス)。

8　公益社団法人日本麻酔科学会F氏論文調査特別委員会 (2012). F氏論文に関する調査報告書 (http://www.anesth.or.jp/news2012/ pdf/20120629_2.pdf、2016.12.10 アクセス)。

9　東京大学 (2013).「Mo氏による研究活動の不正行為に関する調査報告」(http://www.u-tokyo.ac.jp/public/public01_250920_j.html、2016.12.10 アクセス)

10　東京浜科歯科大学 Mo氏と本学の教員との共著論文に関する調査委員会 (2012).「Mo氏と本学の教員との共著論文に関する調査委員会報告書」(http://www.tmd.ac.jp/archive-tmdu/kouhou/houkokusyo.pdf、2016.12.10 アクセス)。

11　Yukawa, et al. (2014) "Authorship Practices in Multi-Authored Papers in the Natural Sciences at Japanese Universities." in *International Journal of Japanese Sociology* 23.

12　北仲千里・横山美栄子 (2016).「科学論文における『不適切なオーサーシップ』調査に関する比較研究」『東北大学高度教養教育・学生支援機構紀要』第2号。

13　IF の意味については、根岸正光・山崎茂明『研究評価―研究評価・研究機関・大学におけるガイドライン―』(丸善株式会社、2001年、pp.55-68)、山崎茂明『科学者の発表倫理　不正のない論文発表を考える』(丸善出版、2013年、pp.127-135) が参考になります。また、IF が0.846 の雑誌の論文の被引用数が0.434 の雑誌論文より高い確率は38％であり、論文の質の指標にならないという指摘もあります(国際数学連合・応用数理国際評議会・数理統計学会合同委員会報告2008)。

14　この宣言は、2012年12月16日、サンフランシスコで開催された米国細胞生物学会 (ASCB) 年次大会に、学術雑誌編集者と出版者が研究評価の在り方を考えるために会合を持ち、そこで採択されたものです。

15　こうした研究の進め方は、人文・社会科学系研究者に共通のものであり、中山茂・石山洋『科学史研究入門』(東京大学出版会、1987年) を読んでみてください。

第7章　研究倫理のゲート・キーパーを作る

1　研究倫理審査委員会（Institutional Review Board）とは何か

　研究倫理を守る上で見落としてならないのは、機関内研究倫理審査です。倫理審査の歴史的背景は、笹栗俊之・池松秀之編『臨床研究のための倫理審査ハンドブック』（丸善出版、2011 年、pp.3-15）がわかりやすく、アメリカについては、栗原千絵子・斉尾武郎訳『IRB ハンドブック第 2 版』（中山書店、2009 年、原著は、Robert J. Amdur & Elizabeth A.Bankert（eds）, 2007, *The Institutional Review Board Member Handbook*, Jones & Bartlett Publishers, Inc.）が参考になります[1]。この 2 つの著作に基づいて、概略を辿ってみます。

　医学研究における研究倫理の規範化は、ニュンベルク国際軍事裁判で、ナチス・ドイツによる人体実験を裁き、人体実験に関する国際規範である「ニュンベルク綱領」が制定されたことに始まります。同綱領は、対象者の基本的権利を尊重する研究の原則を示すもので、対象者が十分な説明を受けた上での自由意思によるインフォームド・コンセント（以下、「同意」）、適切なリスクと利益の分析、研究参加を止めるときに不利益を受けないなど、被験者保護の核となる内容を謳っています。

　その後、世界医師会が「ニュンベルク綱領」をもとに人を対象とする実験的研究の倫理の検討を始め、「ヘルシンキ宣言」（1964 年）が同綱領を引き継ぎ、研究対象者の利益を社会的な利益より優先しなければならないなどの原則を付け加えました。しかし、倫理規範が作成されても、被験者保護を欠いた研究が続発しました。例えば、1972 年には、アメリカ公衆衛生局の試験を得た梅毒研究が、梅毒に感染した黒人患者の自然経過を観察するもので、対象

者にまったく研究の意図や内容を知らせず、ペニシリンが入手可能になっても治療しなかったことが明らかになりました（タスキギー梅毒研究）。

「ヘルシンキ宣言」は、1975年に改訂され、被験者を保護するために研究に対する倫理審査を明確にしました。倫理審査は、アメリカでは、1974年に制定された「全米研究法」（National Research Act）に、人を対象とする研究は、資金提供、スポンサー、所属機関、研究方法等を明記した研究計画を作成し、研究倫理審査委員会（Institutional Review Board）の審査を受けることを義務付けることで強固な原則になりました。この考えが、取り入れられたのです。

また、「全米研究法」によって、「生物医学・行動学研究における被験者保護のための全米委員会」が設置され、臨床研究の倫理基準を検討し、委員会は、1979年に「被験者保護のための倫理原則及びガイドライン」（メリーランド州のベルモント会議場でコア・ミーティングを行ったので、「ベルモント・レポート」と呼ばれています）をまとめ、これが臨床研究の倫理原則を明確にする大きなきっかけになりました。ベルモント・レポート自体には拘束力がなく、倫理審査委員会や倫理原則は、機関ごとで定められていたので、保健福祉省の連邦行政規則第45編第46部（Protection of Human Subjects 45 Code of Federal Regulations Part 45, 通称45CFR46）が1981年に定められ，連邦政府機関は、45CFR46を共通の規則（コモン・ルール）として採用するようになりました。アメリカといえば、「多様性があり州ごとや大学によっても違う」とよく聞きます。連邦政府の規則がすべて一挙に強制力を持つわけではありませんが、国レベルでの共通性の追求に政府が大きな役割を果たしているのは興味深いものです。

2　日本での臨床研究の倫理確立の取り組み

(1) 立ち遅れてきた臨床研究における人権尊重

臨床研究における絶対要件としての「同意」と研究倫理審査の導入は、日本では遅れ、いくつもの問題を起こしました。前節で見たように、ナチスの人体実験は戦争責任を問われ、ニュンベルク綱領を生み出しましたが、日本では戦争責任を追及せず、タブーとさえなっていました。戦後も同意を無視

し、被験者の人権を損なう実験が行われていたにもかかわらず、日本国内において臨床研究の規範作りの動きは見られませんでした。

　笹栗・池松編『臨床研究のための倫理審査ハンドブック』は、九州大学生体解剖事件[2]など 6 つの事件を上げています。吉田一史美「1950 年代の日本における乳児の人体実験」『生命倫理』Vol. 26 No. 1（2016 年 9 月）は、高杉晋吾のルポ[3]などに基づき、1951 年に国立東京第一病院、東大伝染病研究所付属病院、都立駒込病院、婦人共立育児会病院をまたがって乳児 70 数名に特殊大腸菌を飲ませる実験が行われたことを紹介しています。この実験は、旧日本軍 731 部隊に関与した医師が所長を務めた国立予防衛生研究所細菌第二部が主導したとされます。このほか、新潟精神病院ツツガムシ病菌接種実験（1952 年）、キセナラミン事件（抗ウィルス剤キセナラミンの臨床試験、1963年）、南光病院事件（精神障害患者にてんかん薬エピアジンなどの投与治療、1966 年）、広島大学原爆放射能医学研究所がん治療実験（同種脾臓細胞を用いた癌免疫療法で同意なくがん組織を注射、1969 年）など、同意を得ずに治験や臨床研究が行われていた事例がありました[4]。

　日本学術会議は、1973 年 11 月「医薬品の臨床試験評価に関する体制の確立について」勧告を行い、臨床試験における安全性の確保と人権擁護の原則づくりを提唱しましたが、具体化しませんでした。

　1989 年には治験 GCP（Good Clinical Practice）として厚生省により「医薬品の臨床試験の実施の基準」が公表されましたが、文書・署名によらない同意を認めるなど、被験者保護が十分とは言えませんでした。1982 年に徳島大学医学部が不妊治療のための審査委員会を最初に設置し、1992 年にまではすべての医学部・医科大学に設置されました。これは、研究ではなく、診療に関しての同意であり、医学研究での被験者の自己決定権を保証するものではありませんでした。

　1993 年には、日本商事が開発した帯状疱疹治療薬ソリブジンを、抗癌剤フルオロウラシルと併用した副作用で、1 か月に 15 名が死亡するという悲惨な薬害が起きたのは、倫理規範化の遅れによるといっていいでしょう[5]。ソリブジンは、臨床試験の段階から死亡者が出ており、1986 年には類似の

化学構造を持つ帯状疱疹薬が外国で開発され、毒性を持つことが論文で発表されていました。メーカーはこれらのデータを隠していたことも後に明らかになりました。驚くべきことに、データ隠しをしながら、日本商事の役員・社員で 175 人もが自社株を売却していたことも明らかになったのです。この事例は、90 年代でも臨床・治験研究におけるルールと倫理が未確立であったことを示しています。

1996 年に日米 EU 医薬品規制調和国際会議（International Council for Harmonization of Technical Requirements for Pharmaceuticals for Human Use: ICH）が、GCP の国際基準を作成し、こうした動向を背景に、1997 年に厚生省令第 28 号「医薬品臨床試験の実施の基準」が定められ、法的拘束力を有し、治験ルールが強化されました。

しかし、臨床研究全般について、被験者保護が医療現場に浸透していたかといえばそうではなく、90 年代でも深刻な事件がありました。金沢大学附属病院卵巣癌摘出手術は、卵巣癌摘出手術を受けた患者が、術後化学療法を受けることに同意しましたが、腎機能が悪化し、別な医師に相談したところ、説明なく臨床試験の被験者にされていることがわかりました。患者は、退院して別な病院で治療を受けましたが死亡し、遺族が承諾のない臨床試験であるとして訴え、一審・二審判決とも認められ、2006 年には最高裁で確定しました[6]。わずか 10 数年前の出来事です。同意の確保と、臨床研究・治験研究が人権を尊重していることを計画段階から確実にする研究倫理審査委員会の設置という被験者保護についての倫理原則があらゆる現場に浸透していなかったことをかみしめる必要があります。

こうした悲劇を経て、2000 年代には政府の責任で各種の指針を策定・公布することが進みました。2001 年には、「ヒトゲノム・遺伝子解析研究に関する倫理指針」（文部科学省・厚生労働省・経済産業省告示）など人を対象とする指針類でも研究倫理審査委員会の設置を義務付け、倫理審査委員会は、臨床研究において研究倫理を保持する重要な役割を果たしてきました。さらに、「疫学研究に関する倫理指針」（2007 年文部科学省・厚生労働省告示第 1 号）、「臨床研究に関する倫理指針」（2008 年厚生労働省告示第 415 号）を制定し、両者を

統合した「人を対象とする医学系研究に関する倫理指針」(2015 年文部科学省・厚生労働省告示第 3 号)を制定しました。このほかに、「ヒトゲノム・遺伝子解析研究に関する倫理指針」(2013 年文部科学省・厚生労働省・経済産業省告示第 1 号)、「ヒト受精胚の作成を行う生殖補助医療研究に関する倫理指針」(2010 年文部科学省・厚生労働省告示第 2 号)、「遺伝子治療等臨床研究に関する指針」(2015 年 8 月 12 日　厚生労働省告示第 344 号)などの指針が策定されました。

(2) 法律による規制の光と影

　問題は、被験者保護だけではありません。2013 年には、東京慈恵会医科大学、京都府立医科大学及び千葉大学が中心となって実施されたノバルティスファーマ社の降圧剤バルサルタンの臨床研究結果に不正が疑われ、論文を撤回するなどの事件が起きました。利益相反など研究倫理違反の「複合汚染」のような事件ですが、こうした反省を踏まえて、より厳格な手続きと厳罰化を実施すべく、おそらく研究手続きに関する初めての法律である臨床研究法(法律第 28 号、2018 年 4 月 1 日施行)が制定されました。

　臨床研究に関する法規制は強められましたが、多数の規則と手続きの洪水にまみれ、臨床研究の現場は非常に複雑になりました。笹栗・池松編 (2001)は、臨床研究のルールは問題が起きるたびに継ぎを充てる指針を縦割り行政によって作ってきたため、無計画で系統だっておらず、指針間に整合性がないと批判しています。臨床研究法も、國頭英夫氏 (日本赤十字社医療センター化学療法科)はアンケートから、適用を受ける「特定臨床研究」の線引きが不明確で、事務負担が重く、被験者の保護や臨床研究の推進に役立たないと問題提起しています[7]。まだまだ、臨床研究のルールには試行錯誤が必要です。大学・研究機関・病院 (医療・研究)，行政，学会，研究倫理推進団体の開かれた意見交換が何よりも重要です。

3　現状と課題

(1) 医学研究以外の人を対象にする研究分野

　研究倫理審査委員会は、医学における臨床研究のルールの実質化に重要な役割を果たします。研究倫理審査委員会は、ヒトを対象とする臨床研究を中心に導入されてきたものですが、個人情報の保護、人権尊重などの視点から、社会調査や学生調査、観察調査など人間を対象にする研究の実施には、社会に対して責任ある研究を実施する上で、事前に審査を行うことが欠かせないものです。

　しかし、医学研究に比べて他の分野の制度化は遅れています。日本基礎心理学会が2010年に行った会員に対する調査では、倫理審査を行っている機関は約60％でした[8]。ほかにも社会学、教育学、文化人類学などヒトを対象にした研究分野があるのですが、大学における研究倫理審査委員会の設置状況に関する統計データはありません。インタビューや社会調査は、対象者の心を傷つけたり、性差別・人種差別を広げたり、社会の偏見を拡大する恐れもあります。人権を損なう研究が行われないよう、研究倫理審査委員会の普及は重要な課題です。

　反面、審査に要する時間、審査が複数の指針を適用する場合の判断の困難さ、倫理審査を理解する研究者の不足など課題もあります[9]。

　一方、研究倫理審査は、責任ある研究を行うためのもので、研究をチェックするためのものではありません。質問紙調査による調査研究の場合、審査は調査用紙が完成しないと行えませんから、スピーディな審査が行われないと、印刷・発送・回収のスケジュールに影響が出ます。また、匿名性や個人情報の保護まで含め、研究計画が配慮しているかを確認し、大学のコンプライアンス方針との整合性を確保することが重要です。

　研究倫理審査は重要ではあれ、すべての調査を審査のテーブルに載せる必要があるとも言えず、その線引きを検討としておくことも大事です。

　例えば、各種のセミナーを実施した場合、参加者へのアンケートは、研究倫理審査を受けなくともよいのか、と大真面目で聞かれたことがあります。

セミナーの評価をしてもらい、改善に役立てる業務の一部ですから、研究ではなく、倫理審査は不要と考えられますが、こうしたアンケート結果を累積し、そのセミナーの効果のような発表や、セミナーのテーマに関しての意見を事前に聞き、事後に同じような質問でセミナーの効果を確かめるようなアンケートですと、倫理審査を受けるべきではないかとも考えられます。

(2) 心理学の規定は十分か

　では、日本ではどう定めているでしょうか。例えば、日本学生相談学会「学生相談ガイドライン」(2013 年 3 月) は、学生相談業務を進める上でのルールで研究についてのルールは書かれていません。「日本心理臨床学会倫理綱領」(2016 年 3 月) は、第 5 条 第 2 項で「会員は、その研究が臨床業務の遂行に支障を来さないように留意し，対象者又は関係者に可能な限りその目的を告げて、同意を得た上で行わなければならない」としています。しかし、「可能な限り」というのはどういうことを指すのでしょうか。対象者と関係者は別なものであり、関係者とは何を指すのでしょうか。定義されず、多様な解釈を生む規定は、規範として不十分です。また、同意の形式も文書であることを明記していないので、「言った、言わない」の水掛け論になりかねません。

　公益財団法人日本心理学会「倫理規程」(2009 年 6 月) は、同意について、「研究にたずさわる者は、研究対象者に対し、研究過程全般および研究成果の公表方法、研究終了後の対応について研究を開始する前に十分な説明を行い、理解されたかどうかを、確認した上で，原則として，文書で同意を得なければならない。説明を行う際には、研究に関して誤解が生じないように努め、研究対象者が自由意思で研究参加を決定できるよう配慮する」と述べています。先の綱領よりは具体的ですが、研究の目的・意義とリスクを説明し、被験者の理解と同意を得るという本質が明確ではありません。そもそも「十分な説明」とは、何を指すのでしょうか。

　おそらく、これらの規定は、作成した学会員には共有された組織文化と文脈があり、抽象的表現でも意味が通じるのでしょう。しかし、そこで成立している理解が、被験者に共有されるかといえばそうではありません。研究倫

理の規定作成や判断には、当該分野の専門研究者、倫理学者、法律家のそれぞれが参加することが重要といわれるのは、研究者集団内部のジャーゴン（仲間うちにだけ通じる特殊用語、専門用語）では、不十分だからです。

(3)「同意」は絶対要件か

　また、人を対象とする研究は、同意を得ることが最重要課題になりますが、アメリカの心理学研究の研究倫理審査では、絶対不可欠の要件ではありません。連邦行政規則（45CFR46.116D）は、「対象者の研究に伴うリスクが最小限を超えていない」、「要件の免除または変更が対象者の権利と福利に反する影響を与えない」、「要件の免除または変更なしには実質的に研究を行うことができない」、「必要に応じ、対象者が参加の後に追加の関連情報を提供される」ことが、研究倫理審査委員会で確認でき、証明される場合には、同意がなくとも研究ができるとしています[10]。アメリカ心理学会の倫理原則と行動規範（American Psychological Association, *Ethical Principles of Psychologists and Code of Conduct*, Jan.1. 2010, 以下「アメリカ心理学会行動規範」）は、心理学者が研究やセラピー、カウンセリング、コンサルティングを行う場合に同意を原則としていますが、同意を得ずに活動を行うことが、法律または政府規則によって定められている場合や、「アメリカ心理学会行動規範」で定めている場合には、同意の取得が免除されるとしています。「アメリカ心理学会行動規範」は、「8.05 研究のための同意の免除」の項目で、同意を得る必要がない状況として、次のことを定めています[11]。

●その研究が、苦痛や害を引き起こす恐れのないもので、しかも次に該当する場合
　・学校やその他の教育環境で、通常の教育実践、カリキュラム、または学級経営法について調査する場合
　・無記名の質問紙法、自然的観察、または既存データを利用した調査方法を用い、研究参加者の反応を開示しても、その人に刑事責任または民事責任のリスクを負わせたり、本人の財政状態、非雇用能力、評判、

　　秘密を脅かしたりする恐れがない場合

　または

・仕事や組織の有効性に関連の要因を調べるために組織内で行われる調
　　査であり、参加者の非雇用能力や秘密が脅かされない場合

　もしくは、

・その研究が、法律、連邦規則、または組織の規則によって許可される
　　場合（たとえば、病院内で研究に参加するすべての患者の包括的同意が、研
　　究助手によってすでに得られており、その研究プロジェクトに自分が役割を
　　果たす上で同意を得る必要がない場合）

　研究倫理に関する講演で、附属学校で児童を対象にした長期の発達研究
をしていたが、それまで同意を取ったことがなく、手続きを定めたが、同意
を得られなかった過去のデータは使ってよいのか、と聞かれたことがありま
す。人を対象とする研究分野の同僚教授に、この場合、データを使えるかと
聞いたところ、言下に、だめでしょう、との意見でした。それでは、研究は
できません。アメリカ心理学会の規範を適用すれば、個人を特定できない形
で、リスクや不利益が生じないなら、研究倫理審査委員会の判断で実施でき
そうです。

　医学研究倫理の専門家である町野朔氏（当時、上智大学生命倫理研究所教授）
にお聞きしたところ、医学研究の場合の手続きを応用し、HP 等で Opt-out
（選択的離脱）の手続きをすることで良いだろうとのご意見でした。ちなみに、
「人を対象とする医学系研究に関する倫理指針」（2017 年 2 月 28 日一部改正）は、
「研究者等は，必ずしも同意を受けることを要しないが，同意を受けない場
合には、研究に用いられる情報の利用目的を含む当該研究についての情報を
研究対象者等に通知し、又は公開し、研究が実施又は継続されることについ
て，研究対象者等が拒否できる機会を保障しなければならない」（第 5 章　第
12、1（1）イ（イ）②）と定めています。

　同意の取得は、被験者保護の中核として確立してきたものですが、日本の
場合、絶対要件のように規範化され、アメリカの事例では、同意を得ること

が必要ないとされている場合まで要件にしているように見えます。この点は、
『IRB ハンドブック』の訳者である栗原・斉尾氏が、あとがきで、「アメリカ
に端を発する研究倫理の論点としての『倫理審査』『インフォームド・コンセ
ント』は輸入されたものの、アメリカ製の大切な道具、つまり 2 つの受け皿
を持つ精度の良い天秤とその使用説明書は具合よく輸入されてこなかった」
と指摘し、「天秤の 2 つの受け皿が『リスク』と『ベネフィット』を測るための
ものであり、その両方に一つずつ丁寧に慎重に重石を載せていき、ちょうど
釣り合った状態から少しずれた目盛りを呼んで『これで良し！』と皆で決定
する」と述べているのは重要なことです。同意の重要性は、アメリカでは研
究に伴う介入・侵襲やプライバシー・個人情報保護などリスクに伴って意味
が判断されますが、日本では判断抜きで規定にあるからという機械的な処理
になっていないでしょうか。そのことで研究を抑制していないか、考えてみ
る必要があります。

　従って、関連する分野の動向を掌握しておくことが常に重要です。河原純
一郎・坂上貴之編著『心理学の実験倫理　「被験者」実験の現状と展望』(勁草
書房、2010 年)、安藤寿康・安藤典明編『事例に学ぶ心理学者のための研究倫
理　第 2 版』(ナカニシヤ出版、2011 年) は有益です。

注

1　原著は 2011 年に第 3 版が出版されていますが、まだ、翻訳されていません。
中山書店の HP (https://www.nakayamashoten.jp/irb/ 4_2. html) では、ベルモント・
レポート、ヘルシンキ宣言や連邦行政令第 45 編第 46 部 (Protection of Human
Subjects 45 Code of Federal Regulations Part 45) などがダウンロードできます。

2　この事件に関しては、上坂冬子『生体解剖 九州大学医学部事件』(毎日新聞社、
1979 年)、熊野以素『九州大学生体解剖事件：七〇年目の真実』(岩波書店、2015 年)
があります。

3　高杉晋吾「国がやっている乳児の生体実験」『潮』(1973 年 2 月号、pp.337-348)。

4　大阪市立大学医学部・医科学研究科専門教育科目「医療倫理学」[土屋貴志担当]
講義資料)「倫理学特講 (1) 人体実験の倫理学」(https://www.lit.osaka-cu.ac.jp/user/
tsuchiya/resources/HumanExperimentPostWarJapan.pdf)

5　ソリブジン事件については、浜六郎『薬害はなぜなくならないか　薬の安全の
ために』(日本評論社、1996 年)、pp.58-71。

6　金沢大学附属病院卵巣癌摘出手術事件については、笹栗・池松編・前掲書、p.12。

7　国頭英夫「臨床研究法の問題点」『週刊医学界新聞』第 3322 号(2019 年 5 月 20 日号)。

8　河原純一郎・坂上貴之編著『心理学の実験倫理―「被験者」実験の現状と展望』(勁草書房、2010 年)。田代 志門「人文・社会科学分野における人を対象とする研究の規制と倫理」第 2 回「疫学研究に関する倫理指針及び臨床研究に関する倫理指針の見直しに係る合同会議」資料(2013 年 3 月 14 日)から重引 。

9　三菱総合研究所『研究機関における機関内倫理審査委員会の抱える課題の抽出とその対応に向けた調査研究報告書』(科学技術総合研究委託、2010 年 3 月)。

10　2011 年の第 3 版でも、この点は同じです。

11　トマス・F・ネイギー『APA 倫理規準による心理学倫理問題事例集』(創元社、2007 年、村本詔司・浦谷計子訳、原著、Nagy, F. Thomas, 2005, *Ethics in Plain English: An Illustrative Casebook for Psychologists* (2nd), American Psychological Association)、pp.126-127、pp.270-271。

第8章　インテグリティ・アプローチを進める

1　インテグリティ戦略の本質

　さて、ようやくインテグリティ戦略まで来ました。インテグリティ戦略は、研究倫理構築の核と言っても良いのですが、コンプライアンス戦略と対立するものではなく、お互いに補い合って倫理を醸成するものです。

　ただし、コンプライアンス戦略が、明文化された規範の遵守を目標にし、研究者のマインドも自分の外にある規範を志向するのに対し、インテグリティ戦略は、自分の心の中に規範を築くこと、わかりやすく言えば、ゆるぎない真実に対する信念とそれを大事にする良心を培うところに究極的な本質があります。それゆえに、これほど難しいことはありません。

　アメリカ大学院協議会「責任ある研究のための大学院教育」は、「倫理は教えられるか?」(p.7) という根本的な問いを立てています。良心を育て、信念を持つことは、特定の科目や教育だけの課題ではなく、研究者を目指す学生時代からの問題意識や正課・正課外の被教育経験、人間関係などによって個々人が自分自身の価値観を育てていくものであり、教育は、直接価値観を形成するのではなく、研究が持つ価値や社会的意味、研究活動を行う上での専門的訓練を通じて、研究倫理の大切さを、学生や初期キャリアの研究者が身に付けていくことを支援する活動です。倫理観が大事なことは間違いありませんが、だからと言って研究倫理教育を行い、倫理性が身に着いたかどうかをテストで確認するといったことは自制したいものです。

　「責任ある研究のための大学院教育」は、専門家としての訓練をしっかり行うことが重要であると述べています。そのことは、自分たちの研究に虚偽

があったら、人命にもかかわり、責任があることを自覚させ、そのために自分の行動を律することが大事と考えるようになることを意味します。それが倫理の内面化であり、倫理として教えられたことに従うことが、倫理の内面化ではありません。そのためには、研究倫理教育のあり方を含め、しっかりしたデザインを大学内で共有する必要があります。

2　研究倫理教育を設計する

(1) ステージに対応した倫理教育を設計する
①学士課程教育から研究者までのキャリア全体を展望する

　研究倫理教育の設計で一番重要なことは、研究者になるための大学院教育以前から、嘘やごまかしのない学習生活・学生生活を過ごし、誠実であることの大切さを身に付けてきたかどうかです。大学院重点化で大学院の入学定員が広がり、様々な国と大学から大学院へ入学してくることになり、多くの大学院担当教員は、学生がそれまで受けてきた学士課程教育の違いに気づき、対応に努力しています。国、分野、大学によっては、学士課程教育で研究を位置付けないケースもありますが、文系理系を問わず、日本では研究を卒業要件に加え、3年生から研究室に属して研究活動を行います。研究活動のあるべき姿を学ぶのは、その段階から始まります。

　また、大学に入学してから、課題として書くレポートに、先輩のレポートの丸写しやインターネットからのコピーペーストをしていないでしょうか。2015年3月に、東京大学教養学部は、冬学期の後期学生(3〜4年生)の期末レポートの75%にインターネットの文章からのコピーペーストがあったと公表しました[1]。他の大学も同じようなものではないでしょうか。公表は勇気のいることですが、アメリカでも実態が明らかになってから、学士課程教育での不正根絶に取り組むようになりました。

　iThenticate など、レポートの剽窃チェックソフトもありますが、他の文献の文章との同一性を数値化するだけですから、結局は、教員の眼力と、きちんとした学習習慣を大学の入り口から身に付けさせることが大事です。『コ

ピペしないレポートから始まる研究倫理 その一線、越えたらアウトです！』
（上岡洋晴、ライフサイエンス出版、2016年）というそのものずばりのタイトル
の本もあります。初年次の入門ゼミや、オリエンテーションで、大学での学
び方を教え、研究者の初期キャリアでしっかりした研究作法と倫理を身に付
ける課題は、大学入学時から始まっています。

　そして、学生の各ステージに対応し、学習倫理・研究倫理を身に付ける機
会を設定することが大切です。東北大学では、「研究倫理に関するキャリア・
ステージ別学習参照基準」を定め、学生には、①学士課程前期学生（大学での
学習への適応と実践）、②学士課程後期・大学院前期課程学生（指導のもとで責
任ある研究の実践）、③大学院後期課程学生（指導のもとでの自立的に責任ある研
究の実践）の3段階を設定しました。

　さらに、教員研究者については、④ポストドクトラル・新任教員（自立的
に責任ある研究の実践）、⑤研究指導担当教員（研究指導及び共同研究で責任ある
研究の実施を指導）、⑥アドバイザー教員（他の研究者に対し助言を与え、責任あ
る研究活動を先導的に推進）の3段階を設定しています。これはあくまでも参
照基準であり、学部によっては6年制の学士課程もありますから、それぞれ
の大学・学部での学生の成長と教育の体系性を意識して、必要な時に必要な
研究倫理教育をする設計が大切です。

　ただし、大学で教育をするという議論は、すぐに正課科目化・単位化し、
15回の授業を、といった発想になりがちです。そうすると、担当者はいる
のか（いない、やりたがらない）、非常勤は（適任者が近くにいない）、ではリレー
講義となり、結果は、あまり意欲のない担当者による、相互に関連のない話
を15回聞かされ、学生のモチベーション衰退、ということにもなりかねま
せん。

　忙しいこともあるから、e-ラーニングだという意見も出ます。有効な教材
として遠隔教育や動画を使うのは大切ですが、面倒くさいという本音を隠し
て、手抜きに走ってもいいことはありませんし、アリバイ作りのような教育
はすべきではありません。使うのであれば、それをあらかじめ視聴して集ま
り、議論するなど対面式授業と組み合わせたブレンデッド・ラーニングがい

いでしょう。

②教員の温度差を越えた共通理解をどう作るか

　こうした仕組みを作るには、まず教員の相互理解が重要です。学士課程教育でといっても、「本学部では研究を位置づけていないから不要」という学部もありますが、第1章、第2章で述べたように、研究倫理教育は、研究活動における不正をしないというだけでなく、学問研究の社会的価値を理解し、事実を重視し、データの捏造・改ざんを行わないというモラルの形成を含んでいます。また、知識の理解・技能の形成は、蓄積的に進みますが、研究倫理は、研究手法の理解・習得と判断に止まらず、価値規範を内面化した行動ですから、人間が価値観を形成していく青年期に葛藤を経ながら作られるものです。学部4年生（22歳ですよ！）までは適当で、大学院に入ってから5年間でモラルがしっかり身につくというものではないでしょう。その期間も学生は、レポートや試験や仲間集団での約束など倫理的な判断を求められる社会生活を送っているのですから。学生生活とは、決められたカリキュラムに従って学習し、単位を積み重ねるだけではありません。家庭から離れ、同世代・異年齢集団の中で社会性を身に着け、自己を発見していく過程です。大学教育は、職業人・社会人・市民として学生を育てる役割があります。大学教員は、ついつい最先端の知識を身に着けさせることが教育と思い込みがちですが、倫理的存在としての学生を育てることも教育であることを忘れてはなりません。

　部局の研究倫理マネジメント担当者、特に部局長や学科長は、愚直であっても研究倫理教育の重要性を理解させ、それぞれの組織で可能な取り組みを進めましょう。1で述べたように、現代の研究者は、研究それ自身の社会的意義を説明できて一人前の専門家なのです。

(2) 大学での学習スタイルを身に付けさせる

　学習倫理を身に付けるといっても、あれが良くない、これが良くないという禁止ワードの連続では、学生のモチベーションが上がりません。高校までは教科書と副教材を使った教授方法という定型的な学習スタイルで育ってき

　たのに、大学では、モデルによる現実の再構成、定量的分析、ナラティブ研究法など同業者でもよくわからない専門分野の用語が、あまり構造化されずに90分繰り広げられるのですから、講義と板書をしっかりメモし、それを理解し咀嚼できなければ、先輩のレポートの丸写しに走る安易な道を選びかねません。調べ学習が広がっているとはいえ、学生は学術的なレポートを書く経験を十分持っていません。大学での学習の方法を指導することが重要です。古くは、清水幾多郎『論文の書き方』(岩波新書、1959年)はじめ、大学での学習方法に関する図書出版は、枚挙に暇がありません。大学への進学者が増加し始めた時期に、清水幾太郎が書いたのも象徴的です。しかし、実際に使ってみると、目の前にいる学生とはかみ合わないという経験も多いのではないでしょうか。大学・学部・学科単位で学習ハンドブックを作る例も多く、東北大学では、立教大学の1年生向けの学習・研究倫理教材を参考に1年かけて作りました[2]。

　『レポート指南書』は、3年生になって、卒業研究を始める学生にも好評です。それぞれの大学で、学士課程教育にあった教材開発を進めて見て下さい。

(3) 科学・学術研究の社会的責任を考えさせる

「科学・学術研究の社会的責任」も、大学入学後の新鮮な時期に学んで欲しいことです。それぞれの学部・学科の専門分野の科学・学術の意義や社会的意味、それがもたらす負の側面も大事ですし、個別分野を離れた科学・学術の在り方も、学士課程学生でも十分に理解でき、価値のある文献があります。私は学生時代、湯川秀樹、朝永振一郎、坂田昌一氏の著作に学ぶところが多かったのですが、さすがに古すぎるでしょうね。エセル・トバック他『科学の名による差別と偏見』(新曜社、1979 年)、村上陽一郎『科学者とは何か』(新潮選書、1994 年)、同『人間にとって科学とは何か』(新潮選書、2010 年)、中山茂・吉岡斉編著『戦後科学技術の社会史』(朝日選書、1994 年)、高木仁三郎『市民の科学をめざして』(朝日選書、1999 年)、井山弘幸・金森修『現代科学論　科学をとらえ直そう』(新曜社、2000 年)、松本三和夫『知の失敗と社会　科学技術はなぜ社会にとって問題か』(岩波書店、2012 年)、三谷太一郎『学問は現実にいかに関わるか』(東京大学出版会、2013 年)など視野を広げ、魅力ある科学・学術論がたくさんあります。

研究不正事件も、病理現象から科学と社会の関係を考える重要な素材であり、ガリー・トーブス『常温核融合スキャンダル　迷走科学の顛末』(渡辺他正訳、朝日新聞社、1993 年)、李成柱『国家を騙した科学者「ES 細胞」論文捏造事件の真相』(裵淵弘訳、牧野出版、2006 年)、須田桃子『捏造の化学者　STAP 細胞事件』(文藝春秋、2014 年)、河内敏康・八田浩輔『偽りの薬　降圧剤ディオバン　臨床試験疑惑を追う』(新潮文庫、2018 年)などは、学生・院生・研究者それぞれの立場でいろいろな読みができそうです。

研究を離れて、倫理そのものを学ぶのも重要です。別に倫理学を教える必要はありません。島薗進『倫理良書を読む　災後に生き方を見直す 28 冊』(弘文堂、2014 年)はチョイスが素晴らしく、28 冊から選んで読むのも大事ですが、この本だけでも価値があります。

(4) レポートの出し方を考える

コピペ・レポートを書く学生を擁護するつもりはまったくありませんが、

盗用してすむような出題にも問題があります。高等教育研究においては、コピーペーストされて点数が取れるようなレポートを出す方も問題であるとの認識が広がっています。成瀬尚志『学生を思考にいざなうレポート課題』（ひつじ書房、2016年）は、日本での先駆的な研究で、この問題意識に立って、「剽窃がしにくいレポート課題」の条件について分析しています。単に教えた知識を問い、毎年同じ問題を出していれば、コピペ・レポートが出現するのは当たり前かもしれません。それで良い成績を取るのに良心の呵責を感じなくなってしまうことを恐れなくてはなりません。

　ただ、文系・社会科学系はこれで良いとして、実験レポートをどうするかは、大きな課題です。東北大学では、1年時にほぼ理系学生全員が受講する「自然系総合実験」があり、先輩の優良レポートからのコピペを防ぐためにいろいろな努力をし、手書きにしています。実験は再現性が重要ですから、同じ結果になるのは避けられませんから。ところが、最近、研究室における研究倫理文化の醸成に関する訪問調査で、ある大学の生命科学の研究室を訪れた際、実験レポートで不正が行われないように工夫しているかと聞いたら、「起きるはずはない」ときっぱりしたお返事でした。実験は、教員やポスドクが実験に立ち会って指導し、その日のうちに提出するから、うまく行かなければ聞けばよいだけのことです。要するに、教員と学生の比率が問題なわけで、大人数を少数の教員が指導する教養教育の枠組みが問題だったわけです。つくづく、私は貧乏性なのだと思いました。

(5) 教職員集団が心をひとつにする

　この項目を起こすのには、やや勇気を要したのですが、あえて書かざるを得ないのは、すべての大学とは言いませんが、大学教員の中に、学士課程教育のレベルでの学習倫理について、必ずしも強い共通の信念が成立しているとは言えない面があるからです。私が若かりし頃勤めた学部で、学生のカンニングが続発し、懲戒規程やルールを整備しようとする提案が教授会で出されたことがあります。教師を養成する学部ですから、カンニングはあってはならないことで、厳罰化の提案なのですが、その議論の中で、「このくらい

は大目に……」という意見が複数出たのを覚えています。教授会が終わった後に、私より年配の助教授が、「学生の時にはあのくらい皆あったよね」と話しかけてきたのでたまげて、「私はない！」と思わず怒鳴ってしまいました（念のために、教授会の結論はしっかりしたもので、1科目でもカンニングしたら留年になる厳しいものでした）。

　それは30年以上前のことですが、研究倫理に取り組んでからでも、剽窃レポートはもちろんいけないが、研究室に配属されて研究指導を始めたらしっかり教育できるのだから、そんなに騒いで取り組まなくても……という声も聞くのです。それは、一面事実かもしれません。しかし、研究室に入って手厳しく先生に言われれば不正をしないが、大人数講義で目が届かなければ適当にレポートを書く、ということは、周りの環境に左右され、主体性がない、自律的なモラルがないことを示すものであり、研究室指導があれば不正をしないので安心だ、ということではないと思うのです。

　また、レポートの盗用はいけない、とされながら、実際は見逃されていれば、学生はそれを敏感に感じるものであり、建前はダメだが実際は許されるという二枚舌を学ぶことにもなります。これは、誠実な学生を育てる環境でしょうか。

　学生に誠実な学習倫理を育てる、ということは、教職員集団が、そうした取り組みをする中で、倫理を明確にする、「科学・学術研究の社会的責任」を少しでも研究して授業に組み入れる、ということを意味します。学生に研究倫理を育てることで、教員自身が倫理的に高まることが隠された目標にもなる、ということは、研究倫理マネジメントをする側は、視野に入れておきましょう。

3　よい研究指導は研究倫理醸成の本丸

(1) 体系的な指導と学生を研究者として扱う
①良いハンドブックを求める

　卒業研究、修士論文、博士論文といったレベルに関わりなく、研究指導は、

学生が社会の現実問題や自然現象を解明し、社会に有益な技術的課題に取り組み、学界で共有される研究方法を修得し、責任ある研究活動を進める中で研究倫理を身に付ける最大の機会であり、研究指導教員の力量が問われます。研究倫理について講義やセミナーで教えられても、あくまでも知識であり、深い理解に至るには、実際の研究を行いながら学ぶ必要があります。どのような環境と仕掛けが、責任ある研究活動を推進することになるのか、研究倫理マネジメントが力を注がなければなりません。

　ところが、日本においては、大学院における研究指導のハンドブックがほとんど出版されていません[3]。大学院生向けのものは、英語でのプレゼンを中心に、かなりあります。しかし、研究指導を正面に据えたものは、私の知る限り、リチャード・ジェームス、ガブリエル・ボールドウィン『研究指導を成功させる方法－学位論文の作成をどう支援するか－』(近田政博訳、名古屋大学高等教育研究センター、2008年)[4]、立教大学 大学教育開発・支援センター『大学教育開発研究シリーズ No.18　大学院研究指導への誘い―海外マニュアルの紹介―』(2013年5月)、川村孝『臨床研究の教科書：研究デザインとデータ処理のポイント』(医学書院、2016年)、近田政博『研究指導〈シリーズ 大学の教授法〉5』(玉川大学出版部、2018年)などごく少数です。しかし、それに近いものは、各大学の研究科や専攻レベルで作られているはずですから、研究指導教員が、研究指導のプロセスでしっかり研究倫理を身に付けさせることができるように、それらを集めて共有することも、研究倫理マネジメントの重要な役割ですし、なければぜひ良いものを作るように取り組んでください。

②院生を共同研究者として扱う

　特に、学生の研究指導の場が、研究不正の発生にも関わることに注意を払う必要があります。文部科学省は、報告のあった不正事例について調査報告をウェブで公表しています[5]。2019年12月時点で42件が公表されており(2015年：9件、2016年：9件、2017年：16件、2018年：8件)、広範な分野で発生していること(文系21件、理系21件)がわかります。事案としては盗用が28と圧倒的に多く、捏造10、改ざん9となっています。

　盗用の場合、学生・院生の研究成果からが5件を数えます。指導した学生

の研究成果を盗用するケースが少なからずあるのです。

　また、ある大学で、指導教授が、院生が自分の努力で企業調査を進めてきたが、その指導教授が極めて類似している研究を進めており、指導教授が実際に調査をしたとは思われないのに、院生の調査対象となった企業の事例を研究報告として行っていました。そのことを知った院生が、相談窓口に行き、調査の結果、指導教員が交代することになりました。特定不正行為ではありませんが、研究搾取として悪質な事例です。

　ところが、ある大学の研究倫理ワークショップでこの事例を取り上げて議論したところ、多くの参加者が、「理系では当たり前」「院生が騒ぎすぎ」といった意見を述べました。「理系だろうが文系だろうがこれは不正だ」と指摘する教員もいましたが、研究指導下にある学生の研究成果を指導教授が本人の了解なく自由に利用できる、といった考えは、教員の間にかなり広く浸透しています。

　このような考えは日本だけではありません。スタンフォード大学の学長を長く務めたドナルド・ケネディは、80年代からオーサーシップに関心を持ち、共同研究における業績の配分について研究を行い、ポスドクや大学院生など若手研究者を集めたセミナーを90年代に開催しました。そのセミナーで、ケネディは、視力を失った猿の聴覚上の局所限定能力の研究において、教授が優れた結果を出した院生の実験結果を、本人の了解なく共同研究として論文投稿し、院生が抗議した事例を取り上げた時の反応を、「結果は驚くべきものであった」と述べています。すなわち、全体の60%以上が、院生は過剰反応だと考え、ポスドクなど上級の研究員は、教授の行為は専門家として問題ないと答える比率が、院生よりも高かったのです。ケネディは、正当化の根拠としてある学生の回答、「今は学生だから、私が研究成果をあげれば、それは教授の帰属となる。私が自分の実験室をもつようになれば、今度は私の番になるでしょう」を紹介し、厳しく批判しています[6]。私は、運動部での先輩による鉄拳制裁が後輩に引き継がれていくことを連想しました。読者はどういう印象を持たれますか?

　一方、研究指導の結果、学生が生み出した成果の帰属が誰のものかは難

しい問題なのも現実です。研究手法は教員が指導し、必要な資源は教員が外部資金を獲得して提供し、うまくいかない時の助言やアイデアを与え、研究テーマそのものも教員が出してあげる、といった経緯がありながら、たまたまうまくいけば、その成果は、学生に帰属するということでもないだろう、という教員の言い分もあるでしょう。しかし、研究倫理上、学生の研究成果を無断で教員が利用してよいというルールは存在しません。あまり注目されていませんが、第3回世界研究誠実性会議の「モントリオール声明」(Montreal Statement on Research Integrity in Cross-Boundary Research Collaborations、2013年5月5-8日) は、共同研究に関するものであり、関連して次のような原則を提言しています。

研究成果の責任

16. データ、知的財産と研究の記録：連携パートナーは、最初と必要に応じて後に、データ、知的財産、研究の記録の使用、管理、共同と所有についての合意を作っておくべきである.
17. 発表：連携パートナーは、最初と、必要に応じて後に、論文と発表についての決定をどう行うかについて、合意を作っておくべきである.
18. オーサーシップと謝辞：連携パートナーは、最初と、必要に応じて後に、共同した研究成果のオーサーシップと謝辞の基準について、合意を作っておくべきである. 論文と他の成果は、すべての関係者の寄与を記述すべきである.

　学生が教員との共同研究に参加し、それが学位論文の研究指導であるなら、学生の成果を先駆けて発表してはオリジナリティが損なわれますし、指導教員の責任として、学生の研究成果を守る立場からどのように成果を出していくかを話し合っておくべきです。

　ところが、現実に、指導教員が学生の研究成果を勝手に使って構わないという風潮が少なからずあるのは、教員自身も学生時代に勝手に使われた経験があり、それを再生産しているのではないかと思われます。もちろん、指導

教員として弁えた方も少なからずおられるでしょうが、研究指導の実態は研究室ごとで行われ、透明性に欠けます。負のスパイラルが成立している可能性があります。第2部第3章で述べた研究不正発生要因を思い起こしてください。研究室や専攻・研究科単位で研究指導ハンドブックを作成するということは、より望ましい研究指導を定式化し、良くないことを明文化して共通感覚を高める役割を果たします。

③研究現場と大学のリーダーと協調する

　これらの課題は、研究現場だけの課題ではありません。研究室で研究指導を実質化し、研究倫理を学ぶ場とするためには、「指導教員個人や研究室がしっかりやってください」というだけでは、マネジメントの意味がないということです。研究倫理マネジメントは、こうした状況を視野に入れ、しっかりした研究指導が行われるように働きかけなければなりません。

　けれども、日本の大学では、研究指導教員の研究指導のあり方について、オープンに議論する慣行がなく、うっかりすると、「他人の研究指導に口を出すな」とクレームをつける教員が確実にいます[7]。風通しのよい研究室運営をめざし、良い研究指導の実践に学び、自己の経験を絶対視しないメンタルが大事です。

　そのためには、研究倫理マネジメントは、研究倫理担当理事や職員だけの仕事ではなく、研究科長、専攻長そして研究室を主催する教授・准教授もマネジメントの主体であることを、共通理解とすべきです。近年、ガバナンス改革の名のもとに、大学運営の権限を学長に集権化することが進められていますが、企業でも官庁でも権力の集中は、チエック機能が弱まって不正の温床となります。教育研究のような高度な専門性のある活動は、専門的見識と能力のある教員研究者が主体的になるのが当たり前のことです。ただし、お任せになって閉鎖性が高まると不正要因が拡大します。バランスの良さが重要です。

(2) 教材を開発する

　ところで、博士課程レベルの研究指導で使う教材とはどのようなものなの

でしょうか。私も参加した『科学の健全な発展のために―誠実な科学者の心得―』(丸善出版、2015年)は、博士課程の院生など若手の研究者対象を意識したのですが、学部生や修士院生にも講義で使えるものですから、すでに聞いている可能性があります。博士院生に提供し、研究倫理を育てる教材とはどのようなものなのでしょうか、工夫が必要です。例えば、次のことはどうでしょうか。

まずは、実際の研究過程で、問題になっていることをすぐに確認できるパンフのようなものが、研究室に常備され、すぐに手に取れる状態になっていれば便利ではないでしょうか。

メルボルン大学に研究倫理について訪問調査した時、広げるとA3程度のもので、"Code of Conduct in Research"、"Conflict of Interest in Research"、"Human Research Ethics 2010"のように、1項目1つのパンフが10種類ぐらい方々にあるのが目を引きました。実験の開始時とかに、15分くらい、教員が院生を集めて要点を説明するのに使えそうです。パンフが常備されていれば、そこに、各種のハンドブックや規程集のコーナーを作っておいてもいいですね。研究室単位で設置するよりも、談話室のようなところに学科・専攻共有であるほうが、お互いに共有性が高まり、さらに有効でしょう。

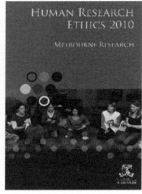

(3) 再現性を保証するための研究手法を高める

　パソコンなどの発達で、大規模データの利用と分析が簡単にできるようになりました。しかし、それに統計分析を行う研究者の能力がついて行きません。ここ数年、再現性のない論文の問題やデータ改ざんが取りざたされる事案が相次いでいますが、その背景には、統計教育の遅れがあります。2013年の高血圧治療薬ディオバン事件は、利益相反関係にあるノバルティスファーマ社員が統計解析を行ったという問題もあるのですが、京都府立医科大学の報告書は、「当時、当該研究室には臨床統計、生物統計解析に通じた人材がいなかったことなどから、統計解析に製薬企業従業員の力を期待した点に問題があった」[8]と述べており、根源は、研究者の研究能力にあったと指摘されています。

　世界的に論文の再現性が問題になっている中で、*Nature*（2016年5月25日号）に掲載されたMonya Bakerの論文は、再現性の問題を取り上げています。Bakerは、1,576人対象の調査で、90％の研究者が再現性につい危機にあると認識し、再現性を確保する手続きを66％の研究者が定めているが、時間とコストが倍増していること、研究に再現性がない理由は、都合のよい報告、論文発表への圧力に続き、統計分析力の低さが常に関与していると回答した研究者が50％を超えていること、不十分な指導や監督も50％であることを指摘しています[9]。そこから導かれる改善策は、統計分析の力を高めることが第1位で90％に達しています。要するに、統計分析をはじめとする研究能力を高める教育を行うことが、間違いに走らない有力な方策の1つということです。

　再現性の問題は、心理学でも大きな問題になっています。池田功毅・平石界「心理学における再現可能性危機：問題の構造と解決策」（『心理学評論』59-1,2016年）は、過去の心理学の研究論文の追試を行った結果、40％に再現性が満たないという報告があること[10]、人間には未来予知能力があるという論文が1000人以上参加した9つの実験で統計的に優位という結果で掲載されてしまったこと[11]などの問題を上げており、特に統計的検定の有意水準（p値）を論証の中核に置いていることへの批判があることを紹介しています。

　すなわち、統計的検定の有意水準 (p 値) は操作しやすく、信頼できないこと、なぜなら、行った条件や測定した変数の一部しか報告しない、参加者を少しずつ足しながら分析を行い、有意差に至ったところで止める、様々な共変量を用いて分析し、優位になった組み合わせのみ報告する、悪意でなくとも、小さいサンプルサイズの実験では偶然により効果量が大きく見積もられる可能性があり、このため統計的な有意差が「発見」されるなどの問題があり、これらは P-hacking と呼ばれているとしています。2016 年には、アメリカ統計学会 (The American Statistical Association) の声明「統計的有意性と P 値に関する ASA 声明」(The ASA's Statement on p-Values: Context, Process, and Purpose)[12] が、統計分析の誤用について警鐘を発し、大きな問題です。日本では、心理学関係学会が持続的にこの問題に取り組んでいるほか、日本計量生物学会でも紹介がありますが、私の属する高等教育関係の学会では、特に論議されていないようで気にかかります。*Psychonomic Society, Psychological Science, Society for Personality and Social Psychology* の国際学会誌は、投稿論文に対する統計分析・報告についての新しい基準を決めており、研究の質を高めるこうした動向を踏まえないと、日本の学術研究は立ち遅れかねません。

(4) 社会に対する広い目を育てる

　第 I 部第 1 章、第 2 章で述べたように、「社会における研究行為の責務」について知る機会を作ることは、「科学・学術研究の社会的責任」倫理を育てる上でとても重要です。研究指導は、専攻や研究室単位で行われますが、指導教員が、この種の社会的責任に関心を持っているとは限りません。アメリカ大学院協議会「責任ある研究活動のための大学院教育」は、その分野以外の教員や院生も参加し議論するセミナーや、哲学、応用倫理学の教員が参加するチーム・ティーチングコースが戦略的に効果的で、大学執行部の関与は決定的に重要であると指摘しています。学際融合的なアプローチは、それ自体で、学生の視野を広げるのです。

　また、アメリカ大学院協議会は、「研究倫理教育を研究科に限ることは、焦点が狭すぎ、研究倫理のスキルが十分ではないというリスクがある」と指

摘します。「学科の教員のまず第1の利益は、学生を分野の変化に適応させることであり、彼／彼女らの人格を発達させ、誤った行動に対し、予防しようとすることではない。一方、学生の属する専門分野以外の視点は、学生の視野を広げ、学生の関心を拡大すると思われる」(p.26)。まことに手厳しい指摘ですが、残念ながら、日本の大学教員にそのまま当てはまります。

　以上、3つのアプローチを示しました。ここから言えるのは、全学的な研究倫理マネジメントは、研究と教育を実施する学部・研究科と連携し、学部教育・大学院教育を、単に専門知識を詰め込むだけの「人材」にさせないこと、研究マネジメントと教育マネジメントを統合した取り組みを目指すことであるということです。

4　研究倫理教育のキー・パーソンを養成する

　インテグリティ戦略の概略を述べてきて、ここまで読んだ方は、自分には無理、自分の大学では無理、と思われたのではないでしょうか。特に、職員で研究倫理マネジメントに関与される方は、これが職員の仕事なのか、と疑問に思われるかもしれません。しかし、「教職協働」と言われるような概念は、教員だから職員だからという区分を超えて大学運営の質を高めようということですから、初めから、これができない、あれができないと言い訳するのではなく、目的を達成するために、現在のシステムも必要であれば変えるぐらいの意気込みが重要です。冒頭、職員の異動があるので役立つハンドブックを執筆するという趣旨のことを書きましたが、それが良いと言っているわけではないのです。いかなる業務も専門的知見なしには成果を上げることはできません。業務の質や効果も見直すことなく、ただ、過去行なってきたことだからとそれを前提に物事を考えるのであれば、本能で生きる生物と同じレベルです。主観的にまじめであっても真剣さが足りません。

　それを切り替えていくには、まず専門性を高めることから突破口を開かねばなりません。東北大学の経験から言えば、制度や研究倫理教育の指針等は比較的よく整備し、他大学からも参照されています。しかし、教育の力は、

それを担う人間次第です。研究倫理に通暁し、講師足りうる人材をどう育てるかが、今の最大課題であり、日本全体も同様です。

　問題はいくつもあります。研究倫理を専門的に取り上げる分野としては、応用倫理学、科学技術社会論、科学社会学、科学史などが該当しますが、これらのポストは僅少です。私の属する高等教育研究分野も、研究倫理を取り上げておかしくない分野ですが、この分野の研究者が就職するポストの多くは、大学教育センター組織に配置され、業務は FD や教育マネジメントです。FD が教員の能力開発全体を視野に入れたものであればいいのですが、主体としての大学教員を育てるのではなく、授業スキルや学習成果といった局所的な課題だけ取り組む傾向があります。結局、どこかの誰かがやってくれないかといったところで、天からポストが降ってくるわけではありません。実際に研究指導を担う教員が、指導の質を高めるために、関心の方向を研究倫理に向け、研究的に取り組み、シニアで学会に影響力のある教員は、学会での課題にする、大学も人事ローテーションに入れないで、リサーチ・アドミニストレーターの業務として位置づけ、研究倫理部署に配置するといったこまめな努力の累積が重要です。

5　研究指導を標準化する

　研究指導プロセスで、指導教員による研究搾取などの事案を調べると、研究指導のプロセスそのものが問題ではないかと思われます。

　ある大学で、D3 の社会人大学院生の博士論文の検討会が開かれ、その内容に後輩院生の論文の実験データが多数使われており、引用が明記されていないことに、ある教員が気づきました。学生は社会人ということもあり、あまり研究室に来ず、実験をやっている形跡がありません。ただし、本人は、大学院在学年限の最終年度であり、今年度審査に通らなければ、学位取得はできなくなります。思い悩んだ教員が相談に来て、調査が始まり、後輩の実験結果を盗用したことが露見しました。その大学では、特定不正行為を「発表された成果」と定義していたので、学位論文作成中のことは該当しません。

しかし、悪質なので、限りなく不正行為に近いとして、本人と指導教員に厳しい注意がなされ、しっかり指導することが結末となりました。

　けれども、在学期間の最終年度まで論文が書かれず、中途実験もしていないことが、なぜ放置されて来たのか、という疑問が生じないでしょうか。そもそも、不正が起きかねない環境が醸成されてきたのです。メルボルン大学の事例ですが、博士論文を書かせるための体系的組織的な仕組みに感心しました。大学院生の指導は、Graduate Research Training Policy (MPF1321) という大学の政策文書で詳細に定められており、複数指導教員体制へ移行すること、指導教員を含む助言委員会を置くこと、委員会の委員長は主指導教員以外のデパートメントの教員であることを定めた上で、委員会は、次の役割を持っていると明記されています。

　　　　―研究プロジェクトがコースに適していること、利用可能な時間内で完了できること、適切に情報が提供されること、関連するすべての法律、政策、プロセスに従うことを保証すること

　　　　―方針に従って候補者が登録されているコースを継続して履修できるかどうかを勧告すること

　　　　―候補者の学術的進捗をモニターすること、必要と思われる場合は、候補者期間の延長を勧告すること

　　　　―研究プロジェクトに関する事項について学生に助言すること ―― 候補者が内緒で相談したい事項について個別に相談に応ずること

　　　　―候補者の進展状況を学部長に報告すること

この方針は、指導教員に次のような義務を課しています。

　　　　―候補者と最低月に1回会合するスケジュールに同意すること

　　　　―アイデアを交換し、進捗状況を確認し、候補者の修了資格取得を助けることで合意して、候補者と会うこと

　　　　―候補者の進捗状況を少なくとも6ヵ月毎に大きく見直すこと

　　　　―候補者に論文の形式と準備について助言すること

　　　　―会合の前には書かれたペーパーを徹底的に読み、定期的なフィード

バックを提供すること

—学科の教育的な活動に候補者を参加させること

—候補者に発表するよう促すこと　そして

—守秘義務またはその他の知的財産による公開制限を適切に　見直すこと

—6か月ごとに進展状況を学部長に報告すること

　この方針の徹底ぶりは、「学部長は指導が不十分と判断した場合、候補者と相談して新しい指導教員を任命できる」とし、指導教員の匙加減で研究指導が行われないようにしているのです。学位論文の要件も次のように明快です。

—候補者の分野における権威を実証し、関連分野における知識の訓練の証拠を示すこと

—適切な方法的技術を徹底的に把握し、その限界に対する意識を実証すること

—探究するアプローチおよび／または解釈の独創性、場合によっては新しい事実の発見に依存する知識に貢献すること

—専門分野および国際的に研究成果を効果的に伝達する能力を実証すること

—研究倫理と誠実性を理解し、それへのコミットメントを示すこと　そして

—研究の修業が完了し、学位保持者が学問分野の学者コミュニティに認められていることを、慎重、厳密かつ持続的に示すこと

　きちんと研究倫理の理解が、学位論文の要件として規定されているのです。日本の学位の要件は、どうなっているのでしょう。学位規則（平成25年3月、省令第5号）で、具体的には、大学で定めることになっています。

　では、日本を代表する国立大学法人東京大学の「学位規則」（昭和32年4月23日、評議会可決）は、博士学位の要件をどう定めているでしょうか。「博士

の学位は、本学大学院の博士課程を経ない者であっても、論文を提出してその審査及び試験に合格し、かつ、専攻学術に関し本学大学院の博士課程の教育課程を終えて学位を授与される者と同様に広い学識を有することを確認（以下「学力の確認」という。）された場合には、授与することができる」（第2条第4項）と定め、論文博士についての定義ですが、「学力」を要件としていることがわかりますが、それだけで、倫理も関連分野での学識も求めていません。課程博士について定めている「東京大学大学院学則」（昭和28年3月17日、評議会可決）は、博士後期課程の目的を、「専攻分野について自立して独創的研究を行うに必要な高度の研究能力及びその基礎となる豊かな学識を養うことを目的」としています。ここでも研究能力とその基盤である学識が要件であり、誠実性が明記されていません。

　私立大学もあげねばバランスが取れませんので、早稲田大学大学院学則を見ると、「博士課程の修了の要件は、博士課程に5年（略）以上在学し、各研究科の定めた所定の単位を修得し、所要の研究指導を受けた上、博士論文の審査および試験に合格することとする」（第14条）とあるのみです。

　これらが日本の大学院で育てている博士学位の実体であるとまでは言いませんが、科学技術が世界に大きな影響を与え、それを担うだけのモラルや責任が求められるのに比べて、大学院教育の目標である学位の要件は、学力一辺倒で、あまりにも寂しくはないでしょうか。「研究さえできればあとはどうでもいい」という研究者を育てることを容認する規程になっていないでしょうか。

　こうしたマクロな問題について、個々の教員は気づいても、提案するのは大変です。研究倫理マネジメントは、学部・研究科の現実をただ肯定するだけでなく、すなわち、現在存在している倫理規範を正当なものをみなすだけではなく、大きな視野で、「正直さ、正確さ、効率性、客観性を保持して行われる研究活動」の責任と、「科学・学術研究の社会的責任」を果たす研究者を育てるために、学生を育てることで教員も成長するように新たな倫理規範を創造することも使命であることを強調して、本冊子を閉じたいと思います。

注

1 「ベネッセ教育情報サイト」(http://benesse.jp/kyouiku/201504/ 20150421-3.html. 2018.3.7 アクセス) で読むことができます。

2 東北大学高度教養教育・学生支援機構学習支援センターの HP (sla.cls.ihe.tohoku. ac.jp/handbook/) からダウンロードできます。

3 ただ、生命科学では盛んに翻訳されており、Kathy Barker, 2004, *At The Bench A Laboratory Navigator Updated Edition*, Cold Spring Harbor Laboratory Press(中村敬一訳『アット・ザ・ベンチ バイオ研究完全指南 アップデート版』メディカル・サイエンス・インターナショナル、2005 年)が出版されています。

4 HP からダウンロードできます。(http://www.cshe.nagoya-u.ac.jp/publications/file/ Eleven_Practices_of_ Effective_ Postgraduate_Supervisors.pdf)

5 「文部科学省の予算の配分又は措置により行われる研究活動において特定不正行為が認定された事案(一覧)」(http://www.mext.go.jp/a_menu/jinzai/fusei/1360839. htm. 2019.12.25 アクセス)。

6 ドナルド・ケネディ『大学の責務』(東信堂、2008 年、立川明・坂本辰朗・井上比呂子訳、原著、Donald Kennedy, 1997, *Academic Duty*, Harvard University Press)、pp.142-148。

7 研究倫理の調査に、2012 年 6 月にオーストラリアに行ったことがあります。メルボルン大学では、研究指導教員(supervisor)対象のセミナー、研究指導教員の配置等の委員会、研究指導教員のための上級アドバイザーとの懇談会の 3 つに陪席させてもらい、研究指導教員が指導上の疑問を出し、率直に意見交換し、学びあう場面と気風に強い感銘を受けました。海外の大学で学位を取る教員や研究する教員は日常的な風景なのですから、研究で成果を上げる(フロー)だけでなく、それを支える文化や気風(ストック)にも目を配って欲しいものです。

8 京都府立医科大学「『Kyoto Heart Study』臨床研究に係る調査報告」(平成 25 年 7 月 11 日)(http://www.kpu-m.ac.jp/doc/news/2013/files/ 20130711press.pdf.2018.3.8 アクセス)。

9 Monya Baker, 25 May 2016, *Nature*, Vol.53 (http://www.nature.com/ news/1-500-scientists-lift-the-lid-on-reproducibility-1.19970.2017.5.30 アクセス)。

10 J. Bohannon, 2015, "Many psychology papers fail replication test," *Science*, 28. Aug.2015.

11 Bem, D. J., 2011, "Feeling the future," *Journal of Personality and Social Psychology*, 100.

12 日本計量生物学会による翻訳があります (https://www.biometrics.gr.jp/news/all/ ASA.pdf)。

参考資料

1. 公正な研究活動のための東北大学行動規範

2. 公正な研究活動のための東北大学行動規範補足説明

3. 東北大学における研究成果を適切に発表するための指針

4. 東北大学における公正な研究推進のための研究倫理
   教育実施指針

5. 研究倫理に関するキャリア・ステージ別学習参照基準

6. 東北大学における公正な研究推進のための
   研究データ等の保存及び管理に関する指針

7. 東北大学における公正な研究推進のための
   共同研究等実施指針

8. 東北大学における公正な研究推進のための
   若手研究者支援実施指針

1．公正な研究活動のための東北大学行動規範（2013 年 11 月 26 日）

平成２５年１１月２６日

役員会

公正な研究活動のための東北大学行動規範

1．行動規範の趣旨

東北大学は、「研究第一」の伝統と「門戸開放」の理念、「実学尊重」の精神を発展させ、研究中心大学として常に世界に向かって扉を開き、多様性を重視し先見性と専門性とに裏打ちされた「知的創造と教育の国際的拠点」の形成を進めてきた。さらに、これらを通じ、現代社会が直面している困難な諸問題に立ち向かい、その解決に努力して人類と地球の未来に対してその責任を果たすべく取り組んでいる。

研究は、人類が共有する知と文化を創造する営みであり、その成果は社会の進歩と発展に寄与する。教職員・学生など本学において研究活動を行う者には、学問の自由の下に、専門家として社会の負託に応え、自らの専門的な判断により真理を探究する権利を享受するとともに、公正な研究活動を行い、各種の社会規範や法令を遵守し、研究者として社会的責務に応えることが求められている。

また、これら研究者は、自らが生み出す専門知識や技術の質を担保する責任を有し、自らの専門知識、技術、経験を活かして、真理の探究、人類の健康と福祉、社会の安全と安寧、そして地球環境の持続性に貢献するよう努めなければならない。

東北大学及び研究者は、研究活動の果たす社会的役割の大きさに鑑み、それぞれの研究と社会の健全な関係の構築と維持に自覚的に参画する責任を負っている。その責務の一つとして、本学は、研究者が遵守すべき行動規範をここに定める。

2．公正な研究活動の原則

研究活動を公正に遂行するために、研究者は次の行動をとることが求められる。

(1) 先行する研究成果を尊重し、客観的で十分な根拠をもって研究すること。

(2) 引用や他人の仕事を評価する際には公平であること。

(3) 研究・教育・学会活動において、人種、性、地位、思想、宗教などによって個人を差別せず、人格を尊重すること。

(4) 人間、動物、環境や研究する対象に配慮すること。

(5) それぞれの分野で適切な研究手続に沿った研究を行い、データの管理と利用とを適切に行うこと。

(6) 成果の公表に際しては、研究への実質的貢献に、基づいてオーサーシップを適切に定めること。

(7) 学外の団体や企業と連携・協力した活動を行う場合、公共の利益や大学の責務との相反関係に陥らないように配慮すること。

(8) 研究資金源を明記するとともに、研究費の使用ルールを遵守すること。

(9) 環境・安全、生命倫理、安全保障輸出管理など関係官庁等が定めた研究に関する法令及びガイドライン、所属する学会規則、国際共同研究においては、関係国・組織の諸規定を遵守すること。

3．研究活動における不正行為、及び不適切な行為の禁止並びに法令遵守

研究活動を公正に遂行するために、研究者及び大学は以下によらなければならない。

(1) 捏造、改ざん、盗用の研究活動における不正行為を行ってはならず、不正行為があった場合には、是正しなければならない。

(2) 研究活動における不適切な行為を行ってはならない。不適切な行為とは、例えば利益相反に関する義務違反、守秘義務違反、研究対象者への同意の欠落、研究被験者の虐待や材料の乱用、研究への貢献を反映しない不適切なオーサーシップ、二重投稿や二重掲載、一つの論文で発表できる研究を分割して発表する行為、である。これらの不適切な行為は、研究への信頼性を損なうものであり、研究の手続、データ管理、研究成果の公表において、学界で共有されている適切な方法を実践しなければならない。

(3) 研究活動の遂行に当たって、法令及びそれぞれの研究領域におけるガイドライン類を逸脱してはならない。ルールに基づかない研究費の不正使用を行ってはならない。

(4) 研究活動における不正行為及び不適切な行為について、これらの行為を隠ぺいする試みや、告発者に対する報復などの行為を行ってはならない。

(5) 大学は、研究活動における不正行為及び不適切な行為を防止し、疑義が発生した場合には、適切に対応しなければならない。

4．研究倫理の保持及び向上

研究倫理を保持し、高めるために、研究者及び大学は次の努力をしなければならない。

(1) 研究者は、研究倫理を保持する努力を行うとともに、自己研鑽と学習を怠ってはならない。

(2) 若い研究者や学生への指導を行う者は、次世代への責任として、研究倫理に関する指導を行わなければならない。

(3) 大学は、研究倫理の普及・定着のための活動を行わなければならない。

２．公正な研究活動のための東北大学行動規範補足説明（2013年11月26日）

公正な研究活動のための東北大学行動規範
補足説明

１．行動規範の趣旨

　１．「東北大学における研究者の行動規範（案）－研究者の作法－」及び「科学者の行動規範」（日本学術会議）をもとに再構成した。ただし、研究者の行動規範ではなく、東北大学における研究の行動規範とした。

　諸外国の団体や大学のコード類は、大学における研究を対象にし、研究者に限定していないものがほとんどである。研究は、学生・職員・教員など多様な主体が行う。また、機関も行動主体として責任を負うので、大学における研究の規範を定め、その上で、教職員、学生などそれぞれを対象にした具体化を図る方策がとられている。

　一方、日本の場合には、研究者ないし科学者を対象とするものと大学における研究活動を対象とするものとに分かれる。前者は、日本学術会議声明「科学者の行動規範」の影響である。

　もし、「研究者の行動規範」とするならば、研究者の定義を行わねばならず、学士課程学生、大学院生、職員などをどう扱うかという論議が必要になる。また、大学の役割・責任が題目から明確にならない。行動規範は包括的であるべきなので、東北大学におけるすべての研究活動を対象にし、「教職員・学生など本学において研究活動を行う者」を「これら研究者」と定義することにした。

　また、この種の行動規範は、どうしても不正の防止に傾きがちになってしまうが、課題は社会の負託にこたえた責任ある行動が重要である。この点は、日本学術会議声明「科学者の行動規範―改訂版―」でも強調されている。

（参考・関連）

・第18回世界医師会総会「人間における生物医学的研究を行う医師のための勧告」（ヘルシンキ宣言）（1964年6月）
・日本学術会議声明「科学者の行動規範―改訂版―」（2013年1月23日）
・東北大学研究推進審議会「研究者の作法―科学への愛と誇りをもって―」（2007年4月）

2．公正な研究活動の原則

　研究活動において、守るべき原則を明示した。「東北大学における研究者の行動規範（案）－研究者の作法－」のうち、原則的な部分を採用すると共に、国際スタンダードとして、「誠実な研究のためのヨーロッパ行動規範」（European Science Foundation All European Academies、*The European Code of Conduct for Research Integrity*、 March 2011）を参照した。

　国際共同研究が広がっている現在、グローバルな規範との対応性、他国の法令や規範の尊重などを盛り込んだ。

（参考・関連）

・日本学術会議学術と社会常置委員会報告「科学における不正行為とその防止について」（2003 年
　6 月 24 日）
・日本学術会議学術と社会常置委員会報告「科学におけるミスコンダクトの現状と対策　科学者コ
　ミュニティの自律に向けて」（2005 年 7 月 21 日）
・科学技術・学術審議会技術・研究基盤部会　産学官連携推進委員会利益相反ワーキング・グルー
　プ「利益相反ワーキング・グループ報告書」（2002 年 11 月 1 日）
・文部科学大臣決定「研究機関における公的研究費の管理・監査のガイドライン（実施基準）」（2007
　年 2 月 15 日）
・東北大学研究推進審議会「研究者の作法―科学への愛と誇りをもって―」（2007 年 4 月）
・「東北大学遺伝子組換え実験安全管理規程」（1981 年 6 月 9 日）
・「国立大学法人東北大学動物実験等に関する規程」（2007 年 5 月 3 日）
・「国立大学法人東北大学化学物質等管理規程」（2008 年 10 月 2 日）
・「国立大学法人東北大学利益相反マネジメント規程」（2009 年 3 月 27 日）
・「国立大学法人東北大学安全保障輸出管理規程」（2010 年 1 月 27 日）

３. 研究活動における不正行為及び不適切な行為の禁止並びに法令遵守

「東北大学における研究者の行動規範（案）－研究者の作法－」及び「誠実な研究のためのヨーロッパ行動規範」を参照した。

研究のミスコンダクトの典型的なものは、捏造（Fabrication、データや結果をでっちあげ、それらを記録し報告すること）、改ざん（Falsification、調査対象、装置、プロセスなどを操作したり、データや記録を意図的に変更したり除外したりすること）、盗用（Plagiarism、他人のアイデア、プロセス、結果、言葉などを、適切な了承を得ずに流用すること）であり、俗にFFPと通称される。研究搾取は盗用に含まれる。ただし、単なる誤りや意見の相違は、ミスコンダクトに含まれない。

ミスコンダクトとは、全米科学財団のようにFFPに限定する立場から、「誠実な研究のためのヨーロッパ行動規範」のように、逸脱行動（failure to meet clear ethical and legal requirements）、不適切な行為（Improper dealing）、懸念ある行動（Questionable Research Practices）も含む立場とがあるが、次第に拡大する方向にある。日本学術会議「科学におけるミスコンダクトの現状と対策」（H17.7.21）も、ミスコンダクトという言葉を使い、従来のFFPでは把握できない「一般に受け入れられている共通事項からの著しい逸脱行為」を問題視している。

他方、逸脱行動や不適切な行為をすべて不正行為として一括すると、不正＝不法とみなされることになるので、これらの行為を３つに区分して定義し、不正な研究行為については、調査を含む対処を明確にした。

オーサーシップ（論文の著者表記）は、しばしば問題になってきたが、国際医学雑誌編集者委員会（ICMJE、 International Committee of Medical Journal Editors）が定めた「生物医学雑誌への統一投稿規程」（Uniform Requirements for Manuscripts Submitted to Biomedical Journals）が、分野を超えて広く共有されつつある（1985年制定、2010年改訂）。同規程は、著者の定義として、①研究の構想および計画、デザイン収集と解釈において相応の貢献があること、②原稿執筆や内容改訂に参加すること、③出版の最終原稿に同意すること、以上の３つを同時に満たす人を著者としている。

（参考・関連）

・日本学術会議学術と社会常置委員会報告「科学におけるミスコンダクトの現状と対策　科学者コミュニティの自律に向けて」（2005年7月21日）
・科学技術・学術審議会 研究活動の不正行為に関する特別委員会「研究活動の不正行為への対応のガイドラインについて―研究活動の不正行為に関する特別委員会報告書―」（2006年8月8日）
・東北大学研究推進審議会研究倫理専門委員会「研究活動における不正行為への対応ガイドライン」（2007年3月1日）
・東北大学研究推進審議会「研究者の作法―科学への愛と誇りをもって―」（2007年4月）
・「東北大学における研究費の適正な運営・管理のための大綱」（2007年10月26日）
・東北大学役員会「研究費の不正使用への対応ガイドライン」（2008年1月30日）

4．研究倫理の保持及び向上

　研究倫理の保持は重要であり、研究者・大学双方にその責任があることを明記した。ミスコンダクト防止の世界的動向は、教育と啓蒙による倫理規範の徹底化にある。日本学術会議声明「科学者の行動規範―改訂版―」においても、あらたに「不正行為抑止の教育啓発に継続的に取り組む」ことが明記された。研究大学として研究者の育成を行う本学においては、ひときわ重視すべき内容である。

（参考・関連）
・日本学術会議声明「科学者の行動規範―改訂版―」（2013 年 1 月 23 日）
・東北大学研究推進審議会「研究者の作法―科学への愛と誇りをもって―」（2007 年 4 月）

付記：

(1) すべての教職員・学生に、この規範が普及するように、日英両言語でのパンフレットを作成し、活用すること。
(2) この内容がよく理解され、規範にかかわる各種の行動や判断が適切にできるように、事例や関係資料を盛り込んだ解説書（テキスト）を作成し、普及活動を行うこと。

3. 東北大学における研究成果を適切に発表するための指針（2017年12月22日）

東北大学における研究成果を適切に発表するための指針

平成２９年１２月２２日
統括研究倫理推進責任者　裁定

研究成果を適切に発表するための指針（平成 25 年 11 月 26 日役員会・改正平成 27 年 3 月 23 日）の全部を改正する。

１．目的

本指針の目的は，本学において研究を行う研究者（以下「研究者」という）が，共通に求められる研究に対する公正さ，誠実さ，正確さ，客観性等の基本的な価値観を尊重し，「公正な研究活動のための東北大学行動規範」（平成 25 年 11 月 26 日，役員会）に基づいて，責任ある研究発表を行うための基本原則を示すことである。

２．成果発表における公正な活動の原則

研究成果の発表にあたっては，研究者は次の原則を尊重することが求められる。
（1）先行する研究成果を尊重し，客観的で十分な根拠をもった発表を行うこと。
（2）捏造，改ざん，盗用の特定不正行為を行わないこと。
（3）研究構想およびデザインの設定，データ取得，データ分析および解釈，論文の作成と検討，など研究への実質的貢献と学界で共有されている適切な基準に基づいてオーサーシップの範囲を定めること。オーサーシップを持つ者は，最終原稿の承認を与えなければならない。
　著者の資格がないにもかかわらず著者に加えるギフト・オーサーシップ，著者の資格があるにもかかわらず著者に加えられないゴースト・オーサーシップのような不適切なオーサーシップを行使しないこと。
　オーサーシップを満たさないが，研究に協力した関係者に対しては謝辞を適切に定めること。
（4）成果発表において原著性と研究への信頼を守るために，二重投稿，二重出版，分割発表，分割出版を行なわないこと。
（5）成果発表が，公共の利益や大学の責務との相反関係に陥らないように配慮すること。
（6）成果発表に際しては，研究資金源を明記し，説明責任と利益相反開示の責任を果たすこと。
（7）プレスリリース、マス・メディアを通じた研究成果の発表にあたっては，メディアの性格，影響力，報道の姿勢及び一般読者の科学的知識を考慮し，成果が正しく伝わるように配慮すること。
（8）成果発表に対して，特定不正行為，不正行為，不適切な行為の疑念が著者に寄せられた場合には，責任ある研究活動が行われたことを説明すること。

３．共同研究の発表における責任者の役割

共同研究の発表にあたっては，コレスポンディング・オーサー（責任著者），ラストオーサー，シニアオーサーなど研究発表全体を統括する責任のある研究者は，「東北大学における公正な研究推進のための共同研究等実施指針」（平成 28 年 3 月 29 日，統括研究倫理推進責任者　裁定）に定める「研究成果発表確認シート」を確実に提出するなど，発表が公正に行われるように取り組まなければならない。

4．東北大学における公正な研究推進のための研究倫理教育実施指針 （2016 年 3 月 29 日

東北大学における公正な研究推進のための研究倫理教育実施指針

平成 28 年 3 月 29 日
統括研究倫理推進責任者　裁定

1．目的

　本学における構成員（教職員及び学生）が、誠実に学習・教育・研究活動を行い、人類の知的財産を守り、人類社会に貢献する責任ある研究を行うとともに、研究不正を防止するために、研究倫理教育の実施に際しての基本方針を定める。

2．原則

　本学における研究倫理教育は、次の原則に基づいて実施するものとする。

(1) **教育の体系性**：学士課程、大学院教育を通じて学習・研究倫理が定着するよう体系的に行うこと

(2) **キャリア・ステージの体系性**：新任教員・研究指導教員・部局の指導的教員及び研究活動に参加する職員など、役割とステージに対応して研修の機会を設けること

(3) **共通性と分野の特性への配慮**：大学全体と部局との連携・協力により、学問全体を通じた共通性と研究分野の特性に対応した研究倫理教育を提供すること

(4) **多様な教材と効果的効率的な学習**：各ステージでの修得課題を明確にするとともに、正課教育（単位）、非正課でのセミナー・ワークショップ、Ｅラーニング、教科書、パンフレットなど多様な教材と学習機会を提供し、効果的効率的な学習を保障すること

(5) **持続的な内容の改善**：研究倫理に関する国際動向、最新の研究成果、具体的事例を大学として組織的に収集し、研究倫理教育に反映させること

(6) **実践力の形成**：研究倫理学習にあたっては、その理解度を確認するとともに、ワークショップなど応答的学習の機会を設け、具体的な問題を判断し、解決できるようにすること

(7) **学習履歴の証明**：学習者の学習履歴を記録し、大学間の移動や系統的な学習が継続するように確認し、証明できるようにすること

(8) **定期的な履修**：教員においては、原則 5 年毎に研究倫理教育を受講すること。

3．本学における研究倫理教育

(1) 本学における研究倫理教育の実施は、別表に定める「研究倫理に関するキャリア・ステージ別学習参照基準」及び「研究倫理に関する学習内容参照基準」に基づいて、「研究倫理推進計画」中に「研究倫理教育実施計画」を毎年度策定して行うこと

(2) 公正な研究活動推進委員会は、別表に定めた参照基準を満たした研究倫理教育が実施できるように、上記原則に基づいた「研究倫理教育実施計画」を策定し、実施すること

(3) 各部局は、別表に定めた参照基準を満たすように、所属する教職員及び学生に対応した研究倫理教育計画を策定し、実施すること

（4）各部局の分野特性に対応した研究倫理教育の機会を提供するために、公正な研究活動
　　推進連絡会議を通じて、部局横断的なセミナー等の開発などを行うこと

（5）他大学で研究倫理教育を受講してきた新任教員には、全学で開催する新任教員研修に
　　おける研究倫理に関する講演のほか、受講内容を確認した上で、採用した部局におい
　　て必要に応じて「研究倫理に関する学習内容参照基準」に沿った研修を行うこと

（6）研究活動に参加する職員、共同研究等で本学において研究活動を行う客員教員等につ
　　いては、研究倫理に関する学習履歴をふまえ、必要に応じて「研究倫理に関する学習
　　内容参照基準」に沿った研修を行うこと

（7）留学生、外国人教員等で日本語学習が不十分な研究者に対しては、同水準の英語教材
　　を開発し、全学及び部局の連携で学習の機会を設けること

４．指針の適用時期

　この指針は、平成 29 年 4 月 1 日から適用するものとする。

　なお、平成 29 年 3 月 31 日までを本指針の適用のための集中改革期間とし、実効性のあ
る運用に向けた準備を集中的に進めるものとする。

5．研究倫理に関するキャリア・ステージ別学習参照基準

表1 研究倫理に関するキャリア・ステージ別学習参照基準

レベル	役割	対象	課題	学習内容	学習教材・形態	職務付け	備考
レベル6	他の研究者に対し(助言)を与え、責任ある研究活動を先導的に推進	研究公正アドバイザー	専門分野における責任ある研究を理解し、様々な事例を把握し、他者に助言を与えることができる	表2による	公正な研究活動推進委員会が年度毎に指定する部局もしくは各部局の7名を年度別開催・参加する所定のワークショップ・セミナーのうち、同委員会が認定するもの	○レベル5までの学習を踏まえた上で、東北大学学内外で開催される研究倫理の具体的な事例に関するワークショップ等に3年に1度以上参加すること ○3年に1度以上、研究倫理の重要など実務やケーススタディを扱うワークショップへ参加すること。	部局に概ね1、大規模組織では教授の10%程度
レベル5	研究指導及び共同研究で責任ある研究の実施を指導	研究指導担当教員	①学生指導において責任ある研究を指導できるよう指導することができる ②共同研究において責任ある研究を実施できるよう役割を果たすことができる ③分野の研究倫理に関する最新の知識を有する	表2による	公正な研究活動推進委員会が年度毎に部局の協力を得て開催するもの、もしくは各部局の7名を年度別開催・参加する所定のワークショップ・セミナー及び学内で開催されるワークショップ・セミナーのうち、同委員会が認定するもの	○レベル4までの学習を踏まえた上で、研究指導センター・シップに関する認定されたセミナー・ワークショップに5年に1度以上参加すること ○レベル4と同様、5年に1度同じレベルに示された学習教材に基づく最低3時間程度の学習を行うこと	研究指導するすべての教員
レベル4	自立的に責任ある研究の実践	ポストドクトラル・新任教員	①自分野の倫理の全体構造を理解し、自分の研究を通じて実践する ②研究活動において発生するさまざまな研究倫理の課題を自立的に解決する	表2による	①CITI-Japan(基本コース) ②CITI-Japan(理工系コース) ③CITI-Japan(医学系コース) ④「大学における研究活動…(新版、科学者の作法改訂・拡大) ⑤科学の健全な発展のために…科学者の心得編 ⑥日本学術会議『科学者の行動規範-改訂版』	○左に例示した教材等を利用し、ケーススタディを含み、最低3時間程度の学習機会を設けること ○研究室主任の倫理工学課程など、より広い理解が必要な分野においては、さらに必要な学習内容を定め、実践すること	東北大学に採用されたすべての教員が1年以内に
レベル3	指導のもとでの自立的に責任ある研究の実践	大学院後期課程学生	①研究する分野の基本的倫理を理解する ②責任ある研究不正の定義について理解し、実践できる ③研究活動において発生するさまざまな研究倫理の課題に気が付き、助言の下で解決に努力する	表2による	①CITI-Japan(基本コース) ②CITI-Japan(医学系コース) ③CITI-Japan(理工系コース) ④「大学における研究活動…(新版、科学者の作法改訂・拡大) ⑤科学の健全な発展のために…科学者の心得編 ⑥日本学術会議『科学者の行動規範-改訂版』	○左に例示した教材等を利用し、ケーススタディを含み、最低3時間程度の学習機会を設けること ○研究室主任の倫理工学課程など、より広い理解が必要な分野においては、さらに必要な学習内容を定め、実践すること	博士課程後期学生は第2年次までに
レベル2	指導のもとで責任ある研究の実践	学士課程後期・大学院前期課程学生	①社会における責任ある研究のための学問倫理の課題と重要性を理解する ②自分の専攻分野の課題と社会における価値を理解する ③責任ある研究の基本的な倫理を理解し、指導のもとで自分の研究を通じて実践する	表2による	①「大学における研究活動…(新版、科学者の作法改訂・拡大) ②科学の健全な発展のために…科学者の心得編 ③日本学術会議『科学者の行動規範-改訂版』	○左に例示した教材を利用し、各学部において大学院前期課程の学生に対し、研究指導担当の機会などに最低3時間程度の学習機会を設けること ○人権や生命倫理など、より広い理解が必要な分野においては、さらに必要な学習内容を定め、実践すること	学士課程学生は3・4年次、博士課程前期学生は第1年次中に
レベル1	大学での学習の適応と実践	学士課程前期学生	①他者の意見と自分の意見の区別など、大学での学習の基本的作法を理解し、実践する ②他者の意見及び学習と実践を通じて誠実な学習を実践する ③作問・偽造・剽窃・カンニングなど学習の不正な行為のもたらす弊害を理解し、誠実な学習を実践する	表2による	①「大学での学習の手引き」(全学作成) (2)学部での授業・学習要領で作成) (3)図書館でのガイダンス(剽窃) (4)論文数での学習のガイダンスを作成すること実施等 (5)THE…情報処理センター等新等で実習機能による各科目等でISTU等での動画配信を推奨 (6)レポートの表記様式…(注意事項など)	○左に例示した教材を利用し、各学部において前期2年間のうちに3時間程度学習の…学習機会を設けること ○学習機会には質疑応答の機会を設けること	学士課程は入学第1年次中に

表2　研究倫理に関する学習内容参照基準

学習内容	学生			教員		
	レベル1 学士課程 前期学生	レベル2 学士課程 後期・大 学院前期 課程学生	レベル3 大学院後 期課程学 生	レベル4 ポストドク トラル・新 任教員	レベル5 研究指導 担当教員	レベル6 研究公正 アドバイ ザー
共通基礎　①責任ある研究活動の概念	◎	◎	◎	◎		
②研究の自由と守るべきもの	◯	◯	◯	◯		
③研究不正行為の概念と回避	◯	◎	◎	◎	◯	◯
④研究不正の防止と告発	◎	◎	◎	◎	◎	◎
⑤データの扱い(収集・管理・処理)	◎	◎	◎	◎	◯	
⑥個人情報の保護	◯	◯	◯	◎		
⑦守秘義務のルール	◯			◎		
⑧共同研究のルール	◯	◯	◎	◎		
⑨研究費の適切な使用	◯	◯	◎	◎		◯
⑩科学者の役割	◎			◎		
初級　⑪研究成果発表上の原則(責任あるオーサーシップ、不適切な発表、社会への発言)		◎	◎	◎		◯
⑫研究不正防止に関する取り組み			◎	◎		◯
⑬研究実施上遵守すべき法令・ルール(共通)		◎	◎	◎		◯
⑭生命科学・工学・心理学など個別分野での倫理		◎	◎	◎	◯	
⑮研究実施上遵守すべき法令・ルール(分野)		◎	◎	◎		
⑯利益相反		◯		◎		
中級　⑰安全保障への配慮				◯		
⑱インフォームドコンセント			◎	◎	◯	◯
⑲研究倫理教育の重要性					◯	◯
⑳責任ある論文審査			◎	◎	◎	◯
㉑知的財産(著作権、特許)			◎	◎	◎	
㉒倫理問題に関するケース・スタディ			◎	◎	◎	
上級　㉓メンターとしての指導責任			◎	◎	◎	◎
㉔学生指導に関する指導責任				◯	◎	◎
㉕ピア・レビューの役割					◎	◎
㉖研究倫理審査の役割					◎	◎
㉗問題ある研究活動への指導方法					◎	◎

◎は特に重点を置くもの

学習事例

レベル1：学士課程前期学生

入学した学部でのオリエンテーション ◎ 30分
- ①責任ある研究活動の概念
- ②研究の自由と守るべきもの
- ⑩科学者の役割

レポートの書き方講座（図書館主催） ○ 60分
- ①責任ある研究活動の概念
- ⑤データの扱い（収集・管理・処理）
- ③研究不正行為の概念と回避

レポートの書き方講座（学習支援センター主催） ○ 60分
- ①責任ある研究活動の概念
- ⑤データの扱い（収集・管理・処理）
- ③研究不正行為の概念と回避

実験レポートの書き方指導（自然科学総合実験） ○ 60分
- ①責任ある研究活動の概念
- ⑤データの扱い（収集・管理・処理）
- ③研究不正行為の概念と回避

レポートの書き方指導（基礎ゼミでの1コマ） ○ 90分
- ①責任ある研究活動の概念
- ⑤データの扱い（収集・管理・処理）
- ③研究不正行為の概念と回避

大学での学び方（学生生活概論の1コマ） ○ 90分
- ①責任ある研究活動の概念
- ⑤データの扱い（収集・管理・処理）
- ③研究不正行為の概念と回避

大学での学び方ハンドブック △
- ①責任ある研究活動の概念
- ②研究の自由と守るべきもの
- ③研究不正行為の概念と回避
- ④研究不正の防止と告発
- ⑤データの扱い（収集・管理・処理）
- ⑥個人情報の保護
- ⑦守秘義務
- ⑧共同研究のルール
- ⑨研究費の適切な使用
- ⑩科学者の役割

※1 ◎は必修で、学部で開催

※2 ○は選択必修で、これらの内から1つ以上を満たし、基準に達すること

※3 基礎ゼミで該当するものは、あらかじめシラバスで明記して申請すること

※4 「学生生活概論」は担当者との協議を経て内容に盛り込むものとする

※5 『大学での学び方ハンドブック』は、学務審議会において編集し、学生に配布するものとする。

レベル4：新任教員・ポストドクトラル

全学の新任教員研修 ◎ 40分
- ③研究不正行為の概念と回避
- ④研究不正の防止と告発
- ⑨研究費の適切な使用
- ⑩科学者の役割
- ⑬研究実施上遵守すべき法令・ルール（共通）
- ⑯利益相反

部局の新任教員研修 ◎ 60分
- ⑭生命科学・工学・心理学など個別分野での倫理
- ⑮研究実施上遵守すべき法令・ルール（分野）
- ④研究不正の防止と告発
- ③研究不正行為の概念と回避
- ⑨研究費の適切な使用
- ⑱インフォームドコンセント
- ⑲研究倫理教育の重要責任
- ㉓メンターとしての指導責任
- ※部局横断的に開講するものをそれぞれ指定；例：医学・生命科学系、工学、理学、人文学、社会科学、心理学、情報科学の7系列で開催し、複数部局で開講可能な系列は、持ち回り

研究倫理ワークショップ ○ 90分
- ㉒倫理問題に関するケース・スタディ
- ※公正な研究活動推進委員会が部局（東北大学高度教養教育・学生支援機構を含む）の協力を得て開催

大学院生向け開講授業のワークショップ部分 ○ 90分
- ※開講されている授業のうちから指定

他大学・学会開催のワークショップ ○ 90分以上
- ※内容上の適切性を公正な研究活動推進委員会で認定

※ ◎は必修、○は選択で1つ取ればよい

6．東北大学における公正な研究推進のための研究データ等の保存及び管理に関する指針（2016 年 3 月 29 日）

東北大学における公正な研究推進のための研究データ等の保存及び管理に関する指針

平成 28 年 3 月 29 日
統括研究倫理推進責任者　裁定

本指針は、各部局において研究データの適正な取り扱いについてのガイドラインを定める際に、本学としての基本原則を定めるものであり、日本学術会議「科学研究における健全性の向上について」（平成 27 年 3 月 6 日）を参照している。指針の理解のために、公正な研究推進専門委員会「実験データ等の保存の期間及び方法に関するガイダンス」を参照されたい。

1．目的

本指針は、本学において研究を行う研究者（以下、研究者）が、責任ある研究活動を遂行し、知的成果を守り社会に対する責任を果たすために、研究データの保存及び管理に関する基本原則を定めるものである。

2．研究データの記録，保存及び管理義務

研究者は、責任ある研究活動を行い、信頼性のある方法で研究を進め、研究データを記録し、錯誤の生じないように扱わなければならない。

これらのデータ類は、仮説と検証への疑念が生じた際には、必要に応じて第三者が検討できるように整理され、保存されなければならない。

研究成果の発表後、研究データは部局の定めるルールに従って、一定の期間、適切に管理・保存され、必要に応じて開示できるように手続きを整備しなければならない。

部局でルールを定める際には、将来それらを利用する可能性及び有用性、と、保管・保存のために投入する資源（労力、スペース及び費用）との比較衡量をふまえるものとする。

3．保存義務の対象，保存期間，保存方法

(1) 実験・観察による研究活動においては、その過程を実験ノートなどの形で記録に残すものとする。実験ノートには、実験等の操作のログやデータ取得の条件等を、後日の利用・検証に役立つよう十分な情報を記載し、かつ事後の改変を許さない形で作成するものとする。実験ノート等は研究活動の一次情報記録として適切に保管するものとする。

(2) 論文や報告等の研究成果発表のもととなった研究資料（文書、数値データ、画像など）は、後日の利用・検証に堪えるよう適正な形で保存するものとする。画像については、変更履歴の残るソフトウェアを使用すべきである。

保存に際しては、後日の参照が可能となるようにメタデータの整備や検索可能性／追跡可能性の担保に留意する。なお、すでに公開されている資料を研究に用いる場合には、その資料を研究者個人が保存しなくてもよい。

(3) 資料（文書、数値データ、画像など）の保存期間は、原則として、当該論文等の発表後 10 年間とする。電子化データについては、メタデータの整理・管理と適切なバックアップの作成により再利用可能な形で保存するものとする。

なお、紙媒体の資料等についても少なくとも 10 年の保存が望ましいが、保管スペースの制約など止むを得ない事情がある場合には、合理的な範囲で廃棄することも可能とする。

（4）試料（実験試料、標本）や装置など「もの」については、当該論文等の発表後5年間保存するものとする。ただし、容易に再調整できるもの、保存・保管が本質的に困難なもの、保存に多大なコストがかかるものについてはこの限りではない。

4．研究者の転出とデータの保存・管理

部局等は、研究者の転出・退職等によってデータの保存・管理が損なわれないよう、研究者個人と部局等の間で、ルールを定めなければならない。

5．個人情報保護等他の法的規制との関係

個人情報等、その扱いに法的規制があるものや倫理上の配慮を必要とするものについては、それらの規制やガイドラインに従うものとする。また、特定の研究プロジェクトに関して成果物の取扱いについて資金提供機関との取り決め等がある場合にはそれに従うものとする。

6．部局等での措置

各部局等は、本指針に基づき具体的なガイドライン・申し合わせ・実施要項等を定め、所属する研究者が遵守するよう取り組まなければならない。

各部局等で定める事項は、①実験ノートなどの原資料の保管の方法、②実験ノートなどの原資料の帰属先（研究室、研究グループ単位、部局などを記載し、データ保管に関する機関責任を明記すること）、③生データや試料の保管方法、④実験ノート、生データ、試料の保管期間、⑤個人情報保護と実験データ保管に関する考え方、⑥退職、異動時におけるデータ管理方法、⑦実験データの加工などに関する適正な取扱い基準、⑧サンプルの保存と提供リクエスト時の対応、を含むものとする。

各部局等でのルールの策定および取り組みにあたり、研究対象となる個人を識別可能な情報（個人データ）を含む試資料やデータの保存と管理については、個人情報保護の観点から、特に以下の(1)〜(5)に挙げる点について配慮を要する。

(1) 個人データの保存方法とその期間について、対象者の合意を得ることを原則とすること。
(2) 個人データの管理責任者、および参照可能な者の範囲を明確にすること。
(3) 個人データが漏洩しないよう適切な措置が講じられること。
(4) 研究データとしての保管期間が終了後の個人データの扱いについても定めておくこと。
(5) データを完全に匿名化（匿名加工）しても結果の再現に支障が無い場合は、匿名化された形式でのデータ保存を認めること。

7．指針の適用時期

この指針は、平成29年4月1日から適用するものとする。

なお、平成29年3月31日までを本指針の適用のための集中改革期間とし、実効性のある運用に向けた準備を集中的に進めるものとする。

附則（平成29年12月22日改正）
この指針は平成29年12月22日から施行する。

7．東北大学における公正な研究推進のための共同研究等実施指針 （2016 年 3 月 29 日）

東北大学における公正な研究推進のための共同研究等実施指針

平成 28 年 3 月 29 日
統括研究倫理推進責任者　裁定

1．目的

　本学における構成員（教職員及び学生）が、人類社会に貢献する責任ある教育・研究活動を誠実に行うと共に公正な研究活動を推進するために、複数の研究者による共同研究及び個人で行う研究（以下「共同研究等」という。）に際しての基本方針を定める。

2．原則

　本学の構成員が行う共同研究等とその研究成果の発表においては、各共同研究者を尊重し、公平・効果的な協力関係を築けるよう共同研究者間であらかじめ研究の進め方公表の仕方などについての同意を得ておくことを基本として、次の原則に基づいて実施するものとする。

(1) 学内外を問わず複数研究者による共同研究の実施において、共同研究を代表する者（代表研究者[*]）は、その成果の発表における責任著者（corresponding author）[*]を明確にし、各共同研究者が個々の役割・責任を認識した研究活動を行うようにすること。また、個人で行う研究における単著による成果の発表においても責任著者として役割を果たすこと。

(2) 責任著者は、ガイドライン等に従った適切な論文作成を行い、共著者掲載順序も含めて各共著者の貢献・役割を明確にすること。

(3) 責任著者は、研究成果の発表に際して、共同研究等が関係法令・学内規則・部局の取り決め等を順守して公正に行われたものであり、必要な場合は手続き等が完了していることを確認すること。

(4) 民間機関等との契約による共同研究を行う場合は「企業と大学双方の相互尊重と対等性の原則」に基づき、利益相反の弊害が生じないよう適切な利益相反マネジメントを実施すること。

(5) 国外機関との共同研究を行う場合は、意図しない技術流出などにより国際的な平和及び安全が損なわれることがないよう外国為替及び外国貿易法に基づいた本学安全保障輸出管理制度に従うこと。

[*]本指針での代表研究者とは、研究室・研究グループ等組織ごとの主宰者のほか、グループ内における個別の研究課題の中心的な研究者および個々の科学研究費等プロジェクト研究の代表者などを意味する。責任著者は、成果論文発表等に際して、その個別論文の内容について責任を担う研究者であり、論文が扱う研究課題の実質的な中心的実施者である。責任著者は代表研究者が兼ねる場合もあり、プロジェクトや研究分野によっては両者を別とする場合もある。その役割分担については各共同研究における自主的な判断のもとで明確にする。

3．本学における共同研究等の実施基準

　本学において、2．原則に記した各項目を達成するために、大学全体と各部局において以下の各取り組みを実施する。

(1) 各部局では、責任著者による「研究成果発表確認シート」の作成によって、共同研究者、共著者の役割・責任の確認とともに公正な研究成果・発表であることを確認し、これを管理保管することで組織責任を担保する。シートは、論文内容に関する著者責任の確認も兼ねているため、個人研究による単著の場合も提出するような各部局での実施内容となることが望ましい。

　　・本学の構成員が責任著者の場合に、責任著者は、論文投稿時に「研究成果発表確認シート」を作成し研究記録として保管する。また、論文受理・掲載時には、掲載誌情報などを追記したシートを部局長宛に提出し部局保管とする。

　　・シート提出を要する成果発表は、原著論文は必須とし、他の発表（解説、著書、会議発表など）については部局・研究分野の特性などに従って部局の判断により選択する。

　　・シート様式・確認する内容、提出媒体・方法（紙媒体、電子媒体）、保管・管理方法などの詳細については、本指針に基づき策定される部局指針における申し合わせ等により、各部局における研究分野の特性、組織形態、実効性などとあわせて検討・策定される。

(2) 全学は、機関責任と研究活動活性化とのバランスに配慮した実効的な制度・実施方法についての検討・調査を行い、各部局が研究分野の特性に合せて作成する「研究成果確認シート」の内容や実施方法について適切に助言・支援を行う。また、実施状況については公正な研究実施に関する部局監査、部局自己点検評価などによって定期的に確認する。

4．指針の適用時期

　この指針は、平成29年4月1日から適用するものとする。

　なお、平成29年3月31日までを本指針の適用のための集中改革期間とし、実効性のある運用に向けた準備を集中的に進めるものとする。

> 注）シート様式・確認する内容、提出媒体・方法（紙媒体、電子媒体）、保管・管理方法などの詳細については、本指針に基づき策定される各部局指針における申し合わせ等により、研究分野の特性、組織形態、実効性などとあわせて検討・策定されます。

責任著者は、論文投稿時に「研究成果発表確認シート」によりオーサーシップなど確認事項について確認し、論文受理・掲載時に、掲載誌情報などを含めてシートを提出してください。

研究成果発表確認シート(例)

（参考例：部局、研究分野の特性に合わせて適宜加除してください。）

　　　[部局長]　　宛

責任著者として以下の研究成果発表が公正な研究の実施により行われ、適切に行われたことを確認しました。

＊＊＊＊年＊＊月＊＊日

　　　　　　　　所属：

　　　　　　　　責任著者(corresponding author)：

　　　　　　　　　　（提出先：作成したシートは[部局担当]係に提出してください。）

発表形態：　原著論文　　解説(review)　　著書　　会議発表　　その他（　　　　）

題目：

著者名（全員、著者順）：

所属（著者と関連付け）：

掲載雑誌情報(雑誌名、巻、ページ、年)：

DOI：

各著者の役割：

　（上記情報が掲載論文にある場合は、その部分のコピー添付によって記載を省略可）

＊＊＊＊＊＊＊＊＊＊＊＊＊＊＊＊＊

確認事項：本研究成果発表において、責任著者として以下の事項をすべて確認しました。□（チェック）

　（責任著者への注意：確認事項に一つでも確認できない事項がある場合は、研究成果発表として適正ではありません。発表内容、手続きなどを再検討してください。）

１．不正行為（捏造・改ざん・盗用）を行っていません。

２．不適切な行為（二重投稿・分割出版・不適切なオーサーシップ）を行っていません。

３．共著者には発表内容について著者順を含めて承諾を得ています。

４．適切な先行研究の引用、出典の明記を行っています。

５．適切な謝辞の記載を行っています。

６．関係法令・学内規程を順守し必要があれば学内手続等を行っています。

７．実験データ・研究資料・試料などの保存に関する取り決めに従い、適切な管理を行っています。

８．該当する場合は、「研究倫理審査」の承認を受けています。

９．該当する場合は、「利益相反状態」に関する確認を行っています。

１０．該当する場合は、「安全保障輸出管理」に関する手続きを行っています。

3

付記
＊原則(1)に関して、ガイドラインなどで求められている研究開始時もしくは研究実施中に代表研究者、責任著者などによる役割分担・責任の明確化、研究成果の確認について全学システムとして制度化することは、外部資金などにより明確に目的、実施方法が規定されたプロジェクト研究以外の通常の研究室単位での研究活動においては現実的では無いと考えられる。研究成果の発表時における「出口管理」を適切に行う事で組織的に実施していることを担保する。

＊国際共同研究、民間との共同研究について
　研究発表、研究活動については、基本的には前項同様に実施（責任著者が東北大学構成員の場合）することで十分であり、特段に国際、民間についてガイドラインに明記する必要性は小さい。

　ただし、既存・実施中の関係法令・制度・規定（民間機関との共同研究、利益相反マネジメント、安全保障輸出管理）の順守や学内手続の漏れの無い実施についてはあらためて記して注意喚起する。

8．東北大学における公正な研究推進のための若手研究者支援実施指針 （2016 年 3 月 29 日）

東北大学における公正な研究推進のための若手研究者支援実施指針

平成 28 年 3 月 29 日
統括研究倫理推進責任者　裁定

1．目的

　本学における構成員（教職員及び学生）が、人類社会に貢献する責任ある教育・研究活動を誠実に行うと共に、若手研究者が公正で自立した研究活動を遂行できるような支援助言体制を構築するための基本方針を定める。

2．原則

　本学の若手研究者に対して、学生においては全学もしくは各部局ごとの教育相談窓口・支援組織において、若手研究者（助教、博士研究員、博士課程大学院生など）においては各部局・研究分野の特性に合わせた組織・担当者（研究公正アドバイザー、支援担当教職員など）による研究相談・支援体制を設ける。全学は、これら各部局における教育研究相談・支援組織が連携できる体制を整え、それぞれの組織の担当者の資質向上に努める。

3．本学における若手研究者支援の実施基準

(1) 学生相談所（川内）を含む各部局に設置されている学生に対する教育相談・支援組織は、これまでのとおり主として学習・生活・教育に関する相談・支援を行う。研究に関する相談に対しては、適宜、関係する各部局の若手研究者支援組織の担当者が対応し、必要に応じて担当者間で協議し協同して適切な支援・助言を行う。

(2) 各部局では、若手研究者からの相談を受け助言を行う担当者による研究相談・支援体制を整備する。部局内支援組織としては、新たに組織するほか、既存組織（各部局の公正な研究活動推進担当組織など）の枠組みを利用するなど柔軟に対応する。組織内担当者のうち責任ある研究活動を先導的に推進する役割を担う教員（研究公正アドバイザー）の数は、おおむね各部局教授数の 1 割程度（最低 1 名）を目安とする。

(3) 研究公正アドバイザーとなる教員・担当者は、研究倫理に関する必要な知識と経験を有し、他の研究者に対して助言を与え、研究倫理教育を部局で実施するなど責任ある研究活動を先導的に推進する役割および相談事項に関する守秘義務も含め若手研究者の利益を守る責務を有する。具体的な研究公正アドバイザーの役割については別紙に例示する。

(4) 各部局における支援組織の体制や規模、研究公正アドバイザー数などは研究分野の特性に合わせて各部局で適宜設定する。

(5) 全学は、各部局で設置の支援組織が連携・情報共有できる体制を整える。また、研究公正アドバイザーとしての要件基準を定め、教育プログラムなどの実施・基準認証などにより研究公正アドバイザーの資質向上と質の保証に努める。

4．指針の適用時期

　この指針は、平成 29 年 4 月 1 日から適用するものとする。

　なお、平成 29 年 3 月 31 日までを本指針の適用のための集中改革期間とし、実効性のある運用に向けた準備を集中的に進めるものとする。

参考：研究公正アドバイザー（メンター）の役割について

　公正な研究活動推進のために、指針類の制定、体制整備とともに、若手研究者への支援・助言を行う
メンターの配置が求められている（文部科学大臣決定「研究活動における不正行為への対応等に関する
ガイドライン」2014 年 8 月 26 日、p.6、日本学術会議「回答　科学研究における健全性の向上について」
2015 年 3 月 6 日、p.12）。研究者の初期段階は、専門分野の研究手法を修得し、責任ある研究活動のあ
り方、研究倫理を理解し、生涯にわたる研究者としての基盤を形成する時期である。研究公正アドバイ
ザーの配置は、きわめて重要であり、研究倫理教育の制度化を支えるものとして、若手研究者支援のた
めの研究公正アドバイザー制度を導入するものである。

　メンター（Mentor）とは、成熟した年長者が若い後進に基本的に 1 対 1 の関係で継続的に交流し、適
切な役割モデルを提示して発達支援を促すもので、欧米では、青少年の育成、専門職の養成、企業の人
材育成など多様なメンター制度がある。高等教育においては、学生に対する研究指導教員
（adviser/research supervisor）と、しばしば混用されることがある。教員に対しては、新任教員の疑問
に答えたり、同僚との関係を築いたりする手助けを行い、有能な研究者へと成長する手助けをするため
にメンター・プログラムが置かれ、メンターに対する訓練プログラムもある（ケイ　J.ガレスピー他編著
『FD ガイドブック　大学教員の能力開発』2014 年）。日本では、名古屋大学、千葉大学、奈良女子大学
などでメンター制度を導入している。

　若手研究者支援のために導入する研究公正アドバイザーとは、上記のように 1 対 1 での継続的な支援
を意図するものではない。また、研究指導は、研究上のリーダーである教授等の役割であり、研究公正
アドバイザーの主たる役割ではない。他大学の研究不正事案を見ても、相談に対し適切な助言と対応が
できる教員が必要であることに鑑み、各部局に研究倫理に造詣が深く、助言機能を果たす教員を配置す
るものである。その主な役割は次の通りである。また、その要件については、「研究倫理に関するキャリ
ア・ステージ別学習参照基準」及び「研究倫理に関する学習内容参照基準」で定める。

① 各部局での組織的な研究倫理教育・責任ある研究活動の推進を主導すること。
② 若手研究者を中心とした他の研究者に対して、科学者の役割や行動規範、社会的責任、研究の
　作法などについての「科学者教育」を行うこと。
③ 各種ハラスメントを含む研究生活上の事項について相談を受け助言および適切な対応を行うこ
　と。
④ 利益相反関係にある直属の上司、研究室主宰者や指導教員に相談しがたい教育・研究上の事項
　について相談を受け助言および適切な対応を行うこと。

あとがき

　過去、いろいろな研究テーマに取組み、いつの時期からか、およそ10年あれば一応の結論に達すると考えるようになりました。それが、正しいのか、飽きやすい自分を正当化するだけか疑わしいのですが、研究倫理に関する研究を始めてちょうど10年目に本書を出版できたということは、ひょっとすると正しいのかもしれません。もっとも、研究倫理の研究の世界では、多くの蓄積と先達がおり、本書は10年間の学習の成果ではあっても、研究レベルでは斯界の専門家から見ると、初心者レベルかもしれません。しかし、研究倫理の実務を進めてきた立場から見ると、大学でシステムを構築する場合に、あまりにも「専門的」で、すぐに使いこなせず、日本の大学の現実と距離がありすぎると感じたことも事実です。問題提起の一つにはなるでしょう。

　研究倫理に関する研究と実務は、大学教員の能力開発に関する研究と能力開発プログラムのスピン・オフですが、案外、これが基底で、大学教員の能力論が、そのスピン・オフなのかもしれない、と思ったりします。

　というのは、本書でも一部触れていますが、この10年は、大学における研究不正だけでなく、政治家・官庁・企業におけるデータ偽造やデータ、文書隠しが絶えない10年であり、日本人の良心について懐疑的になる事例があまりに多すぎるからです。ルース・ベネディクトが、現代の日本を見て日本人論を書いたら、『菊と刀』のトーンは、日本人を恥という概念でくくるものにならなかったのではないでしょうか。本書の切り口は、「責任ある研究活動」の推進であり、研究のスタートは、研究倫理問題でしたが、海外の文献を読み進めるうちに、学士課程教育を含めた学生の倫理性全般を視野に

入れなければと思うようになりました。

　特に、研究者を育てる大学院博士課程は重要ですが、研究論文を書かせ、研究能力を育てることのみに日本の研究大学は邁進しているようで、大学の持つ社会的性格を十分自覚しているとは思えません。大学教育は、人間としての全面的な発達を目指すものであるべきで、教養教育においては社会人・市民としての能力・資質・世界観・道徳性を、専門教育においては専門家としての能力・資質・世界観・倫理を育てなければならないと思います。科学技術が人類社会だけでなく、地球環境・生態系そのものの存続にかかわるほど巨大化し、人間の力でコントロールが及ばなくなっているにもかかわらず、人文・社会科学が、それを担う人間育成のメッセージを浸透できない状況では、高等教育研究者は、大学の根源的な役割に目を向けるべきでしょう。こうした視点が弱くなっていることは、大学で一般教育のカテゴリーが消失し、経済的イノベーションと大学の結びつきが強く求められるようになった社会変化が一因のように思います。さらには、こうした力学に対する抵抗力が弱いことも原因で、さらにたどれば、日本の大学の歴史的構造まで行きつきそうです。これは、別な巻で実証的に書きたいと思っています。

　本書で述べた内容を「大学の倫理」と呼ぶには狭すぎますが、研究だけでなく教育についても触れたつもりですので、あえてタイトルは変えませんでした。これに、「大学運営の倫理」を付け加えられれば何よりなのですが。教育や研究といった領域だけでなく、大学そのものの倫理的意味に関心を持つ読者がおられれば、ぜひ、蓮實重彦／アンドレアス・ヘルドリヒ／広渡清吾編『大学の倫理』(東京大学出版会、2003年)をお読みください。大学の倫理を題するおそらく唯一の単行本であり、2002年に開催されたミュンヘン大学と東京大学のシンポジウムの成果であり、大学論、大学教育論、科学論にまたがり、研究者が引き取るべき課題も多く、刺激されます。

　2020年6月

　　　　　　　　　　　　　　　　　　　多賀城にて　羽田貴史

初出一覧

第 2 部　研究倫理マネジメントをどう進めるか

　※『PD ブックレット Vol.11　研究倫理マネジメントの手引き』(東北大学
　　高度教養教育・学生支援機構、2018 年)、全 156p。

索　引

276

著者紹介

羽田　貴史（はた　たかし）

　広島大学名誉教授・東北大学名誉教授。

北海道大学大学院教育学研究科博士課程中途退学、福島大学教育学部助手、講師、助教授、広島大学大学教育研究センター助教授、教授、高等教育研究開発センター教授、東北大学高等教育開発推進センター教授、高度教養教育・学生支援機構教授、同副機構長、同大学教育支援センター、キャリア支援センター長、学際融合教育推進センター長を経て 2018 年 3 月退職。

　この間、国立大学協会教員養成特別委員会専門委員、調査研究部研究員、調査企画会議委員、日本私立大学協会附置私学高等教育研究所研究員、大学基準協会高等教育のあり方に関する研究会委員、公立大学のあり方に関する委員会委員、公正研究推進協会（APRIN）理事などを歴任。

　主な業績に、（単著）『大学の組織とガバナンス』(高等教育研究論集第 1 巻、東信堂、2019 年)、『PD ブックレット　研究倫理マネジメントの手引き』(東北大学高度教養教育・学生支援機構、2018 年)、（編著）『グローバル社会における高度教養教育を求めて』(東北大学出版会、2018 年)、（編著）『もっと知りたい大学教員の仕事　大学を理解するための 12 章』(ナカニシヤ出版、2015 年)、（企画・編著）『高等教育ライブラリ 9　研究倫理の確立を目指して―国際動向と日本の課題―』(東北大学出版会、2015 年)、（監訳）『FD ガイドブック』(玉川大学出版部、2014 年)、（企画・編著）『大学教員の能力―形成から開発へ―』(東北大学出版会、2013 年)、（分担執筆）『新通史　日本の科学技術』第 3 巻 (原書房、2011 年)、（共編著）『ファカルティ・ディベロップメントを超えて　日本・アメリカ・カナダ・イギリス・オーストラリアの国際比較』(東北大学出版会、2009 年)、（共編著）『高等教育質保証の国際比較』(東信堂、2009 年)、（共編著）『大学と社会』(放送大学教育振興会、2008 年)、（単著）『戦後大学改革』(玉川大学出版部、1999 年) など。

高等教育研究論集　第 4 巻

科学技術社会と大学の倫理

2020 年 10 月 30 日　　　初　版第 1 刷発行

〔検印省略〕
定価はカバーに表示してあります。

著者Ⓒ羽田貴史／発行者　下田勝司

印刷・製本／中央精版印刷

東京都文京区向丘 1-20-6　　郵便振替 00110-6-37828
〒 113-0023　TEL (03) 3818-5521　FAX (03) 3818-5514

発 行 所
株式
会社 東信堂

Published by TOSHINDO PUBLISHING CO., LTD.

1-20-6, Mukougaoka, Bunkyo-ku, Tokyo, 113-0023, Japan
E-mail : tk203444@fsinet.or.jp http://www.toshindo-pub.com

ISBN978-4-7989-1658-3 C3037　Ⓒ Takashi Hata

東信堂

〒113-0023　東京都文京区向丘1-20-6　TEL 03-3818-5521　FAX03-3818-5514　振替 00110-6-37828
Email tk203444@fsinet.or.jp　URL:http://www.toshindo-pub.com/

※定価：表示価格（本体）＋税

東信堂

〒113-0023　東京都文京区向丘1-20-6　TEL 03-3818-5521　FAX03-3818-5514　振替 00110-6-37828
Email tk203444@fsinet.or.jp　URL·http://www.toshindo-pub.com/

※定価：表示価格（本体）＋税

〒113-0023　東京都文京区向丘1-20-6　TEL 03-3818-5521　FAX03-3818-5514　振替 00110-6-37828
Email tk203444@fsinet.or.jp　URL:http://www.toshindo-pub.com/
※定価：表示価格（本体）＋税